관세사 시험 전문 교육기관

해커스관세사 합격 시스템

강사력
업계 최고수준
교수진

교재
해커스=교재
절대공식

관리시스템
해커스만의
1:1 관리

취약 부분 즉시 해결!
교수님 질문게시판

언제 어디서나 공부!
PC&모바일 수강 서비스

해커스만의
단기합격 커리큘럼

합격을 만드는
필수 학습자료 제공

해커스관세사 cca.Hackers.com

해커스관세사
남형우
관세율표
법령집

이 책의 저자

남형우

경력

현 | 아덴트 관세사무소 대표 관세사
　　관세청 공익관세사
　　관세청 원산지검증 대응 컨설턴트
　　한국원산지정보원 원산지인증수출자 사후관리 지원사업 컨설턴트
　　한국화학융합시험연구원(KTR) 해외수출규제 전담대응반 관세 상담위원
　　알리바바닷컴 채널 파트너사
　　한국원산지정보원 YES FTA 전문교육 강사
　　토마토패스 국제무역사 강사

자격증

관세사, 원산지관리사, 국제무역사, 무역영어,
외환전문역 2종

저서

해커스관세사 남형우 관세율표 법령집
토마토패스 국제무역사 1급 초단기 완성

머리말

관세율표는 국제 무역의 흐름 속에서 상품을 어떻게 분류하고, 그에 어떤 세율을 적용할 것인지 결정하는 데 핵심적인 역할을 합니다. HS CODE(Harmonized System Code)는 전 세계적으로 통일된 상품 분류 체계로, 이를 통해 수출입 물품의 정확한 분류가 이루어지고, 이에 따라 관세율, 통관 요건, 각종 절차 등이 결정됩니다.

이처럼 관세율표는 관세행정과 무역실무의 기반이 되는 매우 중요한 영역이지만, 수험생들에게는 가장 어렵고 부담스러운 과목 중 하나로 여겨지는 것이 현실입니다. 방대한 분량, 복잡한 구조, 생소한 용어와 규정들은 공부를 막 시작한 이들에게 큰 장벽으로 다가옵니다. 특히 관세사 2차 시험에서는 관세율표에 대한 이해와 정확한 암기가 합격의 관건이 되곤 합니다.

처음 공부를 시작하면 낯선 용어와 규정들이 쉽게 머리에 들어오지 않아 당황스럽고 지치는 순간도 많을 것입니다. 그러나 포기하지 말고 한 걸음씩 나아가다 보면 분명히 그 끝에 도달할 수 있습니다. 저와 이 교재가 함께한다면, 관세율표라는 벽도 한층 낮아질 수 있다고 확신합니다. 이 책은 단순한 암기를 넘어, 관세율표를 보다 자연스럽고 친숙하게 받아들일 수 있도록 돕는 길잡이가 되어줄 것입니다.

본 교재는 관세율표 학습의 어려움을 조금이라도 덜기 위해, 최신 출제 경향을 충실히 반영하여 구성하였습니다. 주 규정과 호의 용어는 원문 그대로 수록하여 시험에서 직접적으로 출제되는 부분을 중심으로 학습 및 암기할 수 있도록 하였으며, 단순 암기에 의존하지 않고 개념을 이해하고 연결할 수 있도록 스토리텔링 기반의 암기식도 저와 함께 한다면 수험생분들이 스스로 학습 동기를 잃지 않고 끝까지 나아갈 수 있도록 도울 것입니다.

또한, 변화하는 국제통상 환경에 맞추어 제7차 HS협약 개정안(HS2022)을 포함한 최신 개정사항을 충실히 반영하였으며, 수험용뿐만 아니라 실무에서도 바로 활용할 수 있는 탄탄한 기반을 마련하고자 하였습니다.

공부는 때때로 고되고, 중도에 포기하고 싶을 만큼 힘든 과정일 수 있습니다. 하지만 중요한 것은 '포기하지 않는 마음'입니다. 매일 한 걸음씩 나아가는 여러분의 노력은 반드시 의미 있는 결실로 이어질 것입니다.

관세사라는 꿈을 향해 나아가는 여정에서, 이 책이 든든한 동반자가 되어드릴 수 있기를 바랍니다. 모든 수험생 여러분의 도전을 진심으로 응원하며, 관세율표에 대한 자신감과 실력을 함께 갖추실 수 있기를 기원합니다.

2025년 8월
남형우 관세사

개관	관세율표의 해석에 관한 통칙	14

제1부 살아 있는 동물과 동물성 생산품 16

제1류	살아 있는 동물
제2류	육과 식용 설육(屑肉)
제3류	어류·갑각류·연체동물과 그 밖의 수생(水生) 무척추동물
제4류	낙농품, 새의 알, 천연꿀, 다른 류로 분류되지 않은 식용인 동물성 생산품
제5류	다른 류로 분류되지 않은 동물성 생산품

제2부 식물성 생산품 24

제6류	살아 있는 수목과 그 밖의 식물, 인경(鱗莖)·뿌리와 이와 유사한 물품, 절화(切花)와 장식용 잎
제7류	식용의 채소·뿌리·괴경(塊莖)
제8류	식용의 과실과 견과류, 감귤류·멜론의 껍질
제9류	커피·차·마테(maté)·향신료
제10류	곡물
제11류	제분공업의 생산품과 맥아, 전분, 이눌린(inulin), 밀의 글루텐(gluten)
제12류	채유(採油)에 적합한 종자와 과실, 각종 종자와 과실, 공업용·의약용 식물, 짚과 사료용 식물
제13류	락(lac), 검·수지·그 밖의 식물성 수액과 추출물(extract)
제14류	식물성 편조물(編組物)용 재료와 다른 류로 분류되지 않은 식물성 생산품

제3부 동물성·식물성·미생물성 지방과 기름 및 이들의 분해생산물, 37
조제한 식용 지방과 동물성·식물성 왁스

제15류 동물성·식물성·미생물성 지방과 기름 및 이들의 분해생산물, 조제한 식용 지방과 동물성·식물성 왁스

제4부 조제 식료품, 음료·주류·식초, 담배·제조한 담배 대용물, 연소 41
시키지 않고 흡입하도록 만들어진 물품(니코틴을 함유하였는지에
상관없다), 니코틴을 함유한 그 밖의 물품으로 인체 내에 니코틴을
흡수시키도록 만들어진 것

제16류 육류·어류·갑각류·연체동물이나 그 밖의 수생(水生) 무척추동물 또는 곤충의 조제품
제17류 당류(糖類)와 설탕과자
제18류 코코아와 그 조제품
제19류 곡물·고운 가루·전분·밀크의 조제품과 베이커리 제품
제20류 채소·과실·견과류나 식물의 그 밖의 부분의 조제품
제21류 각종 조제 식료품
제22류 음료·주류·식초
제23류 식품 공업에서 생기는 잔재물과 웨이스트(waste), 조제 사료
제24류 담배·제조한 담배 대용물, 연소시키지 않고 흡입하도록 만들어진 물품(니코틴을 함유하였는지에
상관없다), 니코틴을 함유한 그 박의 물품으로 인체 내에 니코틴을 흡수시키도록 간들어진 것

제5부   광물성 생산품   53

- 제25류   소금, 황, 토석류(土石類), 석고·석회·시멘트
- 제26류   광(鑛)·슬래그(slag)·회(灰)
- 제27류   광물성연료·광물유(鑛物油)와 이들의 증류물, 역청(瀝青)물질, 광물성 왁스

제6부   화학공업이나 연관공업의 생산품   62

- 제28류   무기화학품, 귀금속·희토류(稀土類)금속·방사성원소·동위원소의 유기화합물이나 무기화합물
- 제29류   유기화학품
- 제30류   의료용품
- 제31류   비료
- 제32류   유연용·염색용 추출물(extract), 탄닌과 이들의 유도체, 염료·안료와 그 밖의 착색제, 페인트·바니시(varnish), 퍼티(putty)와 그 밖의 매스틱(mastic), 잉크
- 제33류   정유(essential oil)와 레지노이드(resinoid), 조제향료와 화장품·화장용품
- 제34류   비누·유기계면활성제·조제 세제·조제 윤활제·인조 왁스·조제 왁스·광택용이나 연마용 조제품·양초와 이와 유사한 물품·조형용 페이스트(paste)·치과용 왁스와 플라스터(plaster)를 기본재료로 한 치과용 조제품
- 제35류   단백질계 물질, 변성전분, 글루(glue), 효소
- 제36류   화약류, 화공품, 성냥, 발화성 합금, 특정 가연성 조제품
- 제37류   사진용이나 영화용 재료
- 제38류   각종 화학공업 생산품

제7부   플라스틱과 그 제품, 고무와 그 제품   93

- 제39류   플라스틱과 그 제품
- 제40류   고무와 그 제품

제8부	원피·가죽·모피와 이들의 제품, 마구, 여행용구·핸드백과 이와 유사한 용기, 동물 거트(gut)[누에의 거트(gut)는 제외한다]의 제품	102
제41류	원피(모피는 제외한다)와 가죽	
제42류	가죽제품, 마구, 여행용구·핸드백과 이와 유사한 용기, 동물 거트(gut)[누에의 거트(gut)는 제외한다]의 제품	
제43류	모피·인조모피와 이들의 제품	

제9부	목재와 그 제품, 목탄, 코르크와 그 제품, 짚·에스파르토(esparto)나 그 밖의 조물재료의 제품, 바구니 세공물(basketware)과 지조세공물(枝條細工物)	108
제44류	목재와 그 제품, 목탄	
제45류	코르크(cork)와 그 제품	
제46류	짚·에스파르토(esparto)나 그 밖의 조물 재료의 제품, 바구니 세공물(basketware)과 지조세공물(枝條細工物)	

제10부	목재나 그 밖의 섬유질 셀룰로오스 재료의 펄프, 회수한 종이·판지[웨이스트(waste)와 스크랩(scrap)], 종이·판지와 이들의 제품	115
제47류	목재나 그 밖의 섬유질 셀룰로오스 재료의 펄프, 회수한 종이·판지[웨이스트(waste)와 스크랩(scrap)]	
제48류	종이와 판지, 제지용 펄프·종이·판지의 제품	
제49류	인쇄서적·신문·회화·그 밖의 인쇄물, 수제(手製)문서·타자문서·도면	

제11부 방직용 섬유와 방직용 섬유의 제품　　125

제50류	견
제51류	양모ㆍ동물의 부드러운 털이나 거친 털ㆍ말의 털로 만든 실과 직물
제52류	면
제53류	그 밖의 식물성 방직용 섬유, 종이실(paper yarn)과 종이실로 만든 직물
제54류	인조필라멘트, 인조방직용 섬유재료의 스트립(strip)과 이와 유사한 것
제55류	인조스테이플섬유
제56류	워딩(wadding)ㆍ펠트(felt)ㆍ부직포, 특수사, 끈ㆍ배의 밧줄(cordage)ㆍ로프ㆍ케이블과 이들의 제품
제57류	양탄자류와 그 밖의 방직용 섬유로 만든 바닥깔개
제58류	특수직물, 터프트(tuft)한 직물, 레이스, 태피스트리(tapestry), 트리밍(trimming), 자수천
제59류	침투ㆍ도포ㆍ피복하거나 적층한 방직용 섬유의 직물, 공업용인 방직용 섬유제품
제60류	메리야스 편물과 뜨개질 편물
제61류	의류와 그 부속품(메리야스 편물이나 뜨개질 편물로 한정한다)
제62류	의류와 그 부속품(메리야스 편물이나 뜨개질 편물은 제외한다)
제63류	제품으로 된 방직용 섬유의 그 밖의 물품, 세트, 사용하던 의류ㆍ방직용 섬유제품, 넝마

제12부 신발류ㆍ모자류ㆍ산류(傘類)ㆍ지팡이ㆍ시트스틱(seat-stick)ㆍ　　154
채찍ㆍ승마용 채찍과 이들의 부분품, 조제 깃털과 그 제품, 조화,
사람 머리카락으로 된 제품

제64류	신발류ㆍ각반과 이와 유사한 것, 이들의 부분품
제65류	모자류와 그 부분품
제66류	산류(傘類)ㆍ지팡이ㆍ시트스틱(seat-stick)ㆍ채찍ㆍ승마용 채찍과 이들의 부분품
제67류	조제 깃털ㆍ솜털과 그 제품, 조화, 사람 머리카락으로 된 제품

제13부   돌·플라스터(plaster)·시멘트·석면·운모나 이와 유사한 재료의 제품, 도자제품, 유리와 유리제품   159

제68류	돌·플라스터(plaster)·시멘트·석면·운모나 이와 유사한 재료의 제품
제69류	도자제품
제70류	유리와 유리제품

제14부   천연진주·양식진주·귀석·반귀석·귀금속·귀금속을 입힌 금속과 이들의 제품, 모조 신변장식용품, 주화   167

제71류	천연진주·양식진주·귀석·반귀석·귀금속·귀금속을 입힌 금속과 이들의 제품, 모조 신변장식용품, 주화

제15부   비금속(卑金屬)과 그 제품   172

제72류	철강
제73류	철강의 제품
제74류	구리와 그 제품
제75류	니켈과 그 제품
제76류	알루미늄과 그 제품
제77류	(유보)
제78류	납과 그 제품
제79류	아연과 그 제품
제80류	주석과 그 제품
제81류	그 밖의 비금속(卑金屬), 서멧(cermet), 이들의 제품
제82류	비금속(卑金屬)으로 만든 공구·도구·칼붙이·스푼·포크, 이들의 부분품
제83류	비금속(卑金屬)으로 만든 각종 제품

| 제16부 | 기계류·전기기기와 이들의 부분품, 녹음기·음성재생기·텔레비전의 영상과 음향의 기록기·재생기와 이들의 부분품·부속품 | 196 |

| 제84류 | 원자로·보일러·기계류와 이들의 부분품 |
| 제85류 | 전기기기와 그 부분품, 녹음기·음성 재생기·텔레비전의 영상과 음성의 기록기·재생기와 이들의 부분품·부속품 |

| 제17부 | 차량·항공기·선박과 수송기기 관련품 | 216 |

제86류	철도용이나 궤도용 기관차·차량과 이들의 부분품, 철도용이나 궤도용 장비품과 그 부분품, 기계식(전기기계식을 포함한다) 각종 교통신호용 기기
제87류	철도용이나 궤도용 외의 차량과 그 부분품·부속품
제88류	항공기와 우주선, 이들의 부분품
제89류	선박과 수상 구조물

| 제18부 | 광학기기·사진용 기기·영화용 기기·측정기기·검사기기·정밀기기·의료용 기기, 시계, 악기, 이들의 부분품과 부속품 | 223 |

제90류	광학기기·사진용 기기·영화용 기기·측정기기·검사기기·정밀기기·의료용 기기, 이들의 부분품과 부속품
제91류	시계와 그 부분품
제92류	악기와 그 부분품과 부속품

제19부 무기 · 총포탄과 이들의 부분품과 부속품 231

제93류 무기 · 총포탄과 이들의 부분품과 부속품

제20부 잡품 233

제94류 가구, 침구 · 매트리스 · 매트리스 서포트(mattress support) · 쿠션과 이와 유사한 물품, 다른 류로 분류되지 않은 조명기구, 조명용 사인 · 조명용 네임플레이트(name-plate)와 이와 유사한 물품, 조립식 건축물

제95류 완구 · 게임용구 · 운동용구와 이들의 부분품과 부속품

제96류 잡품

제21부 예술품 · 수집품 · 골동품 242

제97류 예술품 · 수집품 · 골동품

부록 최신 5개년 기출문제

2025년 제42회 기출문제	248
2024년 제41회 기출문제	251
2023년 제40회 기출문제	253
2022년 제39회 기출문제	255
2021년 제38회 기출문제	257

해커스관세사 cca.Hackers.com

관세율표 법령집

개관 | 관세율표의 해석에 관한 통칙

관세율표의 품목분류는 다음 원칙에 따른다.

1. 이 표의 부(部)·류(類)·절(節)의 표제는 참조하기 위하여 규정한 것이다. 법적인 목적상 품목분류는 각 호(號)의 용어와 관련 부나 류의 주(註)에 따라 결정하되, 각 호나 주에서 따로 규정하지 않은 경우에는 다음 각 호의 규정에 따른다.

2. 이 통칙 제1호에 따라 품목분류를 결정할 수 없는 것은 다음 각 목에 따른다.

    가. 각 호에 열거된 물품에는 불완전한 물품이나 미완성된 물품이 제시된 상태에서 완전한 물품이나 완성된 물품의 본질적인 특성을 지니고 있으면 그 불완전한 물품이나 미완성된 물품이 포함되는 것으로 본다. 또한 각 호에 열거된 물품에는 조립되지 않거나 분해된 상태로 제시된 완전한 물품이나 완성된 물품(이 통칙에 따라 완전한 물품이나 완성된 물품으로 분류되는 것을 포함한다)도 포함되는 것으로 본다.

    나. 각 호에 열거된 재료·물질에는 해당 재료·물질과 다른 재료·물질과의 혼합물 또는 복합물이 포함되는 것으로 본다. 특정한 재료·물질로 구성된 물품에는 전부 또는 일부가 해당 재료·물질로 구성된 물품이 포함되는 것으로 본다. 두 가지 이상의 재료나 물질로 구성된 물품의 분류는 이 통칙 제3호에서 규정하는 바에 따른다.

3. 이 통칙 제2호 나목이나 그 밖의 다른 이유로 동일한 물품이 둘 이상의 호로 분류되는 것으로 볼 수 있는 경우의 품목분류는 다음 각 목에서 규정하는 바에 따른다.

    가. 가장 구체적으로 표현된 호가 일반적으로 표현된 호에 우선한다. 다만, 둘 이상의 호가 혼합물이나 복합물에 포함된 재료나 물질의 일부에 대해서만 각각 규정하거나 소매용으로 하기 위하여 세트로 된 물품의 일부에 대해서만 각각 규정하는 경우에는 그 중 하나의 호가 다른 호보다 그 물품에 대하여 더 완전하거나 상세하게 표현하고 있다 할지라도 각각의 호를 그 물품에 대하여 동일하게 구체적으로 표현된 호로 본다.

    나. 혼합물, 서로 다른 재료로 구성되거나 서로 다른 구성요소로 이루어진 복합물과 소매용으로 하기 위하여 세트로 된 물품으로서 가목에 따라 분류할 수 없는 것은 가능한 한 이들 물품에 본질적인 특성을 부여하는 재료나 구성요소로 이루어진 물품으로 보아 분류한다.

    다. 가목이나 나목에 따라 분류할 수 없는 물품은 동일하게 분류가 가능한 호 중에서 그 순서상 가장 마지막 호로 분류한다.

4. 이 통칙 제1호부터 제3호까지에 따라 분류할 수 없는 물품은 그 물품과 가장 유사한 물품이 해당되는 호로 분류한다.

5. 다음 각 목의 물품에는 이 통칙 제1호부터 제4호까지를 적용하는 외에 다음 사항을 적용한다.

   가. 사진기 케이스·악기 케이스·총 케이스·제도기 케이스·목걸이 케이스와 이와 유사한 용기는 특정한 물품이나 물품의 세트를 담을 수 있도록 특별한 모양으로 되어 있거나 알맞게 제조되어 있고, 장기간 사용하기에 적합하며, 그 내용물과 함께 제시되어 일반적으로 그 내용물과 함께 판매되는 종류의 물품인 때에는 그 내용물과 함께 분류한다. 다만, 용기가 전체 물품에 본질적인 특성을 부여하는 경우에는 그렇지 않다.

   나. 가목에 해당하는 것은 그에 따르고, 내용물과 함께 제시되는 포장재료와 포장용기는 이들이 일반적으로 그러한 물품의 포장용으로 사용되는 것이라면 그 내용물과 함께 분류한다. 다만, 그러한 포장재료나 포장용기가 명백히 반복적으로 사용하기에 적합한 것이라면 그렇지 않다.

6. 법적인 목적상 어느 호(號) 중 소호(小號)의 품목분류는 같은 수준의 소호(小號)들만을 서로 비교할 수 있다는 점을 조건으로 해당 소호(小號)의 용어와 관련 소호(小號)의 주(註)에 따라 결정하며, 위의 모든 통칙을 준용한다. 또한 이 통칙의 목적상 문맥에서 달리 해석되지 않는 한 관련 부(部)나 류(類)의 주(註)도 적용한다.

7. 이 표에 규정되지 않은 품목분류에 관한 사항은 「통일상품명 및 부호체계에 관한 국제협약」에 따른다.

제1부 살아 있는 동물과 동물성 생산품

제1류	살아 있는 동물
제2류	육과 식용 설육(屑肉)
제3류	어류·갑각류·연체동물과 그 밖의 수생(水生) 무척추동물
제4류	낙농품, 새의 알, 천연꿀, 다른 류로 분류되지 않은 식용인 동물성 생산품
제5류	다른 류로 분류되지 않은 동물성 생산품

제1부 주 제1호

1. 이 부에 열거된 동물의 특정 속(屬)이나 종(種)에는 문맥상 달리 해석되지 않는 한 그 속(屬)이나 종(種)의 어린 것도 포함된다.

제1부 주 제2호

2. 이 표에서 "건조한 것"에는 문맥상 달리 해석되지 않는 한 탈수하거나 증발시키거나 동결건조한 것이 포함된다.

제1류 살아 있는 동물

제1류 주 제1호

1. 이 류에는 다음 각 목의 것을 제외한 모든 살아 있는 동물이 포함된다.

    가. 제0301호·제0306호·제0307호·제0308호의 어류·갑각류·연체동물과 그 밖의 수생(水生) 무척추동물

    나. 제3002호의 미생물 배양체와 그 밖의 물품

    다. 제9508호의 동물

번호	품명
0101	살아 있는 말·당나귀·노새·버새
0102	살아 있는 소
0103	살아 있는 돼지
0104	살아 있는 면양과 염소
0105	살아 있는 가금(家禽)류[닭(갈루스 도메스티쿠스(*Gallus domestrcus*)종으로 한정한다)·오리·거위·칠면조·기니아새로 한정한다]
0106	그 밖의 살아 있는 동물

제2류 육과 식용 설육(屑肉)

제2류 주 제1호

1. 이 류에서 다음 각 목의 것은 제외한다.
    가. 제0201호부터 제0208호까지 또는 제0210호에서 열거한 물품 중 식용에 적합하지 않은 것
    나. 식용에 적합한 죽은 곤충(제0410호)
    다. 동물의 장·방광·위(제0504호), 동물의 피(제0511호나 제3002호)
    라. 제0209호의 물품 외의 동물성 지방(제15류)

번호	품명
0201	쇠고기(신선한 것이나 냉장한 것으로 한정한다)
0202	쇠고기(냉동한 것으로 한정한다)
0203	돼지고기(신선한 것, 냉장하거나 냉동한 것으로 한정한다)
0204	면양과 염소의 고기(신선한 것, 냉장하거나 냉동한 것으로 한정한다)
0205	말·당나귀·노새·버새의 고기(신선한 것, 냉장하거나 냉동한 것으로 한정한다)
0206	소·돼지·면양·염소·말·당나귀·노새·버새의 식용 설육(屑肉)(신선한 것, 냉장하거나 냉동한 것으로 한정한다)
0207	제0105호의 가금(家禽)류의 육과 식용 설육(屑肉)(신선한 것, 냉장하거나 냉동한 것으로 한정한다)
0208	그 밖의 육과 식용 설육(屑肉)(신선한 것, 냉장하거나 냉동한 것으로 한정한다)
0209	살코기가 없는 돼지 비계와 가금(家禽)의 비계(기름을 빼지 않은 것이나 그 밖의 방법으로 추출하지 않은 것으로서 신선한 것·냉장하거나 냉동한 것·염장하거나 염수장한 것·건조하거나 훈제한 것으로 한정한다)
0210	육과 식용 설육(屑肉)(염장하거나 염수장한 것·건조하거나 훈제한 것으로 한정한다), 육이나 설육(屑肉)의 식용 고운 가루·거친 가루

제3류 어류·갑각류·연체동물과 그 밖의 수생(水生) 무척추동물

제3류 주 제1호

1. 이 류에서 다음 각 목의 것은 제외한다.
    가. 제0106호의 포유동물
    나. 제0106호의 포유동물의 육(제0208호나 제0210호)
    다. 죽은 것으로서 그 종(種)이나 상태로 보아 식용에 적합하지 않은 어류[간, 어란(魚卵)과 어백(魚白)을 포함한다]·갑각류·연체동물이나 그 밖의 수생(水生) 무척추동물(제5류), 식용에 적합하지 않은 어류·갑각류·연체동물이나 그 밖의 수생(水生) 무척추동물의 고운 가루·거친 가루나 펠릿(pellet)(제2301호)
    라. 캐비어, 어란(魚卵)으로 조제한 캐비어 대용물(제1604호)

제3류 주 제2호

2. 이 류에서 "펠릿(pellet)"이란 직접 압축하거나 소량의 점결제를 첨가하여 응결시킨 둘품을 말한다.

제3류 주 제3호

3. 제0305호부터 제0308호까지에는 식용에 적합한 고운 가루, 거친 가루와 펠릿(pellet)은 포함하지 않는다(제0309호).

번호	품명
0301	활어
0302	신선하거나 냉장한 어류[제0304호의 어류의 필레(fillet)와 그 밖의 어육은 제외한다]
0303	냉동어류[제0304호의 어류의 필레(fillet)와 기타 어육은 제외한다]
0304	어류의 필레(fillet)와 그 밖의 어육(잘게 썰었는지에 상관없으며, 신선한 것·냉장한 것·냉동한 것으로 한정한다)
0305	건조한 어류, 염장이나 염수장한 어류, 훈제한 어류(훈제과정 중이나 훈제 전에 조리한 것인지에 상관없다)
0306	갑각류(껍데기가 붙어 있는 것인지에 상관없으며 살아 있는 것과 신선한 것·냉장한 것·냉동한 것·건조한 것·염장이나 염수장한 것), 훈제한 갑각류(껍데기가 붙어 있는 것인지 또는 훈제 전이나 훈제과정 중에 조리한 것인지에 상관있다), 껍데기가 붙어 있는 상태로 물에 찌거나 삶은 갑각류(냉장한 것·냉동한 것·건조한 것·염장이나 염수장한 것인지에 상관없음)
0307	연체동물(껍데기가 붙어 있는 것인지에 상관없으며, 살아 있는 것과 신선한 것·냉장한 것·냉동한 것·건조한 것·염장이나 염수장한 것), 훈제한 연체동물(껍데기가 붙어 있는 것인지 또는 훈제 전이나 훈제과정 중에 조리한 것인지에 상관없다)
0308	수생(水生) 무척추동물(갑각류와 연체동물은 제외하며, 살아 있는 것과 신선한 것·냉장한 것·냉동한 것·건조한 것, 염장이나 염수장한 것), 훈제한 수생(水生) 무척추동물(갑각류와 연체동물은 제외하며, 훈제 전이나 훈제과정 중에 조리한 것인지에 상관없다)
0309	어류·갑각류·연체동물과 그 밖의 수생 무척추동물의 고운 가루·거친 가루와 펠릿(pellet)(식용에 적합한 것으로 한정한다)

제4류 낙농품, 새의 알, 천연꿀, 다른 류로 분류되지 않은 식용인 동물성 생산품

제4류 주 제1호

1. 이 류에서 "밀크"란 전유(全乳)나 탈지(脫脂)유[일부 탈지(脫脂)나 완전 탈지(脫脂)를 한 것으로 한정한다]를 말한다.

제4류 주 제2호

2. 제0403호에서 요구르트는 농축하거나 향을 첨가할 수 있으며 설탕이나 그 밖의 감미료·과실·견과류·코코아·초콜릿·향신료·커피나 커피 추출물·식물·식물의 부분·곡물이나 베이커리 제품을 함유할 수도 있다. 다만 첨가된 물질이 밀크 성분의 전부나 일부를 대체하기 위한 목적이어서는 안 되고, 전체 물품은 요구르트의 본질적인 특성을 유지해야 한다.

제4류 주 제3호

3. 제0405호에서

   가. "버터"란 오로지 밀크에서 얻은 천연버터, 유장(乳漿)버터, 환원버터(신선한 것, 소금을 첨가한 것, 고약한 냄새가 나는 것으로서 버터통조림을 포함한다)를 말한다[유지방의 함유량이 전 중량의 100분의 80 이상 100분의 95 이하이고, 무지 유(無脂 乳) 고형분의 최대함유량이 전 중량의 100분의 2 이하이며, 최대수분함유량이 전 중량의 100분의 16 이하인 것으로 한정한다]. 버터에는 유화제(첨가된 것)를 함유하고 있지 않으나, 염화나트륨·식용색소·중화염·인체에 무해한 유산균 배양체를 함유하기도 한다.

   나. "데어리 스프레드(dairy spread)"란 유중수적형의 스프레더블 에멀션(spreadable emulsion)을 말한다(지방은 유지방만 함유하여야 하며, 유지방 함유량이 전 중량의 100분의 39 이상 100분의 80 미만인 것으로 한정한다).

제4류 주 제4호

4. 유장의 농축물에 밀크나 유지방을 첨가하여 얻은 물품으로서 다음의 세 가지 특성을 가지는 경우에는 제0406호의 치즈로 분류한다.

   가. 유지방의 함유량이 건조중량으로 전 중량의 100분의 5 이상인 것

   나. 건조물의 함유량이 전 중량의 100분의 70 이상 100분의 85 이하인 것

   다. 성형되어 있거나 성형될 수 있는 것

제4류 주 제5호

5. 이 류에서 다음 각 목의 것은 제외한다.

   가. 식용에 적합하지 않은 죽은 곤충(제0511호)

   나. 유장으로부터 얻어진 물품으로서 건조물 상태에서 계산하여 무수유당(無水乳糖)으로 표시한 유당(乳糖)의 함유량이 전 중량의 100분의 95를 초과하는 것(제1702호)

다. 하나 이상의 천연밀크 성분(예: 부티트 지방)을 다른 물질(예: 올레 지방)로 대체함으로써 밀크로부터 얻어진 물품(제1901호 또는 제2106호)

라. 알부민[건조물 상태에서 계산한 유장단백질의 함유량이 전 중량의 100분의 80을 초과하는 둘 이상의 유장단백질의 농축물을 포함한다(제3502호)]과 글로불린(globulin)(제3504호)

제4류 주 제6호

6. 제0410호에서 "곤충"이란 식용에 적합한 죽은 곤충의 전체나 일부분으로 신선 냉장·냉동·건조·훈제·염장이나 염수장한 것과 곤충의 고운 가루와 거친 가루로서 식용에 적합한 것을 말한다. 그러나 이 호에는 식용에 적합한 곤충으로서 그 밖의 방법으로 조제하거나 보존처리한 것은 포함하지 않는다(일반적으로 제4부).

제4류 소호주 제1호

1. 소호 제0404.10호에서 "변성유장"이란 유장의 성분으로 구성된 물품(예: 유장으로부터 유당·단백질·무기질의 전부나 일부를 제거한 것, 유장에 유장의 천연 성분을 첨가한 것, 유장의 천연 성분을 혼합하여 얻은 것)을 말한다.

제4류 소호주 제2호

2. 소호 제0405.10호의 "버터"는 탈수한 버터나 버터기름이 포함되지 않는다(소호 제0405.90호).

번호	품명
0401	밀크와 크림(농축하지 않은 것으로서 설탕이나 그 밖의 감미료를 첨가하지 않은 것으로 한정한다)
0402	밀크와 크림(농축하였거나 설탕이나 그 밖의 감미료를 첨가한 것으로 한정한다)
0403	요구르트, 버터밀크·응고밀크와 응고크림·케피어(kephir)와 그 밖의 발효되거나 산성화된 밀크와 크림(농축한 것인지 또는 설탕이나 그 밖의 감미료를 첨가한 것인지 또는 향·과실 견과류·코코아를 첨가한 것인지에 상관없다)
0404	유장(농축한 것인지 또는 설탕이나 그 밖의 감미료를 첨가한 것인지에 상관없다)과 따로 분류된 것 외의 천연밀크의 성분을 함유하는 물품(설탕이나 그 밖의 감미료를 첨가한 것인지에 상관없다)
0405	버터와 그 밖의 지방과 기름(밀크에서 얻은 것으로 한정한다), 데어리 스프레드(dairy spread)
0406	치즈와 커드(curd)
0407	새의 알(껍질이 붙은 것으로서 신선한 것, 보존처리하거나 조리한 것으로 한정한다)
0408	새의 알(껍질이 붙지 않은 것)과 알의 노른자위(신선한 것, 건조한 것, 물에 삶았거나 찐 것, 성형한 것, 냉동한 것이나 그 밖의 보존처리를 한 것으로 한정하며, 설탕이나 그 밖의 감미료를 첨가한 것인지에 상관없다)
0409	천연꿀
0410	곤충과 그 밖의 식용인 동물성 생산품(따로 분류되지 않은 것으로 한정한다)

제5류 다른 류로 분류되지 않은 동물성 생산품

제5류 주 제1호

1. 이 류에서 다음 각 목의 것은 제외한다.

    가. 식용에 적합한 것(동물의 장·방광·위의 전체나 부분, 액체 상태이거나 건조한 동물의 피는 제외한다)

    나. 원피(모피를 포함한다)(제41류·제43류). 다만, 제0505호에 해당하는 물품이나 제0511호에 해당하는 생 원피의 페어링(paring)과 이와 유사한 웨이스트(waste)는 제외한다.

    다. 동물성 방직용 섬유재료[말의 털과 그 웨이스트(waste)는 제외한다](제11부)

    라. 비나 브러시 제조용으로 묶었거나 술(tuft)의 모양으로 정돈한 물품(제9603호)

제5류 주 제2호

2. 사람 머리카락을 길이에 따라 선별한 것(양 끝을 정돈하지 않은 것으로 한정한다)은 제0501호에서의 가공하지 않은 것으로 본다.

제5류 주 제3호

3. 이 표에서 코끼리·하마·바다코끼리·일각고래·산돼지의 엄니, 코뿔소의 뿔과 모든 동물의 이는 아이보리(ivory)로 본다.

제5류 주 제4호

4. 이 표에서 "말의 털"이란 마속동물이나 소의 갈기털과 꼬리털을 말한다. 제0511호는 특히 말의 털과 그 웨이스트(waste)를 포함하며, 층상으로 하였는지 또는 지지물을 사용했는지에 상관없다.

번호	품명
0501	사람 머리카락(가공하지 않은 것으로 한정하며, 세척이나 세정을 했는지에 상관없다)과 그 웨이스트(waste)
0502	돼지털·멧돼지털·오소리털과 그 밖의 브러시 제조용 동물의 털과 이들의 웨이스트(waste)
0503	-
0504	동물(어류는 제외한다)의 장·방광 위의 전체나 부분(신선한 것·냉장이나 냉동한 것·염장이나 염수장한 것·건조한 것·훈제한 것으로 한정한다)
0505	새의 깃털이나 솜털이 붙은 가죽과 그 밖의 부분, 깃털과 그 부분(가장자리를 정리했는지에 상관없다), 새의 솜털(청정·소독·보존을 위한 처리 이상의 가공을 하지 않은 것으로 한정한다), 새의 깃털이나 그 부분의 가루와 웨이스트(waste)
0506	뼈와 혼코어(horn-core)[가공하지 않은 것, 탈지(脫脂)한 것, 단순히 정리한 것(특정한 형상으로 깎은 것은 제외한다), 산(酸)처리를 하거나 탈교한(degelatinised) 것], 이들의 가루와 웨이스트(waste)
0507	아이보리(ivory)·귀갑(龜甲)·고래수염과 그 털·뿔(horn)·사슴뿔·발굽·발톱·부리(가공하지 않은 것과 단순히 정리한 것으로 한정하며, 특정한 모양으로 깎은 것은 제외한다), 이들의 가루와 웨이스트(waste)
0508	산호와 이와 유사한 물품(가공하지 않은 것과 단순히 정리한 것으로 한정하며, 더 이상의 가공을 한 것은 제외한다), 연체동물·갑각류·극피동물의 껍데기와 오징어뼈(가공하지 않은 것과 단순히 정리한 것으로 한정하며 특정한 모양으로 깎은 것은 제외한다)와 이들의 가루와 웨이스트(waste)
0509	-
0510	용연향(ambergris)·해리향(castoreum)·시빗(civet)과 사향, 캔대리디즈(cantharides), 쓸개즙(건조했는지에 상관없다), 의약품 제조용 선(腺)이나 그 밖의 동물성 생산품(신선한 것, 냉장·냉동이나 그 밖의 방법으로 일시적으로 보존하기 위하여 처리한 것으로 한정한다)
0511	따로 분류되지 않은 동물성 생산품과 제1류나 제3류의 동물의 사체로서 식용에 적합하지 않은 것

제2부 식물성 생산품

제6류	살아 있는 수목과 그 밖의 식물, 인경(鱗莖)·뿌리와 이와 유사한 물품, 절화(切花)와 장식용 잎
제7류	식용의 채소·뿌리·괴경(塊莖)
제8류	식용의 과실과 견과류, 감귤류·멜론의 껍질
제9류	커피·차·마테(maté)·향신료
제10류	곡물
제11류	제분공업의 생산품과 맥아, 전분, 이눌린(inulin), 밀의 글루텐(gluten)
제12류	채유(採油)에 적합한 종자와 과실, 각종 종자와 과실, 공업용·의약용 식물, 짚과 사료용 식물
제13류	락(lac), 검·수지·그 밖의 식물성 수액과 추출물(extract)
제14류	식물성 편조물(編組物)용 재료와 다른 류로 분류되지 않은 식물성 생산품

제2부 주 제1호

1. 이 부에서 "펠릿(pellet)"이란 직접 압축하거나 전 중량의 100분의 3 이하의 점결제를 첨가하여 응결시킨 물품을 말한다.

제6류 살아 있는 수목과 그 밖의 식물, 인경[鱗莖]·뿌리와 이와 유사한 물품, 절화[切花]와 장식용 잎

제6류 주 제1호

1. 이 류에서는 제0601호의 후단 외에는 통상 육묘·육종 업자나 판매업자가 재배용이나 장식용으로 공급하는 살아 있는 수목이나 상품(채소의 고종을 포함한다)으로 한정한다. 다만, 제7류의 감자·양파·샬롯(shallot)·마늘이나 그 밖의 물품은 제외한다.

제6류 주 제2호

2. 제0603호나 제0604호에 열거한 물품에는 해당 물품의 전부나 일부로 제조한 꽃다발·꽃바구니·화환과 그 밖에 이와 유사한 물품을 포함한다(다른 재료로 된 부속품을 사용했는지에 상관없다). 다만, 이들 호에서는 제9701호의 콜라주와 이와 유사한 장식판은 제외한다.

번호	품명
0601	인경(鱗莖)·괴경(塊莖)·괴근(塊根)·구경(球莖)·관근(冠根)·근경(根莖)으로서 휴면(休眠)상태이거나 자라고 있거나 꽃이 피어 있는 것, 치커리·치커리 뿌리(제1212호의 뿌리는 제외한다)
0602	그 밖의 살아 있는 식물(뿌리를 포함한다)·꺾꽂이용 가지·접붙임용 가지, 버섯의 종균(種菌)
0603	절화(切花)와 꽃봉오리(신선한 것과 건조·염색·표백·침투나 그 밖의 가공을 한 것으로서 꽃다발용이나 장식용에 적합한 것으로 한정한다)
0604	식물의 잎·가지와 그 밖의 부분(꽃과 꽃봉오리가 없는 것으로 한정한다), 풀·이끼·지의(地衣)(신선한 것과 건조·염색·표백·침투나 그 밖의 가공을 한 것으로서 꽃다발용이나 장식용에 적합한 것으로 한정한다)

제7류 식용의 채소·뿌리·괴경(塊莖)

제7류 주 제1호

1. 이 류에서 제1214호의 사료용 식물은 제외한다.

제7류 주 제2호

2. 제0709호·제0710호·제0711호·제0712호의 "채소"에는 식용 버섯, 송로(松露), 올리브, 케이퍼(caper), 호박류, 가지, 스위트콘[자메이스 변종 사카라타(Zea mays var. saccharata)], 고추류[캡시컴(Capsicum)속]의 열매나 피멘타(Pimenta)속의 열매, 회향(茴香), 파슬리(parsley), 취어빌(chervil), 타라곤(tarragon), 크레스(cress), 스위트 마조람(sweet marjoram)[마요라나 호텐시스(Majorana hortensis)·오리가늄 마요라나(Origanum majorana)]이 포함된다.

제7류 주 제3호

3. 제0712호는 제0701호부터 제0711호까지에 해당하는 채소의 건조한 것을 모두 포함하며, 다음 각 목의 것은 제외한다.
   가. 건조한 채두류(菜豆類)(꼬투리가 없는 것으로 한정한다)(제0713호)
   나. 제1102호부터 제1104호까지에 열거된 모양의 스위트콘
   다. 감자의 고운 가루·거친 가루·가루·플레이크(flake)·알갱이·펠릿(pellet)(제1105호)
   라. 제0713호의 건조한 채두류(菜豆類)의 고운 가루·거친 가루·가루(제1106호)

제7류 주 제4호

4. 이 류에서 건조하거나 부수거나 잘게 부순 고추류[캡시컴(*Capsicum*)속]의 열매나 피멘타(*Pimenta*)속의 열매는 제외한다(제0904호).

제7류 주 제5호

5. 제0711호는 사용하기 전 운송이나 보관 중에 단지 일시적인 보존만을 위하여 처리(예: 아황산가스·염수·유황수나 그 밖의 저장용액으로 보존처리)한 채소에 적용한다. 다만, 그 상태로는 식용에 적합하지 않는 것으로 한정한다.

번호	품명
0701	감자(신선한 것이나 냉장한 것으로 한정한다)
0702	토마토(신선한 것이나 냉장한 것으로 한정한다)
0703	양파·샬롯(shallot)·마늘·리크(leek)와 그 밖의 파속의 채소(신선한 것이나 냉장한 것으로 한정한다)
0704	양배추·꽃양배추·콜라비(kohlrabi)·케일(kale)과 그 밖에 이와 유사한 식용 배추속(신선한 것이나 냉장한 것으로 한정한다)
0705	상추[락투카 사티바(Lactuca sativa)]와 치커리(chicory)[시커리엄(Cichorium)속](신선한 것이나 냉장한 것으로 한정한다)
0706	당근·순무·샐러드용 비트(beetroot)·선모(仙茅)·셀러리액(celeriac)·무와 그 밖에 이와 유사한 식용 뿌리(신선한 것이나 냉장한 것으로 한정한다)
0707	오이류(신선한 것이나 냉장한 것으로 한정한다)
0708	채두류(菜豆類)(꼬투리가 있는지에 상관없으며 신선한 것이나 냉장한 것으로 한정한다)
0709	그 밖의 채소(신선한 것이나 냉장한 것으로 한정한다)
0710	냉동채소(조리하지 않은 것이나 물에 삶거나 쪄서 조리한 것으로 한정한다)
0711	일시적으로 보존하기 위하여 처리한 채소(그 상태로는 식용에 적합하지 않은 것으로 한정한다)
0712	건조한 채소(원래 모양인 것, 절단한 것, 얇게 썬 것, 부순 것, 가루 모양인 것으로 한정하며, 더 이상 조제한 것은 제외한다)
0713	건조한 채두류(菜豆類)(꼬투리가 없는 것으로서 껍질을 제거한 것인지 또는 쪼갠 것인지에 상관없다)
0714	매니옥(manioc)·칡뿌리·살렙(salep)·돼지감자(Jerusalem artichoke)·고구마와 그 밖에 이와 유사한 전분이나 이눌린(inulin)을 다량 함유한 뿌리·괴경(塊莖)[얇게 썬 것이나 펠릿(pellet) 모양인지에 상관없으며 신선한 것, 냉장한 것·냉동한 것, 건조한 것으로 한정한다], 사고야자(sago)의 심(pith)

제8류 식용의 과실과 견과류, 감귤류·멜론의 껍질

제8류 주 제1호

1. 이 류에서 식용에 적합하지 않은 견과류와 과실은 제외한다.

제8류 주 제2호

2. 냉장한 과실과 견과류는 해당 과실과 견과류의 신선한 것이 해당하는 호로 분류한다.

제8류 주 제3호

3. 이 류의 건조한 과실이나 건조한 견과류는 부분적으로 재가수(再加水)하거나 다음 각 목의 목적을 위하여 처리할 수도 있다(건조한 과실이나 건조한 견과류의 특성을 유지하는 범위로 한정한다).

   가. 추가적인 보존이나 안정(예: 적정한 열처리, 황처리, 소르빈산이나 소르빈산칼륨의 첨가)

   나. 외관의 개선이나 유지(예: 식물성 기름이나 소량의 글루코스 시럽의 첨가)

제8류 주 제4호

4. 제0812호는 사용하기 전 운송이나 보관 중에 단지 일시적인 보존만을 위해 처리(예: 아황산가스·염수·유황수나 그 밖의 저장용액으로 보존처리)한 과실과 견과류에 적용한다. 다만, 그 상태로는 식용에 적합하지 않는 것으로 한정한다.

번호	품명
0801	코코넛·브라질너트·캐슈너트(cashew nut)(신선한 것이나 건조한 것으로 한정하며, 껍데기나 껍질을 벗겼는지에 상관없다)
0802	그 밖의 견과류(신선하거나 건조한 것으로 한정하며, 껍데기나 껍질을 벗겼는지에 상관없다)
0803	바나나[플랜틴(plantain)을 포함하며, 신선하거나 건조한 것으로 한정한다]
0804	대추야자·무화과·파인애플·아보카도(avocado)·구아바(guava)·망고(mango)·망고스틴(mangosteen)(신선하거나 건조한 것으로 한정한다)
0805	감귤류의 과실(신선하거나 건조한 것으로 한정한다)
0806	포도(신선하거나 건조한 것으로 한정한다)
0807	멜론(수박을 포함한다)과 포포(papaw)[파파야(papaya)](신선한 것으로 한정한다)
0808	사과·배·마르멜로(quince)(신선한 것으로 한정한다)
0809	살구·체리·복숭아[넥터린(nectarine)을 포함한다]·자두·슬로(sloe)(신선한 것으로 한정한다)
0810	그 밖의 과실(신선한 것으로 한정한다)
0811	냉동 과실과 냉동 견과류(조리하지 않은 것이나 물에 삶거나 찐 것으로 한정하며, 설탕이나 그 밖의 감미료를 첨가했는지에 상관없다)
0812	일시적으로 보존하기 위하여 처리한 과실과 견과류(그 상태로는 식용에 적합하지 않은 것으로 한정한다)
0813	건조한 과실(제0801호부터 제0806호까지에 해당하는 것은 제외한다), 이 류의 견과류나 건조한 과실의 혼합물
0814	감귤류의 껍질과 멜론(수박을 포함한다)의 껍질(신선한 것, 냉동하거나 건조한 것, 염수·유황수나 그 밖의 저장용액으로 일시적으로 보존하기 위하여 처리한 것으로 한정한다)

제9류 커피 · 차 · 마테(maté) · 향신료

제9류 주 제1호

1. 제0904호부터 제0910호까지의 물품의 혼합물 분류는 다음 각 목에서 정하는 바에 따른다.

   가. 같은 호에 해당하는 물품의 두 가지 이상의 혼합물은 해당 호로 분류한다.

   나. 다른 호에 해당하는 물품의 두 가지 이상의 혼합물은 제0910호로 분류한다.

   제0904호부터 제0910호까지의 물품(또는 가목, 나목의 혼합물)에 다른 물품을 첨가한 것은 그 결과로서 생긴 혼합물이 해당 호에 해당하는 물품의 본질적인 특성을 유지하는 한 그 분류에 영향을 미치지 않는다. 그렇지 않은 그 밖의 혼합물은 이 류로 분류하지 않으며, 혼합조미료로서 사용되는 것은 제2103호로 분류한다.

제9류 주 제2호

2. 이 류에서 제1211호의 쿠베브 페퍼(Cubeb pepper)[파이퍼 쿠베바(Piper cubeba)]와 그 밖의 물품은 제외한다.

번호	품명
0901	커피(볶았는지, 카페인을 제거했는지에 상관없다), 커피의 껍데기와 껍질, 커피를 함유한 커피 대용물(커피의 포함비율은 상관없다)
0902	차류(맛과 향을 첨가했는지에 상관없다)
0903	마테(maté)
0904	후추[파이퍼(Piper)속의 것으로 한정한다], 건조하거나 부수거나 잘게 부순 고추류[캡시컴(Capsicum)속]의 열매나 피멘타(Pimenta)속의 열매
0905	바닐라
0906	계피와 계피나무의 꽃
0907	정향(丁香)(과실 · 꽃 · 꽃대로 한정한다)
0908	육두구(肉荳蔻) · 메이스(mace) · 소두구(小荳蔻)
0909	아니스(anise) · 대회향(大茴香) · 회향(茴香) · 코리앤더(coriander) · 커민(cumin) · 캐러웨이(caraway)의 씨와 주니퍼(juniper)의 열매
0910	생강 · 사프란(saffron) · 심황[강황(薑黃)] · 타임(thyme) · 월계수 잎 · 카레와 그 밖의 향신료

제10류 곡물

제10류 주 제1호

1. 가. 이 류의 각 호에 열거된 곡물은 이삭이나 줄기에 붙어 있는지에 상관없으며 낱알이 형성되어 있는 것이면 해당 호로 분류한다.

   나. 이 류에서 껍질을 벗긴 곡물이나 그 밖의 가공한 곡물은 제외한다. 다만, 쌀은 현미·정미·연마미·광택미·반숙미·쇄미(broken rice)도 제1006호로 분류한다. 이와 유사하게, 사포닌을 분리해 내기 위해 과피(果皮)의 전부나 일부를 제거한 퀴노아로서 그 밖의 다른 처리를 하지 않은 것은 제1008호에 분류한다.

제10류 주 제2호

2. 제1005호에서는 스위트콘은 제외한다(제7류).

제10류 소호주 제1호

1. "듀럼종 밀(durum wheat)"이란 트리티컴 듀럼(*Triticum durum*)종 밀과 해당 종간교잡(種間交雜)으로 생긴 잡종 중에서 트리티컴 듀럼(*Triticum durum*)종과 염색체 수(28개)가 같은 것을 말한다.

번호	품명
1001	밀과 메슬린(meslin)
1002	호밀
1003	보리
1004	귀리
1005	옥수수
1006	쌀
1007	수수
1008	메밀·밀리트(millet)·카나리시드(canary seed)와 그 밖의 곡물

제11류 제분공업의 생산품과 맥아, 전분, 이눌린(inulin), 밀의 글루텐(gluten)

제11류 주 제1호

1. 이 류에서 다음 각 목의 것은 제외한다.

    가. 볶은 맥아로서 커피 대용물로 조제한 것(제0901호·제2101호)

    나. 제1901호의 조제한 고운 가루·부순 알곡·거친 가루·전분

    다. 제1904호의 콘플레이크와 그 밖의 물품

    라. 제2001호, 제2004호, 제2005호의 조제하거나 보존처리한 채소

    마. 의료용품(제30류)

    바. 조제향료, 화장품, 화장용품의 특성을 가지는 전분(제33류)

제11류 주 제2호

2. 가. 아래 표에 열거한 곡물의 제분 생산품은 건조한 상태의 중량에 따라 다음의 두 가지 조건에 모두 해당하면 이 류로 분류하며, 그 외의 것은 제2302호로 분류한다. 다만, 곡물의 씨눈으로서 원래 모양인 것·압착한 것·플레이크(flake) 모양인 것·잘게 부순 것은 항상 제1104호로 분류한다.

    1) 전분의 함유량[개량 "유어(Ewer)"식 편광계 방법에 따라 결정된다]이 아래 표의 (2)란의 양을 초과하는 것

    2) 회분의 함유량(첨가된 무기물을 공제한 후의 함유량을 말한다)이 아래 표의 (3)란의 양 이하인 것

    나. 가목에 따라 이 류에 해당하는 물품은 아래 표의 (4)란이나 (5)란에 표시한 금속망의 체를 통과하는 중량비율이 해당 곡물에 대하여 표시된 비율 이상인 경우에만 제1101호나 제1102호로 분류하며, 그 외의 것은 제1103호나 제1104호로 분류한다.

곡물명 (1)	전분 함유량 (2)	회분함유량 (3)	체를 통과하는 비율	
			315 마이크론(4)	500 마이크론(5)
밀과 호밀	45%	2.5%	80%	-
보리	45%	3%	80%	-
귀리	45%	5%	80%	-
옥수수와 수수	45%	2%	-	90%
쌀	45%	1.6%	80%	-
메밀	45%	4%	80%	-

제11류 주 제3호

3. 제1103호에서 곡물의 "부순 알곡"과 "거친 가루"란 곡물을 잘게 부수어 얻는 것으로서 다음 각 목에 해당되는 것을 말한다.

　　가. 옥수수는 2밀리미터의 금속망의 체를 통과하는 중량비율이 100분의 95 이상인 것

　　나. 그 밖의 곡물은 1.25밀리미터의 금속망의 체를 통과하는 중량비율이 100분의 95 이상인 것

번호	품명
1101	밀가루나 메슬린(meslin) 가루
1102	곡물의 고운 가루[밀가루나 메슬린(meslin) 가루는 제외한다]
1103	곡물의 부순 알곡·거친 가루·펠릿(pellet)
1104	그 밖의 가공한 곡물[예: 껍질을 벗긴 것·압착한 것·플레이크(flake) 모양인 것·진주 모양인 것·얇은 조각으로 만든 것·거칠게 빻은 것(제1006호의 쌀은 제외한다)], 곡물의 씨눈으로서 원래 모양인 것·압착한 것·플레이크(flake) 모양인 것·잘게 부순 것
1105	감자의 고운 가루·거친 가루·가루·플레이크(flake)·알갱이·펠릿(pellet)
1106	건조한 채두류(菜豆類)(제0713호의 것), 사고(sago)·뿌리나 괴경(塊莖)(제0714호의 것), 제8류 물품의 고운 가루·거친 가루·가루
1107	맥아(볶은 것인지에 상관없다)
1108	전분과 이눌린(inulin)
1109	밀의 글루텐(gluten)(건조했는지에 상관없다)

제12류 채유(採油)에 적합한 종자와 과실, 각종 종자와 과실, 공업용·의약용 식물, 짚과 사료용 식물

제12류 주 제1호

1. 제1207호에는 특히 팜너트(palm nut)와 핵(核)·목화씨·피마자·참깨·겨자씨·잇꽃씨·양귀비씨·시어너트(shea nut)[캐리트너트(karite nut)]가 포함된다. 제0801호나 제0802호에 해당하는 물품과 올리브(제7류나 제20류)는 제외한다.

제12류 주 제2호

2. 제1208호에는 탈지(脫脂)하지 않은 고운 가루와 거친 가루뿐만 아니라 일부 탈지한 것이나 탈지한 것의 전체나 일부분에 본래의 기름을 다시 첨가한 것도 포함된다. 다만, 제2304호부터 제2306호까지의 잔유물에는 적용하지 않는다.

제12류 주 제3호

3. 제1209호에 해당하는 사탕무의 종자, 풀이나 그 밖의 목초의 종자, 관상용 화초의 종자, 채소의 종자, 삼림수의 종자, 과수목의 종자, 베치(vetches)의 종자[비시아 파바(*Vicia faba*)종의 것은 제외한다], 루핀(lupine)의 종자는 파종용 종자로 본다. 다만, 다음 각 목의 것은 파종용이라도 제1209호에는 해당하지 않는다.

   가. 채두류(菜豆類)와 스위트콘(제7류)

   나. 제9류의 향신료와 그 밖의 물품

   다. 곡물(제10류)

   라. 제1201호부터 제1207호까지나 제1211호의 물품

제12류 주 제4호

4. 제1211호에는 특히 바질(basil)·보리지(borage)·인삼·히솝(hyssop)·감초·민트류·로즈메리·루우(rue)·세이지(sage)·쓴쑥(wormwood)과 이들의 부분을 포함한다. 다만, 제1211호에서 다음 각 목의 것은 제외한다.

   가. 제30류의 의약품

   나. 제33류의 조제향료·화장품·화장용품

   다. 제3808호의 살충제·살균제·제초제·소독제와 그 밖에 이와 유사한 물품

제12류 주 제5호

5. 제1212호의 해초류와 그 밖의 조류에서 다음 각 목의 것은 제외한다.

   가. 제2102호의 죽은 단세포미생물

   나. 제3002호의 미생물배양체

   다. 제3101호나 제3105호의 비료

제12류 소호주 제1호

1. 소호 제1205.10호에서 "저에루크산(low erucic acid) 유채(rape, colza)씨"란 에루크산 함유량이 전 중량의 100분의 2 미만의 비휘발성 기름과 글루코시놀레이트(glucosinolate) 함유량이 그램당 30마이크로몰 미만인 고형(固形)성분을 만들어 내는 유채(rape, colza)씨를 말한다.

번호	품명
1201	대두(부수었는지에 상관없다)
1202	땅콩(볶거나 그 밖의 조리를 한 것은 제외하며, 껍데기를 벗겼는지, 부수었는지에 상관없다)
1203	코프라(copra)
1204	아마씨(부수었는지에 상관없다)
1205	유채(rape, colza)씨(부수었는지에 상관없다)
1206	해바라기씨(부수었는지에 상관없다)
1207	그 밖의 채유(採油)에 적합한 종자와 과실(부수었는지에 상관없다)
1208	채유(採油)에 적합한 종자와 과실의 고운 가루와 거친 가루(겨자의 고운 가루와 거친 가루는 제외한다)
1209	파종용 종자·과실·포자(胞子)
1210	홉(hop)[신선하거나 건조한 것으로서 잘게 부순 것인지 또는 가루나 펠릿(pellet) 모양인지에 상관없다], 루플린(lupulin)
1211	주로 향료용·의료용·살충용·살균용과 그 밖에 이와 유사한 용도에 적합한 식물과 그 부분(종자와 과실을 포함하고, 신선한 것·냉장이나 냉동한 것·건조한 것에 한정하며, 절단하거나 잘게 부순 것인지 또는 가루로 된 것인지에 상관없다)
1212	로커스트콩(locust bean)·해초류와 그 밖의 조류(藻類)·사탕무와 사탕수수(신선한 것·냉장이나 냉동한 것·건조한 것으로서 잘게 부수었는지에 상관없다), 주로 식용에 적합한 과실의 핵(核)과 그 밖의 식물성 생산품[볶지 않은 시코리엄 인티부스 새티범(*Cichorium intybus sativum*) 변종의 치커리(chicory) 뿌리를 포함한다]으로서 따로 분류되지 않은 것
1213	곡물의 짚과 껍질[조제하지 않은 것으로 한정하며, 절단하거나 잘게 부수거나 압착한 것인지 또는 펠릿(pellet) 모양인지에 상관없다]
1214	스위드(swede)·맹골드(mangold)·사료용 뿌리채소류(根菜類)·건초·루우산(lucerne)(알팔파)·클로버(clover)·샌포인(sainfoin)·사료용 케일(kale)·루핀(lupine)·베치(vetch)와 이와 유사한 사료용 식물[펠릿(pellet) 모양인지에 상관없다]

제13류 락(lac), 검·수지·그 밖의 식물성 수액과 추출물(extract)

제13류 주 제1호

1. 제1302호에는 특히 감초 추출물(extract)·제충국 추출물(extract)·홉(hop) 추출물(extract)·알로에 추출물(extract)과 아편이 포함되며, 다음 각 목의 것은 제외한다.

    가. 감초 추출물(extract)로서 자당(蔗糖)의 함유량이 전 중량의 100분의 10을 초과하는 것이나 과자로 만들어진 것(제1704호)

    나. 맥아 추출물(extract)(제1901호)

    다. 커피·차·마테(maté)의 추출물(extract)(제2101호)

    라. 식물성 수액이나 추출물(extract)로서 알코올 음료에 사용되는 것(제22류)

    마. 제2914호나 제2938호의 장뇌·글리시리진(glycyrrhizin)이나 그 밖의 물품

    바. 전 중량의 100분의 50 이상의 알칼로이드를 함유하는 양귀비줄기 농축물(제2939호)

    사. 제3003호·제3004호의 의약품과 제3822호의 혈액형 분류용 시약

    아. 유연용 추출물(extract)과 염색용 추출물(extract)(제3201호·제3203호)

    자. 정유(essential oil), 콘크리트, 앱설루트(absolute), 레지노이드(resinoid), 추출된 올레오레진(oleoresin), 정유의 애큐어스 디스틸레이트(aqueous distillate)나 애큐어스 솔루션(aqueous solution) 또는 음료 제조에 사용되는 방향성(芳香性) 물질을 기본 재료로 한 조제품(제33류)

    차. 천연고무·발라타(balata)·구타페르카(gutta-percha)·구아율(guayule)·치클(chicle)과 이와 유사한 천연 검(제4001호)

번호	품명
1301	락(lac), 천연 검·수지·검 수지·올레오레진(oleoresin)[예: 발삼(balsam)]
1302	식물성 수액과 추출물(extract), 펙틴질, 펙티닝산염(pectinate)과 펙틴산염(pectate), 식물성 원료에서 얻은 한천·그 밖의 점질물과 시커너(thickener)(변성 가공했는지에 상관없다)

제14류 식물성 편조물(編組物)용 재료와 다른 류로 분류되지 않은 식물성 생산품

제14류 주 제1호

1. 이 류에서 제11부로 분류되는 물품으로서 주로 직물의 제조에 사용하는 식물성 재료와 식물성 섬유(조제한 것을 포함한다)·방직용 섬유재료의 제조에만 적합하도록 가공한 그 밖의 식물성 재료는 제외한다.

제14류 주 제2호

2. 제1401호에는 특히 대나무(세로로 쪼개거나 톱으로 썬 것, 일정한 길이로 절단한 것, 끝을 둥글게 한 것, 표백한 것, 불가연성으로 한 것, 연마하거나 염색한 것을 포함한다)·쪼갠 버드나무 가지(osier)·갈대와 그 밖에 이와 유사한 것, 등나무의 심(core), 등나무를 뽑아서 늘리거나 쪼갠 것이 포함되며, 칩우드(chipwood)는 제외한다(제4404호).

제14류 주 제3호

3. 제1404호에는 목모(木毛)(제4405호)·비·브러시 제조용으로 묶거나 술의 모양으로 정돈한 물품은 제외한다(제9603호).

번호	품명
1401	편조물(編組物)에 주로 사용되는 식물성 재료[예: 대나무, 등나무, 갈대, 골풀, 버드나무 가지(osier), 라피아(raffia), 청정·표백·염색한 곡물의 짚과 라임나무(lime) 껍질]
1402	-
1403	-
1404	따로 분류되지 않은 식물성 생산품

제3부 동물성·식물성·미생물성 지방과 기름 및 이들의 분해생산물, 조제한 식용 지방과 동물성·식물성 왁스

제15류	동물성·식물성·미생물성 지방과 기름 및 이들의 분해생산물, 조제한 식용 지방과 동물성·식물성 왁스

제15류 동물성·식물성·미생물성 지방과 기름 및 이들의 분해생산물, 조제한 식용 지방과 동물성·식물성 왁스

제15류 주 제1호

1. 이 류에서 다음 각 목의 것은 제외한다.

   가. 제0209호의 돼지나 가금(家禽)의 비계

   나. 코코아 버터, 지방이나 기름(제1804호)

   다. 제0405호의 물품의 함유량이 전 중량의 100분의 15를 초과하는 조제 식료품(통상 제21류)

   라. 수지박(粕)(제2301호)이나 제2304호부터 제2306호까지의 박(粕)류

   마. 지방산·조제 왁스·의약품·페인트·바니시(varnish)·비누·조제향료·화장품·화장용품·황산화유나 그 밖의 제6부의 물품

   바. 기름에서 제조한 팩티스(factice)(제4002호)

제15류 주 제2호

2. 제1509호에서는 용제로 올리브에서 추출하여 얻은 기름은 제외한다(제1510호).

제15류 주 제3호

3. 제1518호에서는 단순히 변성만을 한 지방이나 기름 또는 그 분획물은 제외하며, 이들은 변성하지 않은 지방과 기름 또는 그 분획물이 해당하는 호로 분류한다.

제15류 주 제4호

4. 소프 스톡(soap-stock)·기름의 잔재·스테아린피치(stearin pitch)·글리세롤피치(glycerol pitch)·울 그리스(wool grease) 잔유물은 제1522호로 분류한다.

제15류 소호주 제1호

1. 소호 제1509.30호에서 버진 올리브유는 올레산(oleic acid)으로 표시된 유리산도가 100 그램 당 2 그램 이하이며 코덱스 규격 33-1981에 명시된 특성에 따라 다른 범주의 버진 올리브유와 구분할 수 있다.

제15류 소호주 제2호

2. 소호 제1514.11호와 제1514.19호에서 "저에루크산(low erucic acid) 유채유(rape oil, colza oil)"란 에루크산(erucic acid)의 함유량이 전 중량의 100분의 2 미만인 비휘발성유를 말한다.

번호	품명
1501	돼지의 지방[라드(lard)를 포함한다]과 가금(家禽)의 지방(제0209호나 제1503호의 것은 제외한다)
1502	소ㆍ면양ㆍ염소의 지방(제1503호의 것은 제외한다)
1503	라드스테아린(lard stearin), 라드유(lard oil), 올레오스테아린(oleostearin), 올레오유(oleo-oil), 탤로우유(tallow oil)로서 유화ㆍ혼합이나 그 밖의 조제를 하지 않은 것
1504	어류나 바다에서 사는 포유동물의 지방과 기름 및 그 분획물(정제했는지에 상관없으며 화학적으로 변성 가공한 것은 제외한다)
1505	울그리스(wool grease)와 이것에서 얻은 지방성 물질[라놀린(lanolin)을 포함한다]
1506	그 밖의 동물성 지방과 기름 및 그 분획물(정제했는지에 상관없으며 화학적으로 변성 가공한 것은 제외한다)
1507	대두유와 그 분획물(정제했는지에 상관없으며 화학적으로 변성 가공한 것은 제외한다)
1508	땅콩기름과 그 분획물(정제했는지에 상관없으며 화학적으로 변성 가공한 것은 제외한다)
1509	올리브유와 그 분획물(정제했는지에 상관없으며 화학적으로 변성 가공한 것은 제외한다)
1510	그 밖의 올리브유와 그 분획물(올리브에서 얻은 것으로서 정제했는지에 상관없으며 화학적으로 변성 가공한 것은 제외하고, 이들의 기름이나 그 분획물이 제1509호의 기름이나 그 분획물과 혼합된 것을 포함한다)
1511	팜유와 그 분획물(정제했는지에 상관없으며 화학적으로 변성 가공한 것은 제외한다)
1512	해바라기씨유ㆍ잇꽃유ㆍ곡화씨유와 그 분획물(정제했는지에 상관없으며 화학적으로 변성 가공한 것은 제외한다)
1513	야자[코프라(copra)]유, 팜핵유(palm kernel oil), 바바수유(babassu oil)와 이들의 분획물(정제했는지에 상관없으며 화학적으로 변성 가공한 것은 제외한다)
1514	유채유(rape oil, colza oil), 겨자유와 이들의 분획물(정제했는지에 상관없으며 화학적으로 변성 가공한 것은 제외한다)
1515	그 밖의 비휘발성인 식물성ㆍ미생물성 지방과 기름[호호바유(jojoba oil)를 포함한다]과 그 분획물(정제했는지에 상관없으며 화학적으로 변성 가공한 것은 제외한다)
1516	동물성ㆍ식물성ㆍ미생물성 지방과 기름 및 이들의 분획물[전체적으로나 부분적으로 수소를 첨가한 것, 인터에스텔화(inter-esterified) 것, 리에스텔화(re-esterified) 것, 엘라이딘화(elaidinised) 것으로 한정하며, 정제했는지에 상관없으며 더 이상 가공한 것은 제외한다]
1517	마가린, 동물성ㆍ식물성ㆍ미생물성 지방이나 기름 또는 이 류의 다른 지방이나 기름의 분획물로 만든 식용 혼합물이나 조제품(제1516호의 식용 지방이나 기름 또는 이들의 분획물은 제외한다)
1518	동물성ㆍ식물성ㆍ미생물성 지방과 기름 및 이들의 분획물(끓이거나 산화ㆍ탈수ㆍ황화ㆍ취입하거나 진공상태나 불활성 가스에서 가열중합하거나 그 밖의 화학적 변성을 한 것으로 한정하며, 제1516호의 물품은 제외한다), 따로 분류되지 않은 것으로서 식용에 적합하지 않은 동물성ㆍ식물성ㆍ미생물성 지방이나 기름 또는 이 류의 다른 지방이나 기름의 분획물의 혼합물이나 조제품
1519	-

1520	글리세롤(glycerol)(가공하지 않은 것으로 한정한다), 글리세롤 수(水), 글리세롤 폐액(廢液)
1521	식물성 왁스[트리글리세라이드(triglyceride)는 제외한다]·밀랍(蜜蠟)과 그 밖의 곤충 왁스·고래 왁스(정제했는지 또는 착색했는지에 상관없다)
1522	데그라스(degras), 지방성 물질이나 동물성·식물성 왁스를 처리할 때 생기는 잔유물

제4부

조제 식료품, 음료·주류·식초, 담배·제조한 담배 대용물, 연소시키지 않고 흡입하도록 만들어진 물품(니코틴을 함유하였는지에 상관없다), 니코틴을 함유한 그 밖의 물품으로 인체 내에 니코틴을 흡수시키도록 만들어진 것

제16류	육류·어류·갑각류·연체등물이나 그 밖의 수생(水生) 무척추동물 또는 곤충의 조제품
제17류	당류(糖類)와 설탕과자
제18류	코코아와 그 조제품
제19류	곡물·고운 가루·전분·밀크의 조제품과 베이커리 제품
제20류	채소·과실·견과류나 식물의 그 밖의 부분의 조제품
제21류	각종 조제 식료품
제22류	음료·주류·식초
제23류	식품 공업에서 생기는 잔재물과 웨이스트(waste), 조제 사료
제24류	담배·제조한 담배 대용물, 연소시키지 않고 흡입하도록 만들어진 물품(니코틴을 함유하였는지에 상관없다), 니코틴을 함유한 그 밖의 물품으로 인체 내에 니코틴을 흡수시키도록 만들어진 것

제4부 주 제1호

1. 이 부에서 "펠릿(pellet)"이란 직접 압축하거나 전 중량의 100분의 3 이하의 점결제를 첨가하여 응결시킨 것을 말한다.

제16류 육류ㆍ어류ㆍ갑각류ㆍ연체동물이나 그 밖의 수생(水生) 무척추동물 또는 곤충의 조제품

제16류 주 제1호

1. 이 류에서 제2류ㆍ제3류ㆍ제4류 주 제6호나 제0504호에 규정된 방법에 따라 조제하거나 보존처리한 육ㆍ설육(屑肉)ㆍ어류ㆍ갑각류ㆍ연체동물이나 그 밖의 수생(水生) 무척추동물과 곤충은 제외한다.

제16류 주 제2호

2. 이 류에 해당하는 조제 식료품은 소시지ㆍ육ㆍ설육(屑肉)ㆍ피ㆍ곤충ㆍ어류나 갑각류ㆍ연체동물ㆍ그 밖의 수생(水生) 무척추동물이나 이들 배합물의 함유량이 전 중량의 100분의 20을 초과하는 것으로 한정하며, 위에 열거한 물품을 두 가지 이상 함유하는 조제 식료품인 경우에는 중량이 큰 성분에 따라 제16류의 해당 호로 분류한다. 다만, 제1902호의 속을 채운 물품, 제2103호나 제2104호의 조제품에는 이 규정을 적용하지 않는다.

제16류 소호주 제1호

1. 소호 제1602.10호에서 "균질화한 조제품"이란 영유아ㆍ어린이(infants or young children)의 식용이나 식이요법용으로 육ㆍ설육(屑肉)ㆍ피ㆍ곤충을 곱게 균질화한 조제품으로서, 순중량 250그램 이하인 것을 용기에 넣어 소매용으로 만든 것을 말한다. 이 정의에서 조미ㆍ보존이나 그 밖의 목적을 위하여 소량의 어떠한 성분을 첨가했는지는 상관없으며, 이들 조제품에는 육ㆍ설육(屑肉)이나 곤충의 조각이 눈에 보일 정도의 소량으로 함유될 수도 있다. 이 소호는 제1602호의 모든 다른 소호에 우선한다.

제16류 소호주 제2호

2. 제1604호나 제1605호의 소호에 일반명으로만 열거한 어류와 갑각류ㆍ연체동물ㆍ그 밖의 수생(水生) 무척추동물은 제3류에서 동일 명칭으로 열거한 것과 같은 종(種)의 것이다.

번호	품명
1601	소시지나 그 밖에 이와 유사한 물품[육ㆍ설육(屑肉)ㆍ피ㆍ곤충으로 조제한 것으로 한정한다]과 이들 물품을 기본 재료로 한 조제 식료품
1602	그 밖의 조제하거나 보존처리한 육ㆍ설육(屑肉)ㆍ피ㆍ곤충
1603	육ㆍ어류ㆍ갑각류ㆍ연체동물이나 그 밖의 수생(水生) 무척추동물의 추출물(extract)과 즙
1604	조제하거나 보존처리한 어류, 캐비어, 어란(魚卵)으로 조제한 캐비어 대용물
1605	조제하거나 보존처리한 갑각류ㆍ연체동물ㆍ그 밖의 수생(水生) 무척추동물

제17류 당류(糖類)와 설탕과자

제17류 주 제1호

1. 이 류에서 다음 각 목의 것은 제외한다.

    가. 코코아를 함유한 설탕과자(제1806호)

    나. 제2940호의 화학적으로 순수한 당류(糖類)[자당(蔗糖)·유당(乳糖)·맥아당·포도당·과당은 제외한다]와 그 밖의 물품

    다. 제30류의 의약품과 그 밖의 의료용품

제17류 소호주 제1호

1. 소호 제1701.12호, 제1701.13호, 제1701.14호에서 "조당(粗糖)"이란 건조 상태에서 중량 기준으로 자당(蔗糖)의 함유량이 편광도수 99.5도 미만에 해당하는 당을 말한다.

제17류 소호주 제2호

2. 소호 제1701.13호는 원심분리법을 거치지 않고 얻어진 사탕수수당 중에서 건조 상태에서 중량 기준으로 자당(蔗糖)의 함유량이 편광도수 69도 이상 93도 미만인 것만을 포함한다. 이 물품은 육안으로 보이지 않는 비정형인 천연 타형(他形) 미세결정만을 함유하는데, 이러한 미세결정들은 당밀(糖蜜)과 그 밖의 사탕수수의 구성요소들에 의하여 둘러싸여 있다.

제17류 국내주 제1호

1. 제1701호에서 당(糖)의 편광도수 시험방법은 국제설탕분석통일위원회(ICUMSA)에서 규정한 방법에 따른다.

번호	품명
1701	사탕수수당이나 사탕무당, 화학적으로 순수한 자당(蔗糖)(고체 상태인 것으로 한정한다)
1702	그 밖의 당류(糖類)[화학적으로 순수한 유당(乳糖)·맥아당·포도당·과당을 포함하며, 고체상태인 것으로 한정한다], 당시럽[향미제(香味劑)나 착색제를 첨가하지 않은 것으로 한정한다], 인조꿀(천연꿀을 혼합했는지에 상관없다), 캐러멜당
1703	당밀(糖蜜)[당류(糖類)를 추출하거나 정제할 때 생긴 것으로 한정한다]
1704	설탕과자(백색 초콜릿을 포함하며, 코코아를 함유한 것은 제외한다)

제18류 코코아와 그 조제품

제18류 주 제1호

1. 이 류에서 다음의 것은 제외한다.

    가. 소시지·육·설육(屑肉)·피·곤충·어류나 갑각류·연체동물·그 밖의 수생(水生) 무척추동물이나 이들 배합물의 함유량이 전 중량의 100분의 20을 초과하는 조제식료품(제16류)

    나. 제0403호·제1901호·제1902호·제1904호·제1905호·제2105호·제2202호·제2208호·제3003호·제3004호의 조제품

제18류 주 제2호

2. 제1806호에는 코코아를 함유한 설탕과자와 코코아를 함유한 그 밖의 조제 식료품(이 류의 주 제1호에 열거한 물품은 제외한다)이 포함된다.

번호	품명
1801	코코아두(원래 모양이나 부순 것으로서 생 것이나 볶은 것으로 한정한다)
1802	코코아의 껍데기와 껍질, 그 밖의 코코아 웨이스트(waste)
1803	코코아 페이스트(paste)[탈지(脫脂)한 것인지에 상관없다]
1804	코코아 버터(지방이나 기름)
1805	코코아 가루(설탕이나 그 밖의 감미료를 첨가한 것은 제외한다)
1806	초콜릿과 코코아를 함유한 그 밖의 조제 식료품

제19류 곡물·고운 가루·전분·밀크의 조제품과 베이커리 제품

제19류 주 제1호

1. 이 류에서 다음 각 목의 것은 제외한다.

    가. 제1902호의 속을 채운 물품의 경우를 제외한 조제 식료품으로서 소시지·육·설육(屑肉)·피·곤충·어류나 갑각류·연체동물·그 밖의 수생(水生) 무척추동물이나 그 배합물의 함유량이 전 중량의 100분의 20을 초과하는 것(제16류)

    나. 사료용 비스킷과 그 밖의 곡물의 고운 가루나 전분으로 만든 조제 사료(제2309호)

    다. 제30류의 의약품과 그 밖의 의료용품

제19류 주 제2호

2. 제1901호에서

　가. "부순 알곡"이란 제11류의 곡물의 부순 알곡을 말한다.

　나. "고운 가루와 거친 가루"란 다음을 말한다.

　　1) 제11류의 곡물의 고운 가루·곡물의 거친 가루

　　2) 다른 류의 식물성 고운 가루·거친 가루·가루[제0712호의 건조한 채소, 제1105호의 감자, 제1106호의 건조한 채두류(菜豆類)의 고운 가루·거친 가루·가루는 제외한다]

제19류 주 제3호

3. 제1904호에는 완전히 탈지(脫脂)한 상태에서 측정한 코코아의 함유량이 전 중량의 100분의 6을 초과하거나 초콜릿을 완전히 입힌 조제품이나 제1806호의 코코아를 함유한 조제 식료품은 제외한다(제1806호).

제19류 주 제4호

4. 제1904호에 있어서 "그 밖의 방법으로 조제한 것"이란 제10류와 제11류의 주나 각 호에서 규정한 것 이상으로 조제하거나 가공한 것을 말한다.

번호	품명
1901	맥아 추출물(extract)과 고운 가루·부순 알곡·거친 가루·전분이나 맥아 추출물(extract)의 조제 식료품[코코아를 함유하지 않은 것이나 완전히 탈지(脫脂)한 상태에서 측정한 코코아의 함유량이 전 중량의 100분의 40 미만인 것으로 따로 분류되지 않은 것으로 한정한다], 제0401호부터 제0404호까지에 해당하는 물품의 조제 식료품[코코아를 함유하지 않은 것이나 완전히 탈지(脫脂)한 상태에서 측정한 코코아의 함유량이 전 중량의 100분의 5 미만인 것으로 따로 분류되지 않은 것으로 한정한다]
1902	파스타[조리한 것인지 또는 육(肉)이나 그 밖의 물품으로 속을 채운 것인지에 상관없으며 스파게티·마카로니·누들·라자니아(lasagne)·뇨키(gnocchi)·라비올리(ravioli)·카넬로니(cannelloni) 등과 같이 그 밖의 방법으로 조제한 것을 포함한다]와 쿠스쿠스(couscous)(조제한 것인지에 상관없다)
1903	타피오카와 전분으로 조제한 타피오카 대용물[플레이크(flake) 모양·낟알 모양·진주 모양·무거리 모양·그 밖에 이와 유사한 모양의 것으로 한정한다]
1904	곡물이나 곡물 가공품을 팽창시키거나 볶아서 얻은 조제 식료품[예: 콘 플레이크(corn flake)]과 낟알 모양·플레이크(flake) 모양이나 그 밖의 가공한 곡물(옥수수는 제외하며 고운 가루·부순 알곡·거친 가루는 제외하고 사전조리나 그 밖의 방법으로 조제한 것으로서 따로 분류되지 않은 것으로 한정한다)
1905	빵·파이·케이크·비스킷과 그 밖의 베이커리 제품(코코아를 함유하였는지에 상관없다), 성찬용 웨이퍼·제약용에 적합한 빈 캡슐·실링웨이퍼(sealing wafer)·라이스페이퍼(rice paper)와 그 밖에 이와 유사한 물품

제20류 채소 · 과실 · 견과류나 식물의 그 밖의 부분의 조제품

제20류 주 제1호

1. 이 류에서 다음 각 목의 것은 제외한다.
    가. 제7류 · 제8류 · 제11류에서 규정한 방법에 따라 조제하거나 보존처리한 채소 · 과실 · 견과류
    나. 식물성 지방과 기름(제15류)
    다. 소시지 · 육 · 설육(屑肉) · 피 · 곤충 · 어류나 갑각류 · 연체동물 · 그 밖의 수생(水生) 무척추동물이나 그 배합물의 함유량이 전 중량의 100분의 20을 초과하는 조제 식료품(제16류)
    라. 베이커리 제품과 그 밖의 제1905호의 제품
    마. 제2104호의 균질화한 혼합 조제 식료품

제20류 주 제2호

2. 제2007호와 제2008호에서는 설탕과자(제1704호)나 초콜릿과자(제1806호) 모양인 과실젤리 · 과실 페이스트(paste) · 설탕을 입힌 아몬드나 이와 유사한 것은 제외한다.

제20류 주 제3호

3. 제2001호 · 제2004호 · 제2005호에는 경우에 따라 제7류나 제1105호 · 제1106호(제8류 물품의 고운 가루 · 거친 가루 · 가루는 제외한다)의 물품으로서 이 류의 주 제1호 가목 외의 방법으로 조제하거나 보존처리한 것만이 포함된다.

제20류 주 제4호

4. 토마토 주스로서 내용물의 건조 중량이 전 중량의 100분의 7 이상인 것은 제2002호로 분류한다.

제20류 주 제5호

5. 제2007호에서 "조리해서 얻은"이란 탈수나 다른 수단을 통하여 제품의 점성(粘性)을 증가시키기 위하여 상압(常壓)이나 감압(減壓) 상태에서, 열처리하여 얻은 것을 말한다.

제20류 주 제6호

6. 제2009호에서 "발효하지 않고 주정을 첨가하지 않은 주스"란 알코올의 용량이 전 용량의 100분의 0.5 이하인 주스를 말한다(제22류의 주 제2호 참조).

제20류 소호주 제1호

1. 소호 제2005.10호에서 "균질화한 채소"란 영유아·어린이(infants or young children)의 식용이나 식이요법용으로 채소를 곱게 균질화한 조제품으로서, 순중량 250그램 이하의 것을 용기에 넣어 소매용으로 만든 것을 말한다. 이 정의에서 조미·보존이나 그 밖의 목적을 위하여 소량의 어떠한 성분을 첨가했는지는 상관없으며, 이들 조제품에는 채소 조각이 눈에 보일 정도의 소량으로 함유될 수도 있다. 이 소호는 제2005호의 모든 다른 소호에 우선한다.

제20류 소호주 제2호

2. 소호 제2007.10호에서 "균질화한 조제품"이란 영유아·어린이(infants or young children)의 식용이나 식이요법용으로 과실을 곱게 균질화한 조제품으로서, 순중량 250그램 이하의 것을 용기에 넣어 소매용으로 만든 것을 말한다. 이 정의에서 조미·보존이나 그 밖의 목적을 위하여 소량의 어떠한 성분을 첨가했는지는 상관없으며, 이들 조제품에는 과실 조각이 눈에 보일 정도의 소량으로 함유될 수도 있다. 이 소호는 제2007호의 모든 다른 소호에 우선한다.

제20류 소호주 제3호

3. 소호 제2009.12호, 제2009.21호, 제2009.31호, 제2009.41호, 제2009.61호, 제2009.71호에서 "브릭스(Brix) 값"이란 브릭스(Brix) 판독용 액체 비중계에서 직접 판독한 값을 의미하거나 굴절계에 나타난 당(糖) 함유량 백분율로 표시된 굴절률을 판독한 값을 말한다(섭씨 20도나 섭씨 20도가 아니라면 섭씨 20도로 보정(補正)한 상태에서 측정한 값을 말한다).

제20류 국내주 제1호

1. 찌거나 삶은 고구마, 찌거나 삶은 옥수수, 볶거나 튀긴 은행은 다음 각 목의 요건에 모두 해당하는 경우로 한정하여 제2008호로 분류한다.

    가. 단면을 전자현미경으로 관찰할 때 그 내부의 전분 입자의 모양이 중심부까지 완전히 파괴된 것

    나. X-선 회절분석 시 결정구조가 비결정질로 변형된 것

번호	품명
2001	식초나 초산으로 조제하거나 보존처리한 채소·과실·견과류와 그 밖의 식용에 적합한 식물의 부분
2002	조제하거나 보존처리한 토마토(식초나 초산으로 처리한 것은 제외한다)
2003	조제하거나 보존처리한 버섯과 송로(松露)(식초나 초산으로 처리한 것은 제외한다)
2004	조제하거나 보존처리한 그 밖의 채소(식초나 초산으로 처리한 것은 제외하고, 냉동한 것으로 한정하며, 제2006호의 물품은 제외한다)
2005	조제하거나 보존처리한 그 밖의 채소(식초나 초산으로 처리한 것은 제외하고, 냉동하지 않은 것으로 한정하며, 제2006호의 물품은 제외한다)
2006	설탕으로 보존처리한 채소·과실·견과류·과피와 식물의 그 밖의 부분[드레인한(drained) 것, 설탕을 입히거나 설탕에 절인 것]
2007	잼·과실젤리·마멀레이드(marmalade)·과실이나 견과류의 퓨레(purée)·과실이나 견과류의 페이스트(paste)(조리해서 얻은 것으로 한정하며, 설탕이나 그 밖의 감미료를 첨가했는지에 상관없다)
2008	그 밖의 방법으로 조제하거나 보존처리한 과실·견과류와 그 밖의 식용에 적합한 식물의 부분(설탕이나 그 밖의 감미료나 주정을 첨가했는지에 상관없으며 따로 분류되지 않은 것으로 한정한다)
2009	과실·견과류 주스(포도즙과 코코넛 워터를 포함한다)·채소 주스[발효하지 않고 주정을 함유하지 않은 것(설탕이나 그 밖의 감미료를 첨가했는지에 상관없다)]

제21류 각종 조제 식료품

제21류 주 제1호

1. 이 류에서 다음 각 목의 것은 제외한다.

    가. 제0712호의 채소의 혼합물

    나. 커피를 함유한 볶은 커피 대용물(커피의 함유율은 상관없다)(제0901호)

    다. 맛이나 향을 첨가한 차(제0902호)

    라. 제0904호부터 제0910호까지의 향신료와 그 밖의 물품

    마. 제2103호나 제2104호에 열거한 물품을 제외한 조제식료품으로서 소시지·육·설육(屑肉)·피·곤충·어류나 갑각류·연체동물·그 밖의 수생(水生) 무척추동물이나 그 배합물의 함유량이 전 중량의 100분의 20을 초과하는 것(제16류)

    바. 제2404호의 물품

    사. 제3003호나 제3004호의 의약품 등으로 조제한 효모

    아. 제3507호의 조제한 효소

제21류 주 제2호

2. 이 류의 주 제1호 나목에 열거한 볶은 커피 대용물의 추출물(extract)은 제2101호로 분류한다.

제21류 주 제3호

3. 제2104호에서 "균질화한 혼합 조제 식료품"이란 영유아·어린이(infants or young children)의 식용이나 식이요법용으로 육·어류·채소·과실·견과류 등의 기본 성분을 두 가지 이상 혼합하여 곱게 균질화한 조제품으로서 순중량 250그램 이하의 것을 용기에 넣어 소매용으로 만든 것을 말한다. 이 정의에서 조미·보존이나 그 밖의 목적을 위하여 소량의 어떠한 성분을 첨가했는지는 상관없다. 이들 조제품에는 눈에 보일 정도의 성분 조각이 소량 함유될 수도 있다.

번호	품명
2101	커피·차·마테(maté)의 추출물(extract)·에센스(essence)·농축물과 이것들을 기본 재료로 한 조제품, 커피·차·마테(mate)를 기본 재료로 한 조제품, 볶은 치커리(chicory)·그 밖의 볶은 커피 대용물과 이들의 추출물(extract)·에센스(essence)·농축물
2102	효모(활성이거나 불활성인 것), 그 밖의 단세포 미생물(죽은 것으로 한정하며, 제3002호의 백신은 제외한다)과 조제한 베이킹 파우더
2103	소스와 소스용 조제품, 혼합조미료, 겨자의 고운 가루·거친 가루와 조제한 겨자
2104	수프·브로드(broth)와 수프·브로드(broth)용 조제품, 균질화한 혼합 조제 식료품
2105	아이스크림과 그 밖의 빙과류(코코아를 함유했는지에 상관없다)
2106	따로 분류되지 않은 조제 식료품

제22류 음료·주류·식초

제22류 주 제1호

1. 이 류에서 다음 각 목의 것은 제외한다.

    가. 조리용으로 조제된 이 류(제2209호의 것은 제외한다)의 물품으로서 음료로 사용하기에 부적합하게 변성된 물품(일반적으로 제2103호)

    나. 바닷물(제2501호)

    다. 증류수·전도도수(傳導度水)·그 밖에 이와 유사한 순도의 물(제2853호)

    라. 초산의 수용액(초산의 함유량이 전 중량의 100분의 10을 초과하는 농도의 것으로 한정한다)(제2915호)

    마. 제3003호와 제3004호의 의약품

    바. 조제향료나 화장용품(제33류)

제22류 주 제2호

2. 제20류·제21류·제22류에서 "알코올의 용량"이란 섭씨 20도에서의 알코올의 용량을 말한다.

제22류 주 제3호

3. 제2202호에서 "알코올을 함유하지 않은 음료"란 알코올의 용량이 전 용량의 100분의 0.5 이하인 음료를 말하며, 알코올을 함유한 음료는 제2203호부터 제2206호까지나 제2208호의 해당 호로 분류한다.

제22류 소호주 제1호

1. 소호 제2204.10호에서 "발포성(發泡性) 포도주"란 밀폐용기에서 섭씨 20도가 유지되었을 때의 압력이 3바 이상인 것을 말한다.

번호	품명
2201	물(천연이나 인조 광천수와 탄산수를 포함하며, 설탕이나 그 밖의 감미료 또는 맛이나 향을 첨가하지 않은 것으로 한정한다)과 얼음과 눈
2202	설탕이나 그 밖의 감미료 또는 맛이나 향을 첨가한 물(광천수와 탄산수를 포함한다)과 그 밖의 알코올을 함유하지 않은 음료(제2009호의 과실·견과류·채소 주스는 제외한다)
2203	맥주
2204	포도주(생포도로 제조한 것으로 한정하며, 알코올로 강화한 포도주를 포함한다)와 포도즙(제2009호의 것은 제외한다)
2205	베르무트(vermouth)와 그 밖에 이와 유사한 포도주[생포도로 제조한 것으로서 식물이나 방향성(芳香性) 물질로 맛이나 향을 첨가한 것으로 한정한다]
2206	그 밖의 발효주[예: 사과술·배술·미드(mead)·청주(saké)], 따로 분류되지 않은 발효주의 혼합물, 발효주와 알코올을 함유하지 않은 음료와의 혼합물
2207	변성하지 않은 에틸알코올(알코올의 용량이 전 용량의 100분의 80 이상인 것으로 한정한다), 변성 에틸알코올과 그 밖의 변성 주정(알코올의 용량은 상관없다)
2208	변성하지 않은 에틸알코올(알코올의 용량이 전 용량의 100분의 80 미만인 것으로 한정한다), 증류주·리큐르(liqueur)와 그 밖의 주정음료
2209	식초와 초산으로 만든 식초 대용물

제23류 식품 공업에서 생기는 잔재물과 웨이스트(waste), 조제 사료

제23류 주 제1호

1. 제2309호에는 따로 분류되지 않은 것으로서 동물성·식물성 원료를 그 본질적인 특성을 잃을 정도로 가공처리하여 만들어지는 사료용 물품이 포함된다[그 처리과정에서 생기는 식물성 웨이스트(waste)·식물성 박(residue)류·부산물은 제외한다].

제23류 소호주 제1호

1. 소호 제2306.41호에서 "저에루크산(low erucic acid) 유채(rape, colza)씨"란 제12류의 소호주 제1호에서 정의된 것을 말한다.

번호	품명
2301	육·설육(屑肉)·어류·갑각류·연체동물이나 그 밖의 수생(水生) 무척추동물의 고운 가루·거친 가루·펠릿(pellet)(식용에 적합하지 않은 것으로 한정한다)과 수지박
2302	밀기울·쌀겨와 그 밖에 이와 유사한 박(residue)류[펠릿(pellet) 모양인지에 상관없으며 곡물·채두류(菜豆類)의 선별·제분이나 그 밖의 처리과정에서 생기는 것으로 한정한다]
2303	전분박과 이와 유사한 박(residue)류, 비트펄프(beet-pulp), 버개스(bagasse)와 그 밖의 설탕을 제조할 때 생기는 웨이스트(waste), 양조하거나 증류할 때 생기는 박과 웨이스트[펠릿(pellet) 모양인지에 상관없다]
2304	대두유를 추출할 때 얻는 오일 케이크와 고체 형태의 유박[잘게 부순 것인지 또는 펠릿(pellet) 모양인지에 상관없다]
2305	땅콩기름을 추출할 때 얻는 오일 케이크와 고체 형태의 유박[잘게 부순 것인지 또는 펠릿(pellet) 모양인지에 상관없다]
2306	오일 케이크와 그 밖의 고체 형태인 유박[잘게 부순 것인지 또는 펠릿(pellet) 모양인지에 상관없으며 제2304호나 제2305호의 것은 제외한 식물성·미생물성 지방이나 기름을 추출할 때 생기는 것으로 한정한다]
2307	와인리스(wine lees)와 생주석(argol)
2308	사료용 식물성 물질·식물성 웨이스트(waste)·식물성 박(residue)류와 부산물[펠릿(pellet) 모양인지에 상관없으며 따로 분류되지 않은 것으로 한정한다]
2309	사료용 조제품

제24류 담배·제조한 담배 대용물, 연소시키지 않고 흡입하도록 만들어진 물품(니코틴을 함유하였는지에 상관없다), 니코틴을 함유한 그 밖의 물품으로 인체 내에 니코틴을 흡수시키도록 만들어진 것

제24류 주 제1호

1. 이 류에서 의약용 궐련은 제외한다(제30류).

제24류 주 제2호

2. 제2404호와 이 류의 다른 호에 동시에 분류할 수 있는 물품은 제2404호에 분류한다.

제24류 주 제3호

3. 제2404호에서 "연소시키지 않고 흡입"한다는 것은 가열장치나 다른 수단을 통해 연소 없이 흡입하는 것을 의미한다.

제24류 소호주 제1호

1. 소호 제2403.11호에서 "워터파이프(water pipe) 담배"란 워터파이프(water pipe)로 흡연을 하도록 만들어진 담배(담배와 글리세롤의 혼합물로 구성된 것)를 말하며, 방향성(芳香性) 기름·추출물(extract)과 당밀(糖蜜)이나 당(糖)을 함유하였는지 또는 과실로 향을 첨가하였는지에 상관없다. 그러나 워터파이프(water pipe)를 통하여 흡연하기 위한 물품으로 담배가 함유되지 않은 것은 이 소호에서 제외한다.

번호	품명
2401	잎담배와 담배 부산물
2402	시가(cigar)·셔루트(cheroot)·시가릴로(cigarillo)·궐련(담배나 담배 대용물인 것으로 한정한다)
2403	그 밖의 제조 담배, 제조한 담배 대용물, 균질화하거나 재구성한 담배·담배 추출물(extract)과 에센스(essence)
2404	담배·재구성한 담배·니코틴이나 담배 대용물·니코틴 대용물을 함유한 물품(연소시키지 않고 흡입하도록 만들어진 것으로 한정한다), 니코틴을 함유한 그 밖의 물품으로 인체 내에 니코틴을 흡수시키도록 만들어진 것

제5부　광물성 생산품

제25류	소금, 황, 토석류(土石類), 석고·석회·시멘트
제26류	광(鑛)·슬래그(slag)·회(灰)
제27류	광물성연료·광물유(鑛物油)와 이들의 증류물, 역청(瀝靑)물질, 광물성 왁스

제25류 소금, 황, 토석류(土石類), 석고·석회·시멘트

제25류 주 제1호

1. 문맥상 달리 해석되지 않거나 이 류의 주 제4호에서 따로 규정되지 않는 한 가공하지 않은 것, 세척한 것(물품의 구조의 변화 없이 불순물을 제거하기 위하여 화학물질로 세척하는 것을 포함한다), 부순 것, 잘게 부순 것, 가루 모양인 것, 체로 친 것, 부유선광(浮遊選鑛)·자기선광(磁氣選鑛) 등 기계적 방법이나 물리적 방법에 따라 선광(選鑛)한 것[결정법(結晶法)으로 선광(選鑛)한 것은 제외한다]만 분류하며, 배소(焙燒)한 것·하소(煆燒)한 것·혼합한 것과 각 호에서 규정한 처리방법 외의 방법으로 가공한 것은 제외한다.

   이 류의 생산품에는 항분제(抗粉劑)를 첨가한 것도 포함되나, 그 첨가로 해당 물품이 일반적 용도가 아니라 특정한 용도에 특별히 더 적합하게 되는 것은 제외한다.

제25류 주 제2호

2. 이 류에서 다음 각 목의 것은 제외한다.

   가. 승화황(昇華黃)·침강황(沈降黃)·콜로이드황(제2802호)

   나. 산화제이철로서 계산한 화합철분의 함유량이 전 중량의 100분의 70 이상인 어스컬러(earth colour)(제2821호)

   다. 제30류의 의약품이나 그 밖의 의료용품

   라. 조제향료·화장품·화장용품(제33류)

   마. 백운석 래밍믹스(ramming mix)(제3816호)

   바. 포석(鋪石)·연석(緣石)·판석(板石)(제6801호), 모자이크큐브(mosaic cube)나 이와 유사한 물품(제6802호), 지붕용·외장용(facing)·방습층용 슬레이트(제6803호)

   사. 귀석과 반귀석(제7102호나 제7103호)

   아. 제3824호의 염화나트륨이나 산화마그네슘의 배양한 결정(한 개의 중량이 2.5그램 이상인 것으로 한정하며, 광학소자는 제외한다)과 염화나트륨이나 산화마그네슘으로 제조한 광학용품(제9001호)

   자. 당구용 초크(제9504호)

   차. 필기용·도화용 초크나 재단사용 초크(제9609호)

제25류 주 제3호

3. 제2517호에도 해당하고, 이 류의 다른 호에도 해당하는 물품은 제2517호로 분류한다.

제25류 주 제4호

4. 제2530호에는 특히 팽창되지 않은 질석(蛭石)·진주암(眞珠巖)·녹니석(綠泥石), 어스컬러(earth colour)[하소(煆燒)한 것인지 또는 서로 혼합한 것인지에 상관없다], 천연의 운모(雲母) 모양 산화철, 해포석(海泡石)(연마한 것인지에 상관없다) 호박(琥珀), 판(板) 모양·막대(rod, stick) 모양이 나이와 유사한 모양으로 응결시킨 해포석(海泡石)과 응결시킨 호박(琥珀)(성형한 후 가공한 것은 제외한다), 흑옥, 스트론티아나이트(strontianite)[하소(煆燒)한 것인지에 상관없으며, 산화스트론튬은 제외한다], 도자(陶瓷)·벽돌·콘크리트제품의 파편이 분류된다.

번호	품명
2501	소금(식탁염과 변성염을 포함한다) 순염화나트륨[수용액(水溶液)인지 또는 고결(固結)방지제나 유동제를 첨가한 것인지에 상관없다]과 바닷물
2502	황화철광[배소(焙燒)하지 않은 것으로 한정한다]
2503	황[승화황(昇華黃)·침강황(沈降黃)·콜로이드황은 제외한다]
2504	천연 흑연
2505	천연 모래(착색된 것인지에 상관없으며 제26류의 금속을 함유하는 모래는 제외한다)
2506	석영(천연 모래는 제외한다)과 규암[톱질이나 그 밖의 방법으로 거칠게 다듬거나 단순히 절단하여 직사각형(정사각형을 포함한다)의 블록 모양이나 슬래브 모양으로 한 것인지에 상관없다]
2507	고령토와 그 밖의 고령토질의 점토[하소(煆燒)한 것인지에 상관없다]
2508	그 밖의 점토(제6806호의 팽창된 점토는 제외한다)·홍주석(紅柱石)·남정석(藍晶石)·규선석(硅線石) [하소(煆燒)한 것인지에 상관없다], 멀라이트(mullite), 샤모트(chamotte)나 다이나스 어스(dinas earth)
2509	초크
2510	천연 인산칼슘·천연 인산알루미늄칼슘·인산염을 함유한 초크
2511	천연 황산바륨[중정석(重晶石)], 천연 탄산바륨[독중석(毒重石)][하소(煆燒)한 것인지에 상관없으며 제2816호의 산화바륨은 제외한다]
2512	규조토[예: 키절구어(kieselguhr)·트리폴리트(tripolite)·다이어토마이트(diatomite)]와 이와 유사한 규산질의 흙[하소(煆燒)한 것인지에 상관없으며 겉보기 비중이 1 이하인 것으로 한정한다]
2513	부석(浮石), 금강사(金剛砂), 천연 커런덤(corundum)·천연 석류석과 그 밖의 천연 연마재료(열처리한 것인지에 상관없다)
2514	슬레이트[톱질이나 그 밖의 방법으로 거칠게 다듬거나 단순히 절단하여 직사각형(정사각형을 포함한다)의 블록 모양이나 슬래브 모양으로 한 것인지에 상관없다]
2515	대리석·트래버틴(travertine)·에코신(ecaussine)과 그 밖의 석비(石碑)용·건축용 석회질의 암석(겉보기 비중이 2.5 이상인 것으로 한정한다)과 설화석고(alabaster)[톱질이나 그 밖의 방법으로 거칠게 다듬거나 단순히 절단하여 직사각형(정사각형을 포함한다)의 블록 모양이나 슬래브 모양으로 한 것인지에 상관없다]

2516	화강암·반암(斑巖)·현무암·사암과 그 밖의 석비(石碑)용·건축용 암석[톱질이나 그 밖의 방법으로 거칠게 다듬거나 단순히 절단하여 직사각형(정사각형을 포함한다)의 블록 모양이나 슬래브 모양으로 한 것인지에 상관없다]
2517	자갈·왕자갈·쇄석(碎石)[콘크리트용·도로포장용·철도용이나 그 밖의 밸러스트(ballast)용에 일반적으로 사용되는 것으로 한정한다], 싱글(shingle)과 플린트(flint)(열처리한 것인지에 상관없다), 슬래그(slag)·드로스(dross)나 이와 유사한 산업폐기물의 머캐덤(macadam)(이 호의 앞부분에 열거한 물품들과 혼합한 것인지에 상관없다), 타르 머캐덤(tarred macadam), 제2515호나 제2516호의 암석의 알갱이·파편·가루(열처리한 것인지에 상관없다)
2518	백운석(白雲石)[하소(煆燒)한 것인지 또는 소결(燒結)한 것인지에 상관없으며 톱질이나 그 밖의 방법으로 거칠게 다듬거나 단순히 절단하여 직사각형(정사각형을 포함한다)의 블록 모양이나 슬래브 모양으로 한 것을 포함한다]
2519	천연 탄산마그네슘(마그네사이트), 용융(溶融) 마그네시아, 소결(燒結)한 마그네시아[소결(燒結)하기 전에 첨가된 기타 산화물을 소량 함유한 것인지에 상관없다], 그 밖의 산화마그네슘(순수한 것인지에 상관없다)
2520	석고, 무수(無水)석고, 플라스터(plaster)[하소(煆燒)한 석고나 황산칼슘을 원료로 한 것으로서 착색한 것인지 또는 촉진제나 지연제를 소량 첨가한 것인지에 상관없다]
2521	석회석 융제(融劑), 석회석과 그 밖의 석회질의 암석(석회나 시멘트 제조용으로 한정한다)
2522	생석회(生石灰), 소석회(消石灰), 수경성(水硬性) 석회(제2825호의 산화칼슘과 수산화칼슘은 제외한다)
2523	포틀랜드(Portland) 시멘트·알루미나(aluminous) 시멘트·슬래그(slag) 시멘트·슈퍼설페이트(super sulphate) 시멘트와 이와 유사한 수경성(水硬性) 시멘트[착색한 것인지 또는 클링커(clinker) 형태로 된 것인지에 상관없다]
2524	석면
2525	운모(쪼갠 것을 포함한다)와 운모 웨이스트(waste)
2526	천연 동석(凍石)[톱질이나 그 밖의 방법으로 거칠게 다듬거나 단순히 절단하여 직사각형(정사각형을 포함한다)의 블록 모양이나 슬래브 모양으로 한 것인지에 상관없다]과 활석
2527	-
2528	천연 붕산염과 그 정광(精鑛)[하소(煆燒)한 것인지에 상관없으며 천연 염수(鹽水)에서 분리한 붕산염은 제외한다], 천연 붕산(건조한 상태에서 측정한 붕산의 함유량이 전 중량의 100분의 85 이하인 것으로 한정한다)
2529	장석(長石), 백류석(白榴石), 하석(霞石)과 하석 섬장암(霞石 閃長巖), 형석(螢石)
2530	따로 분류되지 않은 광물

제26류 광(鑛) · 슬래그(slag) · 회(灰)

제26류 주 제1호

1. 이 류에서 다음 각 목의 것은 제외한다.

   가. 슬래그(slag)나 이와 유사한 산업폐기물의 머캐덤(macadam)(제2517호)

   나. 천연 탄산마그네슘(마그네사이트)[하소(煆燒)한 것인지에 상관없다](제2519호)

   다. 주로 석유를 주성분으로 하는 석유 저장탱크에서 나온 슬러지(sludge)(제2710호)

   라. 제31류의 염기성 슬래그(slag)

   마. 슬래그 울(slag wool) · 암면(rock wool)이나 이와 유사한 광물성 울(wool)(제6806호)

   바. 귀금속이나 귀금속을 입힌 금속의 웨이스트(waste) · 스크랩(scrap), 주로 귀금속의 회수에 사용되는 귀금속이나 귀금속 화합물을 함유하고 있는 그 밖의 웨이스트(waste)와 스크랩(scrap)(제7112호나 제8549호)

   사. 제련공정에서 생산되는 구리 · 니켈 · 코발트의 매트(mat)(제15부)

제26류 주 제2호

2. 제2601호부터 제2617호까지에서 "광(鑛)"이란 수은, 제2844호의 금속, 제14부나 제15부의 금속을 채취하기 위하여 야금(冶金)공업에서 실제로 사용되는 종류의 광물학상 광물을 말하며, 금속 채취용에 실제 사용하는지에 상관없다. 다만, 제2601호부터 제2617호까지에는 야금(冶金)공업에서 일반적으로 행하지 않은 공정을 거친 광물은 포함되지 않는다.

제26류 주 제3호

3. 제2620호는 다음 각 목의 것에만 적용한다.

   가. 슬래그(slag), 회(灰), 잔재물로서 공업적으로 금속의 채취용이나 금속 화합물의 제조원료용의 것. 다만, 생활폐기물 소각에서 발생하는 회(灰)와 잔재물(제2621호)은 제외한다.

   나. 비소를 함유한 슬래그(slag), 회(灰), 잔재물로서 다른 금속을 함유하고 있는지에 상관없으며 비소나 다른 금속 채취용이나 이들 화합물 제조용의 것

제26류 소호주 제1호

1. 소호 제2620.21호에서 "유연(有鉛) 가솔린 슬러지(sludge)와 유연(有鉛) 안티녹(anti-knock) 화합물 슬러지(sludge)"란 유연(有鉛) 가솔린과 유연(有鉛) 안티녹(anti-knock) 화합물(예: 테트라에틸납)의 저장탱크에서 얻는 슬러지(sludge)를 말한다. 기본적으로 납, 납 화합물과 산화철로 구성되어 있다.

제26류 소호주 제2호

2. 비소, 수은, 탈륨이나 그 혼합물을 함유하는 것으로 비소나 이들 금속들의 채취용이나 그 화합물의 제조용 슬래그(slag), 회(灰), 잔재물은 소호 제2620.60호로 분류한다.

번호	품명
2601	철광과 그 정광(精鑛)[배소(焙燒)한 황화철광을 포함한다]
2602	망간광과 그 정광(精鑛)[건조 상태에서 측정한 망간의 함유량이 전 중량의 100분의 20 이상인 철망간광과 그 정광(精鑛)을 포함한다]
2603	구리광과 그 정광(精鑛)
2604	니켈광과 그 정광(精鑛)
2605	코발트광과 그 정광(精鑛)
2606	알루미늄광과 그 정광(精鑛)
2607	납광과 그 정광(精鑛)
2608	아연광과 그 정광(精鑛)
2609	주석광과 그 정광(精鑛)
2610	크로뮴광과 그 정광(精鑛)
2611	텅스텐광과 그 정광(精鑛)
2612	우라늄광이나 토륨광과 그 정광(精鑛)
2613	몰리브덴광과 그 정광(精鑛)
2614	티타늄광과 그 정광(精鑛)
2615	니오븀광·탄탈륨광·바나듐광·지르코늄광과 이들의 정광(精鑛)
2616	귀금속광과 그 정광(精鑛)
2617	그 밖의 광과 그 정광(精鑛)
2618	철강을 제조할 때 생기는 알갱이 모양의 슬래그(slag)[슬래그 샌드(slag sand)]
2619	철강을 제조할 때 생기는 슬래그(slag)·드로스(dross)[알갱이 모양의 슬래그는 제외한다], 스케일링(scaling)과 그 밖의 웨이스트(waste)
2620	슬래그(slag), 회(灰), 잔재물(금속·비소나 이들의 화합물을 함유한 것으로 한정하며, 철강을 제조할 때 생기는 것은 제외한다)
2621	그 밖의 슬래그(slag)와 회(灰)[해초의 회(灰)(켈프)를 포함한다], 생활폐기물의 소각으로 생기는 회와 잔재물

제27류 광물성연료·광물유(鑛物油)와 이들의 증류물, 역청(瀝靑)물질, 광물성 왁스

제27류 주 제1호

1. 이 류에서 다음 각 목의 것은 제외한다.

   가. 화학적으로 단일한 유기화합물(제2711호로 분류되는 순수한 메탄과 프로판은 제외한다)

   나. 제3003호나 제3004호의 의약품

   다. 제3301호, 제3302호, 제3805호의 혼합 불포화탄화수소

제27류 주 제2호

2. 제2710호의 "석유와 역청유(瀝靑油)"에는 석유와 역청유(瀝靑油)뿐만 아니라 이와 유사한 오일과 혼합 불포화탄화수소를 주성분으로 하는 오일로서 그 제조방법과 관계없이 비방향족(非芳香族) 성분의 중량이 방향족(芳香族) 성분의 중량을 초과하는 것도 포함된다. 다만, 액체 상태의 합성폴리올레핀의 경우에는 섭씨 300도(감압증류법으로 증류한 경우에는 1,013밀리바로 환산한 온도)에서 유출된 용량이 전 용량의 100분의 60 미만인 것은 이 규정에서 제외한다(제39류).

제27류 주 제3호

3. 제2710호에서 "웨이스트 오일(waste oil)"이란 주로 이 류의 주 제2호에 따른 석유와 역청유를 함유하는 폐유(廢油)를 말한다(물과 혼합되었는지에 상관없다). 여기에는 다음 각 목의 것이 포함된다.

   가. 본래의 제품으로 사용하기에 적합하지 않은 오일[예: 사용한 윤활유, 사용한 유압유(油壓油)와 절연유(絕緣油)]

   나. 석유 저장탱크의 슬러지 오일(sludge oil)로서 석유와 본래의 제품 제조에 사용된 고농도 첨가제(예: 화학제품)를 주로 함유하는 것

   다. 유출된 오일, 저장탱크 청소나 기계 작동을 위한 절삭유(切削油)와 같이 물에 유화(乳化)되거나 물과 혼합된 오일

제27류 소호주 제1호

1. 소호 제2701.11호에서 "무연탄"이란 건조하고 광물질이 없는 상태에서 휘발성 물질의 함유량이 전 중량의 100분의 14 이하인 석탄을 말한다.

제27류 소호주 제2호

2. 소호 제2701.12호에서 "유연탄"이란 건조하고 광물질이 없는 상태에서 휘발성 물질의 함유량이 전 중량의 100분의 14를 초과하고, 물을 함유하고 광물질이 없는 상태에서 발열량이 1킬로그램당 5,833킬로칼로리 이상인 석탄을 말한다.

제27류 소호주 제3호

3. 소호 제2707.10호, 제2707.20호, 제2707.30호, 제2707.40호에서 "벤조올(벤젠)"·"톨루올(톨루엔)"·"크실롤(크실렌)"·"나프탈렌"은 각각 벤젠·톨루엔·크실렌·나프탈렌의 함유량이 전 중량의 100분의 50을 초과하는 물품에 대하여 적용한다.

제27류 소호주 제4호

4. 소호 제2710.12호에서 "경질유(輕質油)와 조제품"이란 아이·에스·오(ISO) 3405방법[에이·에스·티·엠 디(ASTM D) 86방법과 동등]에 의하여 섭씨 210도에서 전 용량의 100분의 90 이상(손실분을 포함한다)이 증류되는 것을 말한다.

제27류 소호주 제5호

5. 제2710호의 소호에서 "바이오디젤"이란 동물성·식물성·미생물성 지방과 기름(사용한 것인지에 상관없다)에서 얻은 것으로서 연료로 사용되는 지방산의 모노알킬 에스테르를 말한다.

번호	품명
2701	석탄과 석탄으로 제조한 연탄·조개탄(ovoid)과 이와 유사한 고체 연료
2702	갈탄(응결시킨 것인지에 상관없으며 흑옥은 제외한다)
2703	토탄(토탄 찌꺼기를 포함하며, 응결시킨 것인지에 상관없다)
2704	코크스와 반성(半成) 코크스[석탄·갈탄·토탄으로 제조한 것으로 한정하며, 응결시킨 것인지에 상관없다], 레토르트 카본(retort carbon)
2705	석탄가스·수성(水性)가스·발생로(發生爐)가스와 이와 유사한 가스(석유가스와 그 밖의 가스 상태의 탄화수소는 제외한다)
2706	석탄·갈탄·토탄을 증류해서 얻은 타르와 그 밖의 광물성 타르(탈수나 부분 증류한 것과 재구성한 타르를 포함한다)
2707	콜타르(coal tar)를 고온 증류하여 얻은 오일과 그 밖에 이와 유사한 물품[방향족(芳香族) 성분의 중량이 비방향족(非芳香族) 성분의 중량을 초과하는 것으로 한정한다]
2708	피치(pitch)와 피치코크스[콜타르(coal tar)나 그 밖의 광물성 타르에서 얻은 것으로 한정한다]
2709	석유와 역청유(瀝青油)(원유로 한정한다)
2710	석유와 역청유(瀝青油)(원유는 제외한다), 따로 분류되지 않은 조제품[석유나 역청유(瀝青油)의 함유량이 전 중량의 100분의 70 이상인 것으로서 조제품의 기초 성분이 석유나 역청유(瀝青油)인 것으로 한정한다], 웨이스트 오일(waste oil)
2711	석유가스와 그 밖의 가스 상태의 탄화수소
2712	석유젤리·파라핀왁스·마이크로크리스털린(micro crystalline)석유왁스·슬랙왁스(slack wax)·오조케라이트(ozokerite)·갈탄왁스·토탄왁스, 그 밖의 광물성 왁스와 합성이나 그 밖의 공정에 따라 얻은 이와 유사한 물품(착색한 것인지에 상관없다)
2713	석유코크스·석유역청(瀝青)과 그 밖의 석유나 역청유(瀝青油)의 잔재물
2714	천연의 역청(瀝青)·아스팔트, 역청질 혈암(瀝青質 頁巖), 유모 혈암(油母 頁巖), 타르샌드(tar sand), 아스팔타이트와 아스팔트질의 암석
2715	역청질(瀝青質) 혼합물[천연 아스팔트, 천연 역청(瀝青), 석유역청(瀝青), 광물성 타르, 광물성 타르 피치(tar pitch)를 기본 재료로 한 것으로 한정한다(예: 역청질 매스틱과 컷백).]
2716	전기에너지

제6부 화학공업이나 연관공업의 생산품

제28류	무기화학품, 귀금속·희토류(稀土類)금속·방사성 원소·동위원소의 유기화합물이나 무기화합물
제29류	유기화학품
제30류	의료용품
제31류	비료
제32류	유연용·염색용 추출물(extract), 탄닌과 이들의 유도체, 염료·안료와 그 밖의 착색제, 페인트·바니시(varnish), 퍼티(putty)와 그 밖의 매스틱(mastic), 잉크
제33류	정유(essential oil)와 레지노이드(resinoid), 조제향료와 화장품·화장용품
제34류	비누·유기계면활성제·조제 세제·조제 윤활제·인조 왁스·조제 왁스·광택용이나 연마용 조제품·양초와 이와 유사한 물품·조형용 페이스트(paste)·치과용 왁스와 플라스터(plaster)를 기본 재료로 한 치과용 조제품
제35류	단백질계 물질, 변성전분, 글루(glue), 효소
제36류	화약류, 화공품, 성냥, 발화성 합금, 특정 가연성 조제품
제37류	사진용이나 영화용 재료
제38류	각종 화학공업 생산품

제6부 주 제1호

1. 가. 제2844호나 제2845호에 열거된 것에 해당하는 물품(방사성 광물은 제외한다)은 해당 각 호로 분류하며, 이 표의 다른 호로 분류하지 않는다.

   나. 가목에 규정한 물품을 제외하고는 제2843호, 제2846호, 제2852호에 열거된 것에 해당하는 물품은 해당 각 호로 분류하며, 이 부의 다른 호로 분류하지 않는다.

제6부 주 제2호

2. 이 부의 주 제1호에 규정한 물품을 제외하고는 일정한 투여량으로 한 것이나 소매용으로 한 것을 이유로 제3004호·제3005호·제3006호·제3212호·제3303호·제3304호·제3305호·제3306호·제3307호·제3506호·제3707호·제3808호로 분류할 수 있는 물품은 해당 각 호로 분류하며, 이 표의 다른 호로 분류하지 않는다.

제6부 주 제3호

3. 두 가지 이상의 별개의 구성요소로 구성된 세트로 포장한 물품으로서 그 구성요소의 일부나 전부가 이 부에 해당하며, 제6부나 제7부의 물품을 만들 목적으로 상호 혼합할 것은 제6부나 제7부의 해당하는 호로 분류한다. 다만, 구성요소가 다음 각 목의 요건을 모두 갖춘 경우만 해당한다.

    가. 포장된 형태로 보아서 재포장 없이 함께 사용될 것이 분명한 것

    나. 동시에 제시되는 것

    다. 그 성질이나 상대적 구성비로 보아 상호 보완적임이 인정되는 것

제6부 주 제4호

4. 그 명칭이나 기능에 따라 제6부의 하나 이상의 호에 해당하는 물품이 동시에 제3827호에도 해당하는 경우에는 제3827호에 분류하지 않고 그 물품의 명칭이나 기능에 따라 해당하는 호에 분류한다.

제28류 무기화학품, 귀금속·희토류(稀土類)금속·방사성원소·동위원소의 유기화합물이나 무기화합물

제28류 주 제1호

1. 이 류의 각 호는 문맥상 달리 해석되지 않는 한 다음 각 목의 것에만 적용한다.

    가. 화학적으로 단일한 원소와 화합물(불순물을 함유하였는지에 상관없다)

    나. 가목의 물품을 물에 용해한 것

    다. 가목의 물품이 물 외의 용매에 용해된 것(그러한 용해가 안전이나 수송을 위해서만 통상 필요한 수단인 경우로 한정하고, 그 용매로 인하여 해당 물품이 일반적 용도가 아니라 특정 용도에 특별히 더 적합하게 되는 것은 제외한다)

    라. 가목부터 다목까지의 물품에 보존이나 수송을 위하여 안정제[고결(固結)방지제를 포함한다]를 첨가한 것

    마. 가목부터 라목까지의 물품에 동 물품의 식별이나 안전을 위하여 항분제(抗粉劑)나 착색제를 첨가한 것. 다만, 그러한 첨가로 해당 물품이 일반적 용도가 아니라 특정한 용도에 특별히 더 적합하게 되는 것은 제외한다.

제28류 주 제2호

2. 이 류에는 아이티온산염과 술폭실산염으로서 유기안정제를 가한 것(제2831호), 무기염기의 탄산염과 과산화탄산염(제2836호), 무기염기의 시안화물·산화시안화물·시안착염(제2837호), 무기염기의 뇌산염·시안산염·티오시안산염(제2842호), 제2843호부터 제2846호까지와 제2852호에 해당하는 유기물과 탄화물(제2849호)을 분류하며, 탄소화합물은 다음 각 목의 것만을 분류한다.

    가. 탄소의 산화물·시안화수소·뇌산·이소시안산·티오시안산과 그 밖의 단일의 시아노겐산이나 시아노겐착산(제2811호)

    나. 탄소의 산화할로겐화물(제2812호)

    다. 이황화탄소(제2813호)

    라. 무기염기의 티오탄산염·셀레노탄산염·텔루로탄산염·셀레노시안산염·텔루로시안산염·테트라티오시아나토디아미노크롬산염(라이네크산염)과 그 밖의 시안산착염(제2842호)

    마. 요소로 고체화한 과산화수소(제2847호), 산화황화탄소·티오카보닐할로겐화물·시아노겐·시아노겐할로겐화물·시안아미드와 그 금속유도체(제2853호)(순수한 것인지에 상관없으며 칼슘시안아미드는 제외한다)(제31류)

제28류 주 제3호

3. 제6부의 주 제1호의 것은 해당 호에 따르고, 이 류에서 다음 각 목의 것은 제외한다.

    가. 염화나트륨·산화마그네슘(순수한 것인지에 상관없다)이나 제5부의 기타 생산품

    나. 유기-무기화합물(주 제2호의 것은 제외한다)

    다. 제31류의 주 제2호부터 제5호까지의 물품

라. 제3206호의 루미노퍼(luminophore)로 사용되는 무기물, 제3207호의 유리 프리트(glass frit)와 그 밖의 유리[가루, 알갱이, 플레이크(flake) 모양으로 한정한다]

마. 인조흑연(제3801호), 제3813호의 소화기용 장전물이나 소화탄에 넣은 소화제, 제3824호의 소매용으로 포장한 잉크 제거제, 알칼리금속이나 알칼리토류금속의 할로겐화물로서 한 개의 중량이 2.5그램 이상인 제3824호의 배양한 결정(cultured crystal)(광학소자는 제외한다)

바. 귀석·반귀석(천연의 것, 합성·재생한 것으로 한정한다)과 이들 물품의 더스트(dust)와 가루(제7102호부터 제7105호까지)와 제71류의 귀금속이나 귀금속의 합금

사. 제15부의 금속(순수한 것인지에 상관없다)과 금속합금이나 금속 서멧(cermet)[소결(燒結)한 금속탄화물을 포함하되, 금속을 혼합하여 소결(燒結)한 금속탄화물로 한정한다]

아. 광학소자(제9001호, 예: 알칼리금속이나 알칼리토류금속의 할로겐화물)

제28류 주 제4호

4. 제2절의 비(非)금속산과 제4절의 금속산으로 된 화학적으로 단일한 착산은 제2811호로 분류한다.

제28류 주 제5호

5. 제2826호부터 제2842호까지는 금속의 염, 암모늄염, 페록시염에만 적용한다. 겹염이나 착염은 문맥상 달리 해석되지 않는 한 제2842호로 분류한다.

제28류 주 제6호

6. 제2844호는 다음 각 목의 것에만 적용한다.

가. 테크네튬(원자번호43)·프로메튬(원자번호61)·폴로늄(원자번호84)과 원자번호가 84보다 큰 모든 원소

나. 천연이나 인조의 방사성 동위원소[제14부와 제15부의 귀금속이나 비금속(卑金屬)인 것을 포함하며, 함께 혼합한 것인지에 상관없다]

다. 가목과 나목의 원소, 동위원소의 무기화합물이나 유기화합물(화학적으로 단일한 것인지 또는 함께 혼합한 것인지에 상관없다)

라. 합금·분산물[서멧(cermet)을 포함한다]·도자제품과 이들의 혼합물[위의 가목과 나목의 원소·동위원소나 이들의 무기-유기화합물을 함유하는 것으로서 그램당 비방사능이 74베크렐(0.002마이크로퀴리)을 초과하는 것으로 한정한다]

마. 원자로에서 사용[조사(照射)]된 연료 요소[카트리지(cartridge)]

바. 방사성 잔재물(사용할 수 있는 것인지에 상관없다)

※ 주 제6호와 제2844호, 제2845호에서 "동위원소"란 다음을 말한다.
- 단일의 핵종[核種](천연에서 단일 동위원소 상태로 존재하는 것은 제외한다)
- 어느 한 원소의 동위원소들과 해당 원소의 혼합물로서 해당 동위원소의 하나나 몇 개를 농축한 것(천연의 동위원소의 조성을 인위적으로 변성한 것을 말한다)

제28류 주 제7호

7. 제2853호에는 인의 함유량이 전 중량의 100분의 15를 초과하는 인화동[인동(燐銅)]을 포함한다.

제28류 주 제8호

8. 전자공업에 사용하기 위하여 도프처리한(doped) 화학원소(예: 규소와 셀렌)로서 인상가공하지 않은 모양·실린더 모양·막대(rod) 모양은 이 류로 분류한다. 다만, 디스크·웨이퍼나 이와 유사한 모양으로 절단한 것은 제3818호로 분류한다.

제28류 소호주 제1호

1. 소호 제2852.10호에서 "화학적으로 단일한 것"이란 제28류 주 제1호의 가목부터 마목까지나 제29류 주 제1호 가목부터 아목까지의 요건을 충족하는 모든 유기나 무기의 수은화합물을 말한다.

번호	품명
제1절 원소	
2801	플루오르·염소·브롬·요드
2802	승화황(昇華黃)·침강황(沈降黃)·콜로이드황
2803	탄소[카본 블랙(carbon black)과 따로 분류되지 않은 탄소물품을 포함한다]
2804	수소·희가스(rare gas)와 그 밖의 비(非)금속원소
2805	알칼리금속·알칼리토류금속, 희토류(稀土類)금속, 스칸듐과 이트륨(상호 혼합된 것인지 또는 상호 합금된 것인지에 상관없다), 수은
제2절 무기산과 무기 비(非)금속 산화물	
2806	염화수소(염산)와 클로로황산
2807	황산과 발연황산
2808	질산과 황질산
2809	오산화인, 인산, 폴리인산(화학적으로 단일한 것인지에 상관없다)
2810	붕소의 산화물과 붕산
2811	그 밖의 무기산과 무기 비(非)금속 산화물
제3절 비(非)금속 할로겐화합물과 황화합물	
2812	비(非)금속 할로겐화합물과 산화할로겐화물
2813	비(非)금속 황화물과 상관습(商慣習)상의 삼황화인

	제4절 무기염기, 금속 산화물·수산화물·과산화물
2814	무수(無水)암모니아나 암모니아수
2815	수산화나트륨[가성(苛性)소다], 수산화칼륨[가성(苛性)칼륨], 과산화나트륨·과산화칼륨
2816	수산화마그네슘·과산화마그네슘, 스트론튬이나 바륨의 산화물·수산화물·과산화물
2817	산화아연과 과산화아연
2818	인조 커런덤(corundum)(화학적으로 단일한 것인지에 상관없다), 산화알루미늄, 수산화알루미늄
2819	산화크로뮴과 수산화크로뮴
2820	산화망간
2821	산화철·수산화철·어스컬러(earth colour)[화합철분의 함유량이 산화제이철(Fe_2O_3)로서 계산하여 전 중량의 100분의 70이상인 것으로 한정한다]
2822	산화코발트, 수산화코발트, 상관습(商慣習)상의 산화코발트
2823	산화티타늄
2824	산화납·연단(鉛丹)·오렌지납
2825	히드라진·히드록실아민과 이들의 무기염, 그 밖의 무기염기·금속산화물·금속수산화물·금속과산화물
	제5절 무기산과 금속의 염·과산화염
2826	플루오르화물, 플루오르화규산염·플루오르화알루미늄산염과 그 밖의 플루오르착염
2827	염화물·산화염화물·수산화염화물, 브롬화물·산화브롬화물과 요드화물·산화요드화물
2828	하이포아염소산염·상관습(商慣習)상의 하이포아염소산칼슘·아염소산염·하이포아브롬산염
2829	염소산염과 과염소산염, 브롬산염과 과브롬산염, 요드산염과 과요드산염
2830	황화물과 폴리황화물(화학적으로 단일한 것인지에 상관없다)
2831	아이티온산염과 술폭실산염
2832	아황산염과 티오황산염
2833	황산염·명반·과산화황산염(과황산염)
2834	아질산염과 질산염
2835	포스피네이트(하이포아인산염)·포스포네이트(아인산염)·인산염, 폴리인산염(화학적으로 단일한 것인지에 상관없다)

2836	탄산염, 과산화탄산염(과탄산염), 상관습(商慣習)상의 탄산암모늄(카르밤산암모늄을 함유한 것으로 한정한다)	
2837	시안화물 · 산화시안화물 · 시안착염	
2838	-	
2839	규산염과 상관습(商慣習)상의 알칼리금속의 규산염	
2840	붕산염과 과산화붕산염(과붕산염)	
2841	산화금속산염이나 과산화금속산염	
2842	그 밖의 무기산염이나 과산화산염[알루미노실리케이트(화학적으로 단일한 것인지에 상관없다)를 포함하며, 아지드화물은 제외한다]	
제6절 기타		
2843	콜로이드 귀금속, 귀금속의 무기화합물이나 유기화합물(화학적으로 단일한 화합물인지에 상관없다), 귀금속의 아말감(amalgam)	
2844	방사성 원소 · 방사성 동위원소(핵분열성이나 연료핵친원소와 동위원소를 포함한다)와 이들의 화합물, 이들의 물품을 함유한 혼합물과 잔재물	
2845	동위원소(제2844호의 것은 제외한다)와 그 동위원소의 무기화합물이나 유기화합물(화학적으로 단일한 것인지에 상관없다)	
2846	희토류(稀土類)금속 · 이트륨 · 스칸듐이나 이들 금속혼합물의 무기 · 유기 화합물	
2847	과산화수소(요소로 고체화한 것인지에 상관없다)	
2848	-	
2849	탄화물(화학적으로 단일한 것인지에 상관없다)	
2850	수소화물 · 질화물 · 아지드화물 · 규화물 · 붕화물(화학적으로 단일한 것인지에 상관없으며 제2849호의 탄화물은 제외한다)	
2851	-	
2852	무기나 유기의 수은화합물[화학적으로 단일한 것인지에 상관없으며 아말감(amalgam)은 제외한다]	
2853	인화물(燐化物)(화학적으로 단일한 것인지에 상관없으며 인철은 제외한다), 그 밖의 무기화합물[증류수나 전도도수(傳導度水)와 이와 유사한 순도의 물을 포함한다], 액체 공기[희가스(rare gas)가 제거된 것인지에 상관없다], 압축 공기, 아말감(amalgam)[귀금속의 아말감(amalgam)은 제외한다]	

제29류 유기화학품

제29류 주 제1호

1. 이 류의 각 호는 문맥상 달리 해석되지 않는 한 다음 각 목의 것에만 적용한다.
   가. 화학적으로 단일한 유기화합물(불순물을 함유한 것인지에 상관없다)
   나. 같은 유기화합물의 둘 이상의 이성체의 혼합물[불순물을 함유한 것인지에 상관없다. 다만, 포화나 불포화의 비환식 탄화수소에서는 입체 이성체(立體 異性體) 외의 이성체의 혼합물(제27류)은 제외한다]
   다. 제2936호부터 제2939호까지의 물품, 제2940호의 당에테르·당아세탈·당에스테르와 이들의 염이나 제2941호의 물품(화학적으로 단일한 것인지에 상관없다)
   라. 가목·나목·다목의 물품이 물에 용해된 것
   마. 가목·나목·다목의 물품이 물 외의 용매에 용해된 것(그러한 용해가 안전이나 수송을 위해서만 통상 필요한 수단인 경우로 한정하고, 그 용매로 인하여 해당 물품이 일반적 용도가 아니라 특정 용도에 특별히 더 적합하게 되는 것은 제외한다)
   바. 가목·나목·다목·라목·마목의 물품으로서 보존이나 수송을 하기 위하여 안정제[고결(固結)방지제를 포함한다]를 첨가한 것
   사. 가목·나목·다목·라목·마목·바목의 물품에 그 물품의 식별이나 안전을 위하여 항분제(抗粉劑)·착색제·방향성(芳香性) 물질·구토제를 첨가한 것(그러한 첨가로 인하여 해당 물품이 일반적 용도가 아니라 특정 용도에 특별히 더 적합하게 되는 것은 제외한다)
   아. 아조(azo)염료의 제조를 위하여 표준 농도로 희석한 물품[디아조늄염과 그 염에 사용하는 커플러(coupler)와 디아조화할 수 있는 아민과 그 염으로 한정한다]

제29류 주 제2호

2. 이 류에서 다음 각 목의 것은 제외한다.
   가. 제1504호의 물품이나 제1520호의 가공하지 않은 글리세롤(글리세린)
   나. 에틸알코올(제2207호나 제2208호)
   다. 메탄이나 프로판(제2711호)
   라. 제28류의 주 제2호의 탄소화합물
   마. 제3002호의 면역물품
   바. 요소(제3102호나 제3105호)
   사. 식물성·동물성 착색제(제3203호), 합성유기착색제, 형광증백제나 루미노퍼로 사용되는 종류의 합성유기생산품(제3204호), 소매용 모양이나 포장을 한 염료와 그 밖의 착색제(제3212호)
   아. 효소(제3507호)
   자. 메타알데히드·헥사메틸렌테트라민과 이와 유사한 물질을 태블릿(tablet) 모양·막대(stick) 모양이나 이와 유사한 모양으로 한 연료, 흡연용 라이터나 이와 유사한 라이터 충전용 용기(용량이 300세제곱센티미터 이하인 것으로 한정한다)에 넣은 액체 연료와 액화가스 연료(제3606호)
   차. 제3813호의 소화기용 장전물과 소화탄에 넣은 소화제, 제3824호의 소매용으로 포장한 잉크제거제
   카. 광학소자(제9001호, 예: 주석산에틸렌디아민의 것)

제29류 주 제3호

3. 이 류에서 둘 이상의 호에 해당하는 물품은 그 해당 호 중 가장 마지막 호로 분류한다.

제29류 주 제4호

4. 제2904호부터 제2906호까지, 제2908호부터 제2911호까지, 제2913호부터 제2920호까지의 할로겐화유도체ㆍ술폰화유도체ㆍ니트로화유도체ㆍ니트로소화유도체에는 술포할로겐화유도체ㆍ니트로할로겐화유도체ㆍ니트로술폰화유도체ㆍ니트로술포할로겐화유도체를 포함한다. 니트로나 니트로소기는 제2929호에서의 질소관능기가 아닌 것으로 본다.

제2911호, 제2912호, 제2914호, 제2918호, 제2922호에서 "산소관능"이란 즉, 각 해당 호의 유기산소를 함유한 특성기(特性基)로서 제2905호부터 제2920호까지에 열거된 산소관능기로 한정한다.

제29류 주 제5호

5. 가. 제1절부터 제7절까지의 산관능유기화합물과 이들 절의 유기화합물과의 에스테르는 이를 구성하는 산관능유기화합물이나 유기화합물의 해당 호 중 가장 마지막 호로 분류한다.
   나. 에틸알코올과 제1절부터 제7절까지의 산관능유기화합물과의 에스테르는 이를 구성하는 산관능유기화합물의 해당 호로 분류한다.
   다. 다음에 열거한 염은 제6부의 주 제1호와 제28류의 주 제2호의 물품을 제외하고는, 각각 다음 규정에 따른다.
      1) 제1절부터 제10절까지, 제2942.00호의 산관능ㆍ페놀관능ㆍ에놀관능의 화합물이나 유기염기와 같은 유기화합물의 무기염은 해당 유기화합물에 적합한 호로 분류한다.
      2) 제1절부터 제10절까지나 제2942.00호의 유기화합물 상호 간에 형성된 염은 그 염이 형성된 염기나 산(페놀관능화합물이나 에놀관능화합물을 포함한다)이 해당하는 호 중 가장 마지막 호로 분류한다.
      3) 배위화합물(제11절이나 제2941호의 물품은 제외한다)은 금속-탄소결합을 제외한 모든 금속결합의 "분리"에 의하여 형성된 조각이 분류될 수 있는 제29류 내의 호 중에서 그 순서상 가장 마지막 호로 분류한다.
   라. 금속알코올레이트는 이를 구성하는 알코올의 해당 호로 분류한다(제2905호). 다만, 에탄올의 경우는 그렇지 않다.
   마. 카르복시산의 할로겐화물은 이를 구성하는 카르복시산의 해당 호로 분류한다.

제29류 주 제6호

6. 제2930호와 제2931호의 화합물은 그 분자 중에서 수소ㆍ산소ㆍ질소 원자뿐만 아니라 황, 비소, 납, 그 밖의 비(非)금속이나 금속 원자가 탄소 원자와 직접 결합하고 있는 유기화합물로 한정한다. 제2930호(유기황화합물)와 제2931호(그 밖의 유기-무기화합물)에는 탄소 원자와 직접 결합하고 있는 원자가 수소ㆍ산소ㆍ질소 외의 술폰화유도체나 할로겐화유도체(이들의 복합유도체를 포함한다)의 특성을 가지는 황이나 할로겐만의 것은 제외한다.

제29류 주 제7호

7. 제2932호·제2933호·제2934호에서는 3원고리의 에폭시드, 과산화케톤, 알데히드·티오알데히드의 환식중합체, 다염기카르복시산의 무수물(無水物), 다가알코올·다가페놀, 다염기산과의 환식에스테르·다염기산의 이미드는 제외한다. 이 경우 고리를 이루는 헤테로원자가 여기에 열거된 환관능기나 관능기에서 생긴 것에만 적용한다.

제29류 주 제8호

8. 제2937호에서

   가. "호르몬"에는 호르몬 분비·촉진 인자, 호르몬 억제제, 호르몬 방지제(항 호르몬)를 포함한다.

   나. "주로 호르몬으로 사용되는"이란 호르몬 효과를 얻기 위하여 주로 사용된 호르몬 유도체와 이와 유사한 구조를 가진 것뿐만 아니라, 이 호의 제품을 합성 중간체로서 주로 사용되는 호르몬 유도체와 이와 유사한 구조를 가지는 것에도 적용한다.

제29류 소호주 제1호

1. 이 류의 각 호에서 화합물(또는 화합물의 그룹)의 유도체는 그 유도체가 다른 소호에 따로 분류되지 않고 관련 소호의 계열에서 "기타"의 소호가 없는 한 그 화합물(또는 화합물의 그룹)과 동일한 소호로 분류한다.

제29류 소호주 제2호

2. 제29류의 주 제3호는 이 류의 소호의 분류에 적용되지 않는다.

번호	품명
제1절 탄화수소와 이들의 할로겐화유도체·술폰화유도체·니트로화유도체·니트로소화유도체	
2901	비환식탄화수소
2902	환식탄화수소
2903	탄화수소의 할로겐화 유도체
2904	탄화수소의 술폰화유도체·니트로화유도체나 니트로소화유도체(할로겐화된 것인지에 상관없다)
제2절 알코올과 이들의 할로겐화유도체·술폰화유도체·니트로화유도체·니트로소화유도체	
2905	비환식알코올과 이들의 할로겐화유도체·술폰화유도체·니트로화유도체·니트로소화유도체
2906	환식알코올과 이들의 할로겐화유도체·술폰화유도체·니트로화유도체·니트로소화유도체
제3절 페놀·페놀알코올과 이들의 할로겐화유도체·술폰화유도체·니트로화유도체·니트로소화유도체	
2907	페놀과 페놀알코올
2908	페놀이나 페놀알코올의 할로겐화유도체·술폰화유도체·니트로화유도체·니트로소화유도체

	제4절 에테르·과산화알코올·과산화에테르· 과산화아세탈과 과산화헤미아세탈·과산화케톤·3원고리의 에폭시드·아세탈·헤미아세탈과 이들의 할로겐화유도체·술폰화유도체·니트로화유도체·니트로소화유도체
2909	에테르·에테르알코올·에테르페놀·에테르알코올페놀·과산화알코올·과산화에테르·과산화아세탈과 과산화헤미아세탈·과산화케톤(화학적으로 단일한 것인지에 상관없다)과 이들의 할로겐화유도체·술폰화유도체·니트로화유도체·니트로소화유도체
2910	3원고리의 에폭시드·에폭시알코올·에폭시페놀·에폭시에테르와 이들의 할로겐화유도체·술폰화유도체·니트로화유도체·니트로소화유도체
2911	아세탈·헤미아세탈(그 밖의 산소관능 결합을 한 것인지에 상관없다)과 이들의 할로겐화유도체·술폰화유도체·니트로화유도체·니트로소화유도체
	제5절 알데히드관능화합물
2912	알데히드(그 밖의 산소관능 결합을 한 것인지에 상관없다), 알데히드의 환식중합체, 파라포름알데히드
2913	제2912호의 물품의 할로겐화유도체·술폰화유도체·니트로화유도체·니트로소화유도체
	제6절 케톤관능화합물과 퀴논관능화합물
2914	케톤·퀴논(그 밖의 산소관능 결합을 한 것인지에 상관없다)과 이들의 할로겐화유도체·술폰화유도체·니트로화유도체·니트로소화유도체
	제7절 카르복시산과 이들의 무수물(無水物)·할로겐화물· 과산화물·과산화산, 이들의 할로겐화유도체·술폰화유도체· 니트로화유도체·니트로소화유도체
2915	포화비환식모노카르복시산과 이들의 무수물(無水物)·할로겐화물·과산화물·과산화산, 이들의 할로겐화유도체·술폰화유도체·니트로화유도체·니트로소화유도체
2916	불포화비환식모노카르복시산·환식모노카르복시산과 이들의 무수물(無水物)·할로겐화물·과산화물·과산화산, 이들의 할로겐화유도체·술폰화유도체·니트로화유도체·니트로소화유도체
2917	폴리카르복시산과 이들의 무수물(無水物)·할로겐화물·과산화물·과산화산, 이들의 할로겐화유도체·술폰화유도체·니트로화유도체·니트로소화유도체
2918	추가 산소관능을 갖는 카르복시산과 이들의 무수물(無水物)·할로겐화물·과산화물·과산화산, 이들의 할로겐유도체·술폰화유도체·니트로화유도체·니트로소화유도체
	제8절 비(非)금속무기산의 에스테르와 이들의 염, 이들의 할로겐화유도체·술폰화유도체·니트로화유도체·니트로소화유도체
2919	인산에스테르와 이들의 염(락토포스페이트를 포함한다), 이들의 할로겐화유도체·술폰화유도체·니트로화유도체·니트로소화유도체
2920	그 밖의 비(非)금속 무기산의 에스테르(할로겐화수소의 에스테르는 제외한다)와 이들의 염, 이들의 할로겐화유도체·술폰화유도체·니트로화유도체·니트로소화유도체
	제9절 질소관능화합물
2921	아민관능화합물
2922	산소관능아미노화합물
2923	제4암모늄염과 수산화 제4암모늄, 레시틴과 그 밖의 포스포아미노리피드(화학적으로 단일한 것인지에 상관없다)

2924	카르복시 아미드관능화합물, 탄산의 아미드관능화합물
2925	카르복시이미드 관능화합물(사카린과 그 염을 포함한다)과 이민관능화합물
2926	니트릴관능화합물
2927	디아조화합물·아조화합물·아족시화합물
2928	히드라진·히드록실아민의 유기 유도체
2929	그 밖의 질소관능화합물
제10절 유기-무기화합물·헤테로고리화합물·핵산과 이들의 염, 술폰아미드	
2930	유기-황 화합물
2931	그 밖의 유기-무기화합물
2932	산소 원자만을 함유한 헤테로고리 화합물
2933	질소 원자만을 함유한 헤테로고리 화합물
2934	핵산과 이들의 염(화학적으로 단일한 것인지에 상관없다), 그 밖의 헤테로고리 화합물
2935	술폰아미드
제11절 프로비타민·비타민·호르몬	
2936	프로비타민과 비타민(천연의 것과 이와 동일한 구조를 가지는 합성의 것으로 한정하며, 천연의 프로비타민 농축물과 비타민 농축물을 포함한다), 이들의 유도체로서 주로 비타민으로 사용하는 것과 이들의 상호 혼합물(용매에 용해하였는지에 상관없다)
2937	호르몬·프로스타글란딘·트롬복산·류코트리엔(천연의 것과 이와 동일한 구조를 가지는 합성의 것으로 한정한다), 이들의 유도체와 이와 유사한 구조를 가지는 것으로서 주로 호르몬으로 사용되는 것(변성된 폴리펩타이드 체인을 가진 것을 포함한다)
제12절 글리코시드와 알칼로이드(천연의 것과 이와 동일한 구조를 가지는 합성의 것으로 한정한다), 이들의 염·에테르·에스테르·그 밖의 유도체	
2938	글리코시드(천연의 것과 이와 동일한 구조를 가지는 합성의 것으로 한정한다), 이들의 염·에테르·에스테르·그 밖의 유도체
2939	알칼로이드(천연의 것과 이와 동일한 구조를 가지는 합성의 것으로 한정한다), 이들의 염·에테르·에스테르·그 밖의 유도체
제13절 그 밖의 유기화합물	
2940	당류(화학적으로 순수한 것으로 한정하며, 자당·유당·맥아당·포도당·과당은 제외한다), 당에테르·당아세탈·당에스테르와 이들의 염(제2937호·제2938호·제2939호의 물품은 제외한다)
2941	항생물질
2942	그 밖의 유기화합물

제30류 의료용품

제30류 주 제1호

1. 이 류에서 다음 각 목의 것은 제외한다.

    가. 식품이나 음료(예: 식이요법용 식품 · 당뇨병용 식품 · 강화식품 · 식이보조제 · 강장음료 · 광천수)(제4부). 다만, 정맥 투여용 영양제는 제외한다.

    나. 니코틴을 함유한 것으로 금연을 보조하기 위한 물품[예: 정제(tablet) · 추잉껌 · 패치(피부투여 방식)](제2404호)

    다. 치과용으로 특별히 하소(煆燒)하거나 곱게 부순 플라스터(plaster)(제2520호)

    라. 정유(essential oil)의 애큐어스 디스틸레이트(aqueous distillate)나 애큐어스 솔루션(aqueous solution)으로서 의약용에 적합한 것(제3301호)

    마. 제3303호부터 제3307호까지의 조제품(치료용이나 예방용을 포함한다)

    바. 제3401호의 비누나 그 밖의 물품으로서 의약품을 첨가한 것

    사. 플라스터(plaster)를 기본 재료로 한 치과용 조제품(제3407호)

    아. 혈액알부민으로서 치료용이나 예방용으로 조제되지 않은 것(제3502호)

    자. 제3822호의 진단용 시약

제30류 주 제2호

2. 제3002호에서 "면역물품"이란 면역과정의 조절과 직접적으로 연관되어 있는 펩티드(peptide)와 단백질에 적용된다(제2937호의 물품은 제외한다) [예: 단선항체(MAB: monoclonal antibody), 항체 프라그먼트(fragment), 항체 콘쥬게이트(conjugate), 항체 프라그먼트 콘쥬게이트(fragment conjugate), 인터류킨(interleukin), 인터페론(IFN: interferon), 케모킨(chemokine), 특정한 종양괴사인자(TNF: tumor necrosis factor), 성장인자(GF: growth factor), 조혈소, 집락촉진인자(CSF: colony stimulating factor)]

제30류 주 제3호

3. 제3003호 · 제3004호와 이 류의 주 제4호 라목에서는 다음 각 목에서 정하는 바에 따른다.

    가. 혼합하지 않은 것에는 다음을 포함한다.

    1) 혼합하지 않은 물품이 물에 용해된 것
    2) 제28류나 제29류의 모든 물품
    3) 제1302호의 단일인 식물성 추출물(extract)로서 단순히 표준화하거나 용매에 용해한 것(용매의 종류는 상관없다)

    나. 혼합한 것에는 다음을 포함한다.

    1) 콜로이드 용액과 현탁액(콜로이드황은 제외한다)
    2) 식물성 재료의 혼합물을 처리하여 얻은 식물성 추출물(extract)
    3) 천연의 광천수를 증발하여 얻은 염과 농축물

제30류 주 제4호

4. 다음 각 목의 물품은 제3006호로 분류하며, 이 표의 다른 호로 분류하지 않는다.

　가. 살균한 외과용 캣거트(catgut)와 이와 유사한 살균한 봉합재(살균한 외과용이나 치과용 흡수성 실을 포함한다), 살균한 외과 수술상처의 봉합용 접착제

　나. 살균한 라미나리아(laminaria)와 살균한 라미나리아(laminaria)의 텐트

　다. 살균한 외과용이나 치과용 흡수성 지혈제, 살균한 외과용이나 치과용 유착방지제(흡수성이 있는지에 상관없다)

　라. 엑스선 검사용 조영제, 환자에 투여할 진단용 시약(혼합하지 않은 것 중 일정한 투여량으로 한 것, 두 가지 이상의 성분으로 된 것 중 검사용이나 진단용으로 혼합한 것으로 한정한다)

　마. 공인된 임상시험에 사용하는 플라세보(placebo)와 맹검(또는 이중 맹검) 임상시험 키트(일정한 투여량으로 한 것으로 한정하며, 활성 의약품을 함유한 것인지는 상관없다)

　바. 치과용 시멘트와 그 밖의 치과용 충전제, 뼈 형성용 시멘트

　사. 구급상자와 구급대

　아. 제2937호의 호르몬과 기타 제품이나 살정자제(殺精子劑)를 기본 재료로 하는 피임성의 화학조제품

　자. 외과수술이나 신체검사를 할 때 신체 각 부분의 윤활제로 사용되거나 신체와 의료기기 사이의 접착약품으로서 사람이나 수의약에 사용되는 겔(gel) 조제품

　차. 폐(廢)의료용품[본래의 용도에 사용하기에 부적합한 의료용품(예: 유효기간이 지난 것)]

　카. 장루(腸瘻)용으로 인정되는 기구[일정한 모양으로 절단한 결장루(結腸瘻), 회장루(回腸瘻), 요루 주머니와 이들의 접착 웨이퍼(wafer)·페이스플레이트(faceplate)]

제30류 소호주 제1호

1. 제3002.13호와 제3002.14호에서는 다음 각 목에서 정하는 바에 따른다.

　가. 불순물을 함유한 것인지에 상관없이 혼합하지 않은 물품, 순수한 물품으로 본다.

　나. 다음은 혼합된 물품으로 본다.

　　1) 가목에 언급된 물품이 물이나 그 밖의 용매에 용해된 것
　　2) 가목 및 나목 1)의 물품에 보존이나 운반에 필요한 안정제를 첨가한 것
　　3) 가목, 나목 1) 및 나목 2)의 물품에 그 밖의 다른 첨가제를 첨가한 것

제30류 소호주 제2호

2. 제3003.60호와 제3004.60호는 그 밖의 의약적 활성성분과 결합된 경우 섭취용 아르테미시닌(INN)을 함유하는 의약품, 또는 다음에 열거된 활성성분(그 밖의 의약적 활성성분과 결합된 것인지에 상관없다)을 함유하는 의약품을 포함한다.

아모디아퀸(INN), 아르텔린산과그염, 아르테니몰(INN), 아르테모틸(INN), 아르테메테르(INN), 아르테수네이트(INN), 클로로퀸(INN), 디히드로아르테미시닌(INN), 루메판트린(INN), 메플로퀸(INN), 피페라퀸(INN), 피리메타민(INN), 술파독신(INN).

번호	품명
3001	장기(臟器) 요법용 선(腺)과 그 밖의 기관(건조한 것으로 한정하며, 가루로 된 것인지에 상관없다), 선(腺)과 그 밖의 기관이나 이들의 분비물의 추출물로서 장기(臟器) 요법용의 것, 헤파린과 그 염, 치료용·예방용으로 조제한 그 밖의 인체물질이나 동물의 물질로서 따로 분류되지 않은 것
3002	사람의 피, 치료용·예방용·진단용으로 조제한 동물의 피, 면역혈청·그 밖의 혈액 분획물과 면역물품(생물공학적 방법에 따라 변성되거나 얻어진 것인지에 상관없다), 백신·독소·미생물 배양체(효모는 제외한다)와 이와 유사한 물품, 세포 배양체(변성된 것인지에 상관없다)
3003	의약품(두 가지 이상의 성분을 혼합한 치료용이나 예방용의 것으로서 제3002호·제3005호·제3006호의 물품, 일정한 투여량으로 한 것, 소매용 모양이나 포장으로 한 것은 제외한다)
3004	의약품[혼합한 것인지에 상관없으며 치료용이나 예방용의 것으로서 일정한 투여량으로 한 것(피부 투여의 형식을 취한 것을 포함한다)과 소매용 모양이나 포장으로 한 것으로 한정하며, 제3002호·제3005호·제3006호의 물품은 제외한다]
3005	탈지면·거즈·붕대와 이와 유사한 제품(예: 피복재·반창고·습포제)으로서 내과용·외과용·치과용·수의과용으로 사용하기 위하여 의료물질을 도포하거나 침투시킨 것이나 소매용 모양이나 포장으로 한 것
3006	의료용품(이 류의 주 제4호의 물품으로 한정한다)

제31류 비료

제31류 주 제1호

1. 이 류에서 다음 각 목의 것은 제외한다.

   가. 제0511호의 동물의 피

   나. 화학적으로 단일한 화합물(이 류의 주 제2호 가목·제3호 가목·제4호 가목·주 제5호에 해당되는 것은 제외한다)

   다. 제3824호의 배양한 염화칼륨결정(한 개의 중량이 2.5그램 이상인 것으로 한정하며, 광학소자는 제외한다), 염화칼륨으로 제조한 광학소자(제9001호)

제31류 주 제2호

2. 제3102호는 다음 각 목의 물품에만 적용한다(제3105호에 열거한 모양이나 포장으로 한 것은 제외한다).

   가. 다음에 해당하는 물품

   1) 질산나트륨(순수한 것인지에 상관없다)
   2) 질산암모늄(순수한 것인지에 상관없다)
   3) 황산암모늄과 질산암모늄의 겹염(순수한 것인지에 상관없다)
   4) 황산암모늄(순수한 것인지에 상관없다)

5) 질산칼슘과 질산암모늄의 겹염(순수한 것인지에 상관없다)이나 혼합물

6) 질산칼슘과 질산마그네슘의 겹염(순수한 것인지에 상관없다)이나 혼합물

7) 칼슘시아나미드(순수한 것인지 또는 기름으로 처리한 것인지에 상관없다)

8) 요소(순수한 것인지에 상관없다)

나. 가목에 열거한 물품이 서로 혼합된 비료

다. 염화암모늄이나 가목·나목에 열거한 물품에 초크·석고나 그 밖의 비료성분이 아닌 무기물이 혼합된 비료

라. 가목의 2) 또는 8)의 물품이나 이들의 혼합물을 수용액이나 암모니아용액으로 한 액상비료

제31류 주 제3호

3. 제3103호는 다음 각 목의 물품에만 적용한다(제3105호에 열거한 모양이나 포장으로 한 것은 제외한다).

   가. 다음에 해당하는 물품

      1) 염기성 슬래그(slag)

      2) 제2510호의 천연 인산염으로서 하소(煆燒)한 것이나 불순물을 제거하기 위한 것 이상으로 열처리한 것

      3) 과인산석회나 중과인산석회

      4) 오르토인산수소칼슘[플루오르의 함유량이 건조 무수물(無水物)의 상태에서 전 중량의 100분의 0.2 이상인 것으로 한정한다]

   나. 가목에 열거한 물품이 서로 혼합된 비료(플루오르의 함유량을 고려하지 않는다)

   다. 가목·나목에 열거한 물품(플루오르의 함유량을 고려하지 않는다)에 초크·석고나 그 밖의 비료성분이 아닌 무기물이 혼합된 비료

제31류 주 제4호

4. 제3104호는 다음 각 목의 물품에만 적용한다(제3105호에 열거한 모양이나 포장으로 한 것은 제외한다).

   가. 다음에 해당하는 물품

      1) 가공하지 않은 천연 칼륨의 염류[예: 카아널라이트(carnallite), 카이나이트(kainite), 실바이트(sylvite)]

      2) 염화칼륨(순수한 것인지에 상관없으며 주 제1호 다목의 물품은 제외한다)

      3) 황산칼륨(순수한 것인지에 상관없다)

      4) 황산마그네슘칼륨(순수한 것인지에 상관없다)

   나. 가목에 열거한 물품이 서로 혼합된 비료

제31류 주 제5호

5. 오르토인산이수소암모늄(인산일암모늄)·오르토인산수소이암모늄(인산이암모늄)(순수한 것인지에 상관없다)과 이들의 상호 혼합물은 제3105호로 분류한다.

제31류 주 제6호

6. 제3105호에서 "그 밖의 비료"란 비료로 사용되는 종류의 물품으로서 비료의 필수요소인 질소ㆍ인ㆍ칼륨 중 한 가지 이상을 함유하는 것을 말한다.

번호	품명
3101	동물성ㆍ식물성 비료(함께 혼합한 것인지 또는 화학적 처리를 한 것인지에 상관없다), 동물성ㆍ식물성 물품을 혼합하거나 화학적으로 처리한 비료
3102	질소비료(광물성 비료나 화학비료로 한정한다)
3103	인산비료(광물성 비료나 화학비료로 한정한다)
3104	칼륨비료(광물성 비료나 화학비료로 한정한다)
3105	광물성 비료나 화학비료(비료의 필수요소인 질소ㆍ인ㆍ칼륨 중 두 가지나 세 가지를 함유하는 것으로 한정한다), 그 밖의 비료, 이 류에 열거한 물품을 태블릿(tablet) 모양이나 이와 유사한 모양으로 한 것이거나 용기를 포함한 한 개의 총중량이 10킬로그램 이하로 포장한 것

제32류 유연용ㆍ염색용 추출물(extract), 탄닌과 이들의 유도체, 염료ㆍ안료와 그 밖의 착색제, 페인트ㆍ바니시(varnish), 퍼티(putty)와 그 밖의 매스틱(mastic), 잉크

제32류 주 제1호

1. 이 류에서 다음 각 목의 것은 제외한다.

   가. 화학적으로 단일한 원소나 화합물[제3203호ㆍ제3204호의 물품, 루미노퍼(luminophore)로 사용되는 무기물(제3206호), 제3207호에 열거한 모양의 용융 석영유리와 그 밖의 용융 실리카유리, 제3212호에 해당하는 소매용 모양이나 포장을 한 염료와 그 밖의 착색제는 제외한다]

   나. 제2936호부터 제2939호까지, 제2941호, 제3501호부터 제3504호까지에 해당하는 물품의 탄닌산염이나 그 밖의 탄닌 유도체

   다. 아스팔트로 만든 매스틱(mastic)이나 그 밖의 역청질의 매스틱(mastic)(제2715호)

제32류 주 제2호

2. 제3204호에는 아조염료를 생성시키기 위하여 안정화한 디아조늄염(diazonium salt)과 커플러(coupler)의 혼합물을 포함한다.

제32류 주 제3호

3. 제3203호·제3204호·제3205호·제3206호에는 착색제[제3206호의 경우에는 제2530호나 제28류에 해당하는 착색안료·금속 플레이크(flake)·금속 가루를 포함한다]를 기본 재료로 한 조제품으로서 다른 물질의 착색용으로 사용하거나 조제 착색제를 제조할 때 착색성분으로 사용하는 것을 포함한다. 다만, 페인트·에나멜의 제조에 사용되는 액체나 페이스트 상태인 것으로서 안료를 비수성(非水性) 매질(媒質)에 분산시킨 것(제3212호)과 제3207호·제3208호·제3209호·제3210호·제3212호·제3213호·제3215호에 해당하는 그 밖의 조제품은 제외한다.

제32류 주 제4호

4. 제3208호는 제3901호부터 제3913호까지에 열거한 물품을 휘발성 유기용매에 용해한 용액[콜로디온(collodion)은 제외하며, 용매의 함유량이 용액 전 중량의 100분의 50을 초과하는 것으로 한정한다]을 포함한다.

제32류 주 제5호

5. 이 류의 "착색제"에는 유성페인트의 익스텐더(extender)로 사용되는 물품[디스템퍼(distemper) 착색에 적합한 것인지에 상관없다]이 포함되지 않는다.

제32류 주 제6호

6. 제3212호에서 "스탬프용 박(箔)"이란 인쇄에 사용하는 엷은 시트(sheet)의 것(예: 서적 표지나 모자띠)으로서 다음 각 목의 것으로 된 것을 말한다.

    가. 금속의 가루(귀금속의 가루를 포함한다)나 안료를 글루·젤라틴이나 그 밖의 결합제와 응결시켜 만든 것

    나. 금속(귀금속을 포함한다)이나 안료를 시트(sheet) 모양의 지지물(어떤 재료이든 상관없다)에 부착시킨 것

번호	품명
3201	식물성 유연용 추출물(extract), 탄닌과 그 염·에테르·에스테르·그 밖의 유도체
3202	합성 유기유연제·무기유연제·조제 유연제(천연 유연제를 함유하였는지에 상관없다), 유연전(柔軟前) 처리용 효소계 조제품
3203	식물성·동물성 착색제[화학적으로 단일한 것인지에 상관없으며, 염색용 추출물(extract)을 포함하고 수탄(獸炭)은 제외한다]와 이것을 기본 재료로 한 조제품(이 류의 주 제3호의 것으로 한정한다)
3204	합성 유기착색제(화학적으로 단일한 것인지에 상관없다), 이것을 기본 재료로 한 조제품(이 류의 주 제3호의 것으로 한정한다), 형광증백제(螢光增白劑)나 루미노퍼(luminophore)로 사용되는 종류의 합성유기생산품(화학적으로 단일한 것인지에 상관없다)
3205	레이크 안료와 이들을 기본 재료로 한 조제품(이 류의 주 제3호의 것으로 한정한다)
3206	그 밖의 착색제와 조제품(제3203호·제3204호·제3205호에 해당하는 물품은 제외하며, 이 류의 주 제3호의 것으로 한정한다), 루미노퍼(luminophore)로 사용되는 무기물(화학적으로 단일한 것인지에 상관없다)
3207	조제 안료·조제 유백제(乳白劑)·조제 그림물감·법랑·유약·유약용 슬립·액체 상태 러스터(lustre)와 이와 유사한 조제품(요업·에나멜공업·유리공업에 주로 사용되는 것으로 한정한다), 유리 프리트(frit)와 그 밖의 유리[가루·알갱이·플레이크(flake) 모양인 것으로 한정한다]
3208	페인트와 바니시(varnish)[에나멜·래커(lacquer)를 포함하며, 합성 중합체나 화학적으로 변성한 천연 중합체를 기본 재료로 하여 비수성(非水性) 매질(媒質)에 분산하거나 용해한 것으로 한정한다], 이 류의 주 제4호의 용액
3209	페인트와 바니시(varnish)[에나멜과 래커(lacquer)를 포함하며, 합성 중합체나 화학적으로 변성한 천연 중합체를 기본 재료로 하여 수성(水性) 매질(媒質)에 분산하거나 용해한 것으로 한정한다]
3210	그 밖의 페인트와 바니시(varnish)[에나멜·래커(lacquer)·디스템퍼(distemper)를 포함한다], 가죽의 완성가공용으로 사용하는 조제 수성안료
3211	조제 드라이어
3212	비수성(非水性) 매질(媒質)에 분산시킨 안료[금속 가루·금속플레이크(flake)를 포함하며, 페인트·에나멜 제조에 사용되는 액체나 페이스트(paste) 상태인 것으로 한정한다], 스탬프용 박(箔), 소매용 모양이나 포장을 한 염료와 그 밖의 착색제
3213	화가용·학생용·간판도장공용·색조 수정용·오락용 물감과 이와 유사한 물감[태블릿(tablet) 모양인 것·튜브들이·병들이·접시들이나 이와 유사한 모양이나 포장의 것으로 한정한다]
3214	유리 접합용 퍼티(putty)·접목용 퍼티(putty)·수지시멘트·코킹(caulking)화합물과 그 밖의 매스틱(mastic), 도장용 충전제, 건물의 외면·실내벽·마루·천장과 이와 유사한 장소에 사용되는 비내화성 표면처리제
3215	인쇄용 잉크·필기용 잉크·제도용 잉크와 그 밖의 잉크(농축하거나 고체화한 것인지에 상관없다)

제33류 정유(essential oil)와 레지노이드(resinoid), 조제향료와 화장품·화장용품

제33류 주 제1호

1. 이 류에서 다음 각 목의 것은 제외한다.

    가. 천연 올레오레진(oleoresin)이나 제1301호·제1302호의 식물성 추출물(extract)

    나. 비누나 제3401호의 그 밖의 물품

    다. 검테레빈유·우드테레빈유·황산테레빈유나 제3805호의 그 밖의 물품

제33류 주 제2호

2. 제3302호에서 "방향성(芳香性) 물질"이란 제3301호의 물질, 제3301호의 물질로부터 분리된 향기로운 성분이나 합성 방향(芳香)물질만을 말한다.

제33류 주 제3호

3. 제3303호부터 제3307호까지는 특히 이들 호의 물품으로서 사용하기 적합한 생산품[혼합한 것인지에 상관없으며 정유(essential oil)의 애큐어스 디스틸레이트(aqueous distillate)와 애큐어스 솔루션(aqueous solution)은 제외한다]으로 그러한 용도에 알맞게 소매포장된 것에 적용한다.

제33류 주 제4호

4. 제3307호에서 "조제향료·화장품·화장용품"이란 특히 향낭, 연소시켜 사용하는 향기성의 조제품, 향지와 화장품을 침투시키거나 도포한 종이, 콘택트렌즈용이나 의안용 수용액, 향료나 화장품을 침투시키거나 도포한 워딩(wadding)·펠트(felt)·부직포, 동물용 화장용품을 뜻한다.

번호	품명
3301	정유(essential oil)[콘크리트(concrete)와 앱설루트(absolute)를 포함하며, 테르펜을 제거한 것인지에 상관없다], 레지노이드(resinoid), 추출한 올레오레진(oleoresin), 정유(essential oil)의 농축물[냉침법(冷浸法)이나 온침법(溫浸法)에 따라 얻은 것으로서 유지·불휘발성유·왁스나 이와 유사한 물질을 매질(媒質)로 한 것으로 한정한다], 정유(essential oil)에서 테르펜을 제거할 때 생기는 테르펜계 부산물, 정유(essential oil)의 애큐어스 디스틸레이트(aqueous distillate)와 애큐어스 솔루션(aqueous solution)
3302	방향성(芳香性) 물질의 혼합물과 방향성(芳香性) 물질의 하나 이상을 기본 재료로 한 혼합물(알코올의 용액을 포함하며, 공업용 원료로 사용하는 것으로 한정한다), 방향성(芳香性) 물질을 기본 재료로 한 그 밖의 조제품(음료제조용으로 한정한다)
3303	향수와 화장수
3304	미용이나 메이크업용 제품류와 기초화장용 제품류[의약품은 제외하며, 선스크린(sunscreen)과 선탠(suntan) 제품류를 포함한다], 매니큐어용 제품류와 페디큐어(pedicure)용 제품류
3305	두발용 제품류
3306	구강·치과 위생용 제품류[치열 교정용 페이스트(paste)와 가루를 포함한다], 치간 청결용 실로서 개별 소매용으로 포장한 것[치실(dental floss)]
3307	면도용 제품류·인체용 탈취제·목욕용 조제품·탈모제와 그 밖의 조제향료·따로 분류되지 않은 화장품이나 화장용품·실내용 조제 탈취제(향을 첨가한 것인지 또는 살균성이 있는 것인지에 상관없다)

제34류 비누·유기계면활성제·조제 세제·조제 윤활제·인조 왁스·조제 왁스·광택용이나 연마용 조제품·양초와 이와 유사한 물품·조형용 페이스트(paste)·치과용 왁스와 플라스터(plaster)를 기본 재료로 한 치과용 조제품

제34류 주 제1호

1. 이 류에서 다음 각 목의 것은 제외한다.

    가. 이형(mould release) 조제품으로 사용되는 동물성·식물성·미생물성 지방이나 기름의 식용 혼합물과 조제품(제1517호)

    나. 화학적으로 단일한 화합물

    다. 비누나 그 밖의 유기계면활성제를 함유하는 것으로서 샴푸·치약·면도용 크림과 폼(foam)·목욕용 조제품(제3305호·제3306호·제3307호)

제34류 주 제2호

2. 제3401호에서 "비누"란 수용성의 비누만을 말하며, 비누와 제3401호의 그 밖의 물품에는 소독제·연마가루·충전제·의약품 등의 물품을 첨가한 것을 포함한다. 이 경우 연마가루를 함유한 덧품은 막대(bar) 모양·케이크 모양·주형 모양으로 된 것으로 한정하여 제3401호로 분류하며, 그 밖의 모양으로 된 것은 제3405호의 연마가루와 이와 유사한 조제품으로 분류한다.

제34류 주 제3호

3. 제3402호에서 "유기계면활성제'란 섭씨 20도에서 유기계면활성제를 100분의 0.5의 농도로 물과 혼합하여 같은 온도에서 1시간 두었을 때 다음 각 목의 조건을 모두 충족하는 것을 말한다.

    가. 투명하거나 반투명한 용액이나 불용물이 분리되지 않는 안정된 에멀션(emulsion)을 생성할 것

    나. 물의 표면장력을 미터당 0.045뉴턴(센티미터당 45다인) 이하로 낮출 것

제34류 주 제4호

4. 제3403호에서 "석유와 역청유(瀝靑油)"란 제27류의 주 제2호의 물품을 말한다.

제34류 주 제5호

5. 제3404호에서 "인조 왁스와 조제 왁스"란 다음 각 목의 물품을 말한다.

　가. 왁스의 특성을 가지는 화학적으로 제조된 유기제품(수용성인지에 상관없다)

　나. 서로 다른 왁스의 혼합물

　다. 한 가지 이상의 왁스를 기본 재료로 하여 지방·수지·광물질이나 그 밖의 재료를 함유한 물품으로서 왁스의 특성을 가지는 것을 말한다.

다만, 다음 각 목의 것은 이 호에서 제외한다.

　가. 제1516호·제3402호·제3823호의 물품(왁스의 특성이 있는 것인지에 상관없다)

　나. 제1521호의 혼합하지 않은 동물성·식물성 왁스(정제한 것인지 또는 착색한 것인지에 상관없다)

　다. 광물성 왁스나 제2712호의 이와 유사한 물품(이들을 서로 혼합하거나 단순히 착색한 것인지에 상관없다)

　라. 왁스를 액체 매질(媒質)에 혼합·분산하거나 용해한 것(제3405호나 제3809호 등)

번호	품명
3401	비누, 비누로 사용되는 유기계면활성제품과 조제품[막대(bar) 모양·케이크 모양·주형 모양으로 된 것으로 한정하며, 비누를 함유한 것인지에 상관없다], 피부세척용 유기계면활성제품과 조제품(액체나 크림 형태의 소매용으로 한정하며, 비누를 함유한 것인지에 상관없다), 비누나 세제를 침투시키거나 도포한 종이·워딩(wadding)·펠트(felt)·부직포
3402	유기계면활성제(비누는 제외한다), 조제 계면활성제·조제 세제(보조 조제 세제를 포함한다)·조제 청정제(비누를 함유한 것인지에 상관없으며 제3401호의 물품은 제외한다)
3403	조제 윤활유[윤활제를 기본 재료로 한 조제 절삭제·볼트나 너트 방출제·방청제·부식방지제·이형(mould release) 조제품을 포함한다], 방직용 재료·가죽·모피나 그 밖의 재료의 오일링처리나 가지처리에 사용하는 조제품[석유나 역청유(瀝靑油)의 함유량이 전 중량의 100분의 70 이상인 것을 기본 재료로 한 조제품은 제외한다]
3404	인조 왁스와 조제 왁스
3405	신발용·가구용·마루용·차체(coachwork)용·유리용·금속용 광택제와 크림, 연마페이스트(paste)·연마가루와 이와 유사한 조제품[이러한 조제품을 침투시키거나 도포하거나 피복한 종이·워딩(wadding)·펠트(felt)·부직포·셀룰러 플라스틱·셀룰러 고무 형태의 것인지에 상관없다](제3404호의 왁스는 제외한다)
3406	양초와 이와 유사한 물품
3407	조형용 페이스트(paste)(아동 오락용을 포함한다), 치과용 왁스나 치과용 인상재료[세트로 된 것, 소매용으로 포장된 것, 판 모양·말굽 모양·막대(stick) 모양이나 이와 유사한 모양의 것으로 한정한다], 플라스터(plaster)(소석고나 황산칼슘으로 만든 것으로 한정한다)를 기본 재료로 한 그 밖의 치과용 조제품

제35류 단백질계 물질, 변성전분, 글루(glue), 효소

제35류 주 제1호

1. 이 류에서 다음 각 목의 것은 제외한다.

   가. 효모(제2102호)

   나. 제30류의 혈액 분획물(혈액알부민으로서 치료용이나 예방용으로 조제되지 않은 것은 제외한다), 의약품이나 그 밖의 의료용품

   다. 우연전(柔軟前) 처리용 효소 조제품(제3202호)

   라. 효소계의 조제 침지제(沈漬劑), 조제 세제, 제34류의 기타 물품

   마. 경화 단백질(제3913호)

   바. 인쇄공업용 젤라틴제품(제49류)

제35류 주 제2호

2. 제3505호에서 "덱스트린"이란 환원당을 함유한 전분 분해물품(덱스트로스로 표시된 환원당의 함유량이 건조한 상태에서 전 중량의 100분의 10 이하인 것으로 한정한다)을 말한다. 다만, 환원당의 함유량이 전 중량의 100분의 10을 초과하는 물품은 제1702호로 분류한다.

번호	품명
3501	카세인(casein)·카세인산염(caseinate)과 그 밖의 카세인(casein) 유도체, 카세인 글루(casein glue)
3502	알부민(건조물 상태에서 계산한 유장단백질의 함유량이 전 중량의 100분의 80을 초과하는 둘 이상의 유장단백질의 농축물을 포함한다)·알부민산염과 그 밖의 알부민 유도체
3503	젤라틴[직사각형(정사각형의 것을 포함한다) 시트(sheet) 모양인 것을 포함하며, 표면가공이나 착색한 것인지에 상관없다]과 젤라틴 유도체, 아이징글라스(isinglass), 그 밖의 동물성 글루(glue)[제3501호의 카세인 글루(casein glue)는 제외한다]
3504	펩톤(peptone)과 이들의 유도체, 그 밖의 단백질계 물질과 이들의 유도체(따로 분류되지 않은 것으로 한정한다), 하이드파우더(hide powder)(크롬명반을 첨가한 것인지에 상관없다)
3505	덱스트린과 그 밖의 변성전분[예: 프리젤라티나이지드(pregelatinised) 전분이나 에스테르화 전분], 전분·덱스트린이나 그 밖의 변성전분을 기본 재료로 한 글루(glue)
3506	조제 글루(glue)와 그 밖의 조제 접착제(따로 분류되지 않은 것으로 한정한다), 글루(glue)나 접착제로 사용하기에 적합한 물품[소매용으로 한 글루(glue)나 접착제로서 순중량이 1킬로그램 이하인 것으로 한정한다]
3507	효소와 따로 분류되지 않은 조제 효소

제36류 화약류, 화공품, 성냥, 발화성 합금, 특정 가연성 조제품

제36류 주 제1호

1. 이 류에서는 화학적으로 단일한 화합물을 포함하지 않는다. 다만, 주 제2호 가목이나 나목의 물품은 제외한다.

제36류 주 제2호

2. 제3606호에서 "가연성 재료의 제품"이란 다음 각 목의 것만을 말한다.

   가. 메타알데히드·헥사메틸렌테트라민과 이와 유사한 물질[연료로 사용하기 위한 모양으로 포장한 것(예: 태블릿(tablet) 모양, 막대(stick) 모양이나 이와 유사한 모양)], 알코올을 기본 재료로 한 연료와 이와 유사한 조제 연료(고체나 반고체 상태로 한정한다)

   나. 흡연용 라이터나 이와 유사한 라이터를 충전하거나 재충전하기 위하여 사용되는 용기(용량이 300세제곱센티미터 이하인 것으로 한정한다)에 넣어진 액체연료·액화가스연료

   다. 수지 토치(torch)·불쏘시개(firelighter)와 이와 유사한 물품

번호	품명
3601	화약
3602	폭약(화약은 제외한다)
3603	도화선, 도폭선, 뇌관, 점화기, 전기뇌관
3604	불꽃제품·신호용 조명탄·레인로켓(rain rocket)·안개 신호용품과 그 밖의 화공품
3605	성냥(제3604호의 화공품은 제외한다)
3606	페로세륨·그 밖의 발화성 합금(어떤 모양이라도 가능하다), 이 류의 주 제2호의 가연성 재료의 제품

제37류 사진용이나 영화용 재료

제37류 주 제1호

1. 이 류에서 웨이스트(waste)나 스크랩(scrap)은 제외한다.

제37류 주 제2호

2. 이 류에서 "사진"이란 광선이나 복사선에 따라 감광성(감열성을 포함한다) 면에 직접·간접으로 가시상(可視像)을 형성하는 것을 말한다.

번호	품명
3701	평면 모양 사진플레이트·평면 모양 사진필름(감광성이 있고 노광하지 않은 것으로 한정하며, 종이·판지·직물로 만든 것은 제외한다), 평면 모양 인스턴트 프린트필름(감광성이 있고 노광하지 않은 것으로 한정하며, 팩으로 된 것인지에 상관없다)
3702	롤 모양 사진필름(감광성이 있고 노광하지 않은 것으로 한정하며, 종이·판지·직물로 만든 것은 제외한다)과 롤 모양 인스턴트 프린트필름(감광성이 있고 노광하지 않은 것으로 한정한다)
3703	사진 인화지·판지·직물(감광성이 있고 노광하지 않은 것으로 한정한다)
3704	사진플레이트·필름·인화지·판지·직물(노광한 것으로서 현상하지 않은 것으로 한정한다)
3705	사진플레이트와 필름(노광하여 현상한 것으로 한정하며, 영화용 필름은 제외한다)
3706	영화용 필름(노광하여 현상한 것으로 한정하며, 사운드트랙이 있는 것인지 또는 사운드트랙만으로 구성된 것인지에 상관없다)
3707	사진용 화학조제품[바니시(varnish)·글루(glue)·접착제와 이와 유사한 조제품은 제외한다], 사진용 단일 물품(일정 소량으로 나누거나 그대로 사용할 수 있는 모양인 소매용으로 한정한다)

제38류 각종 화학공업 생산품

제38류 주 제1호

1. 이 류에서 다음 각 목의 것은 제외한다.

   가. 화학적으로 단일한 원소나 화합물. 다만, 다음은 제외한다.
   1) 인조 흑연(제3801호)
   2) 제3808호에 열거한 방식으로 한 살충제·살서제(쥐약)·살균제·제초제·발아억제제·식물성장조절제·소독제와 이와 유사한 물품
   3) 소화기용 장전물이나 소화탄에 넣는 소화제(제3813호)
   4) 주 제2호의 인증표준물질
   5) 주 제3호 가목이나 다목의 물품

   나. 조제 식료품에 사용하는 식료품이나 그 밖의 영양가가 있는 물질과 화학품의 혼합물(일반적으로 제2106호)

   다. 제2404호의 물품

   라. 슬래그(slag)·회(灰)·잔재물[금속·비소나 이들의 혼합물을 함유하고, 제26류(제2620호)의 주 제3호 가목이나 나목의 조건을 충족하는 것으로서 찌꺼기를 포함하며 하수 찌꺼기는 제외한다]

마. 의약품(제3003호ㆍ제3004호)

바. 비금속(卑金屬) 추출용이나 비금속(卑金屬) 화학혼합물 제조용으로 사용하는 것으로서 이미 사용한 촉매(제2620호), 주로 귀금속 회수용으로 사용하는 이미 사용한 촉매(제7112호), 금속ㆍ금속합금으로 구성된 촉매(예: 미세하게 분리된 가루나 직조 거즈의 모양)(제14부나 제15부)

제38류 주 제2호

2. 가. 제3822호에서 "인증표준물질"이란 인증된 특성치, 이런 값을 정하는데 사용된 방법, 각각의 값과 관련한 정확도가 나타나있는 인증서가 첨부된 표준물질로서 분석용ㆍ측정용ㆍ참조용 등으로 사용하는데 적합한 물질을 말한다.

   나. 제28류나 제29류의 물품을 제외하면 인증표준물질을 분류하는 데는 제3822호가 이 표상의 다른 어떤 호보다 우선한다.

제38류 주 제3호

3. 제3824호는 이 표의 다른 호로 분류되지 않는 다음 각 목의 것을 포함한다.

   가. 산화마그네슘ㆍ알칼리금속ㆍ알칼리토류금속의 할로겐화물의 배양한 결정(한 개의 중량이 2.5그램 이상인 것으로 한정하며, 광학소자는 제외한다)

   나. 퓨젤유(fusel oil)와 디펠유(dippel oil)

   다. 소매용으로 포장한 잉크 제거제

   라. 소매용으로 포장한 등사판원지 수정제와 그 밖의 수정액ㆍ수정테이프(제9612호의 것은 제외한다)

   마. 용융성 요업내화도 측정물[예: 세겔콘(Seger cone)]

제38류 주 제4호

4. 이 표에서 "생활폐기물"은 가정ㆍ호텔ㆍ식당ㆍ병원ㆍ가게ㆍ사무실 등에서 수집된 쓰레기, 도로와 포장도로에서 수거한 쓰레기는 물론 건설 쓰레기와 해체 쓰레기를 말하며, 생활폐기물은 일반적으로 플라스틱ㆍ고무ㆍ나무ㆍ종이ㆍ직물ㆍ유리ㆍ금속ㆍ음식물 등 다양한 재료와 부서진 가구나 그 밖의 손상되거나 버려진 제품을 포함한다. 다만, 다음 각 목의 것을 포함하지 않는다.

   가. 폐기물[예: 플라스틱ㆍ고무ㆍ나무ㆍ종이ㆍ직물ㆍ유리나 금속의 폐기물, 전기ㆍ전자웨이스트(waste)와 스크랩(scrap)(폐전지를 포함한다)]로부터 분리수거된 개개의 재료나 제품으로 이 표의 적당한 호에 해당하는 것

   나. 산업 폐기물

   다. 제30류의 주 제4호 차목의 폐(廢)의료용품

   라. 주 제6호 가목의 감염성 폐기물

제38류 주 제5호

5. 제3825호에서 "하수 찌꺼기"란 하수처리시설에서 발생한 찌꺼기를 말하며, 전(前)처리된 폐기물·오물·안정화 되지 않은 찌꺼기를 포함한다(제31류의 비료로 사용되는 안정화된 찌꺼기는 제외한다).

제38류 주 제6호

6. 제3825호의 "그 밖의 폐기물"에는 다음 각 목의 것이 해당된다. 다만, 제2710호의 석유나 역청유(瀝靑油)를 주로 함유하는 폐기물은 그 밖의 폐기물에 포함되지 않는다.

    가. 감염성 폐기물[의학연구, 검진, 치료, 그 밖의 내과·외과·치과·수의과 진료 과정에서 발생하는 오염된 폐기물을 말하며, 병원균과 의약물질을 함유하므로 특수 처리과정이 필요한 것(예: 오염된 의류, 사용한 장갑·주사기)을 말한다]

    나. 폐(廢)유기용제

    다. 금속세정액, 유압액, 브레이크액, 부동액 폐기물

    라. 화학공업이나 연관공업에서 발생한 그 밖의 폐기물

제38류 주 제7호

7. 제3826호에서 "바이오디젤"이란 동물성·식물성·미생물성 지방과 기름(사용된 것인지에 상관없다)에서 얻은 것으로서 연료로 사용되는 지방산 모노알킬에스테르를 말한다.

제38류 소호주 제1호

1. 소호 제3808.52와 제3808.59호는 다음을 하나 이상 함유하는 제3808호의 물품만을 포함한다. 알라클로르(ISO), 알디카브(ISO), 앨드린(ISO), 아진포스-메틸(ISO), 비나파크릴(ISO), 캄페클로(ISO)(톡사핀), 캅타폴(ISO), 카보퓨란(ISO), 클로단(ISO), 클로디메폼(ISO), 클로로벤질레이트(ISO), 디·디·티(ISO)[클로로페노탄(INN), 1,1,1-트리클로로-2,2-비스(파라-클로로페닐)에탄], 디엘드린(ISO, INN), 4,6-디니트로-오르토-크레졸[DNOC(ISO)]이나 그 염, 디노셉(ISO)과 그 염이나 에스테르, 엔도설판(ISO), 에틸렌디브로마이드(ISO)(1,2-디브로모에탄), 이염화에틸렌(ISO)(1,2-디클로로에탄), 플루오로아세트아미드(ISO), 헵타클로르(ISO), 헥사클로로벤젠(ISO),1,2,3,4,5,6-헥사클로로시클로헥산[HCH(ISO)][린데인(ISO, INN)을 포함하는 것], 수은화합물, 메타미도포스(ISO), 모노크로토포스(ISO), 옥시란(산화에틸렌), 파라티온(ISO), 파라티온-메틸(ISO)(메틸-파라티온), 펜타클로로페놀(ISO)과 그 염이나 에스테르, 과불화옥탄 술폰산과 그 염, 과불화옥탄 술폰아미드, 과불화옥탄 술포닐플루오라이드, 포스파미돈(ISO), 2,4,5-티(ISO)(2,4,5-트리클로로페녹시아세트산)와 그 염이나 에스테르, 트리부틸틴 화합물, 트리클로르폰(ISO).

제38류 소호주 제2호

2. 소호 제3808.61호부터 제3808.69호까지는 알파-사이퍼메트린(ISO), 벤디오카브(ISO), 비펜트린(ISO), 클로르페나피르(ISO), 사이플루트린(ISO), 딜타메트린(INN,ISO), 에토펜프록스(INN), 페니트로티온(ISO), 람다-사이할로트린(ISO), 말라티온(ISO), 피리미포스-메틸(ISO) 또는 프로폭수르(ISO)를 함유하는 제3808호의 물품만을 포함한다.

제38류 소호주 제3호

3. 소호 제3824.81호부터 제3824.89호까지는 다음의 물질을 하나 이상 함유하는 혼합물과 조제품만을 포함한다. 옥시란(산화에틸렌), 폴리브롬화비페닐(PBBs), 폴리 염소화비페닐(PCBs), 폴리염소화테르페닐(PCTs), 트리스(2,3-디브로모프로필)포스페이트, 앨드린(ISO), 캄페클로(ISO)(톡사핀), 클로단(ISO), 클로르데콘(ISO), 디·디·티(ISO)[클로페노탄(INN), 1,1,1-트리클로로-2,2-비스(파라-클로로페닐)에탄], 디엘드린(ISO, INN), 엔도설판(ISO), 엔드린(ISO), 헵타클로르(ISO), 미렉스(ISO), 1,2,3,4,5,6-헥사클로로시클로헥산[HCH(ISO)] [린데인(ISO, INN)을 포함하는 것], 펜타클로로벤젠(ISO), 헥사클로로벤젠(ISO), 과불화옥탄술폰산, 그 염, 과불화옥탄술폰아미드, 과불화옥탄술포닐플루오라이드 또는 테트라-, 펜타-, 헥사, 헵타- 또는 옥타 브로모디페닐에테르, 짧은사슬 염화파라핀

짧은사슬 염화파라핀은 염화 정도가 전 중량의 48%를 초과하며 다음과 같은 분자식을 가진 혼합화합물이다. $C_xH_{(2x-y+2)}Cl_y$, $(x = 10 \sim 13, y = 1.13)$

제38류 소호주 제4호

4. 소호 제3825.41호와 제3825.49호에서 "폐유기용제"는 주로 유기성 용제를 함유하지만 더 이상 본래의 용도에 사용하기 부적합한 폐기물이다(용제(溶劑)의 회수를 목적으로 한 것인지에 상관없다).

번호	품명
3801	인조흑연, 콜로이드흑연·반콜로이드흑연, 흑연이나 그 밖의 탄소를 기본 재료로 한 조제품[페이스트(paste)·블록·판 모양이나 그 밖의 반제품으로 한정한다]
3802	활성탄, 활성화한 천연의 광물성 생산품, 수탄(獸炭)[폐수탄(廢獸炭)을 포함한다]
3803	톨유(tall oil)(정제한 것인지에 상관없다)
3804	목재펄프를 제조할 때 생기는 폐액(廢液)[농축한 것인지, 당류를 제거한 것인지 또는 화학적으로 처리한 것인지에 상관없으며 리그닌 술폰산을 포함하나, 제3803호의 톨유(tall oil)는 제외한다]
3805	검테레빈유·우드테레빈유·황산테레빈유와 그 밖의 테르펜계유(증류나 그 밖의 방법에 따라 침엽수 목재에서 얻은 것으로 한정한다), 가공하지 않은 디펜틴, 아황산테레빈과 그 밖의 가공하지 않은 파라시멘, 파인유(pine oil)(주성분이 알파테르피네올인 것으로 한정한다)
3806	로진(rosin)·수지산과 이들의 유도체, 로진 스피릿(rosin spirit)과 로진유(rosin oil), 런검(run gum)

3807	목(木)타르, 목(木)타르유, 목(木)크레오소트(creosote), 목(木)나프타, 식물성 피치(pitch), 브루어피치(brewers' pitch)와 이와 유사한 조제품[로진(rosin)·수지산이나 식물성 피치(pitch)를 기본 재료로 한 것으로 한정한다]
3808	살충제·살서제(쥐약)·살균제·제초제·발아억제제·식물성장조절제·소독제와 이와 유사한 물품[소매용 모양이나 포장을 한 것·조제품으로 한 것·제품으로 한 것(예: 황으로 처리한 밴드·심지·양초 파리잡이 끈끈이)으로 한정한다]
3809	완성가공제, 염색 촉진용·염료 고착용 염색캐리어, 드레싱·매염제와 같은 그 밖의 물품과 조제품(섬유산업·제지산업·가죽산업 그 밖에 이와 유사한 산업에 용하는 것으로서 따로 분류되지 않은 것으로 한정한다)
3810	금속표면처리용 침지 조제품, 납땜용·땜질용·용접용 융제와 그 밖의 보조 조제품, 납땜용·땜질용·용접용 가루와 페이스트(paste)로서 금속과 그 밖의 재료로 조성한 것, 용접용 전극·용접봉의 코어나 피복에 사용하는 조제품
3811	안티녹(anti-knock)제·산화억제제·검화억제제(gum inhibitor) 점도향상제·부식방지제와 그 밖의 조제 첨가제[광물유(가솔린을 포함한다)용이나 광물유와 동일한 목적에 사용하는 그 밖의 액체용으로 한정한다]
3812	조제한 고무가황촉진제 고무용·플라스틱용 복합가소제(따로 분류되지 않은 것으로 한정한다), 고무용·플라스틱용 산화방지 조제품과 그 밖의 복합안정제
3813	소화기용 조제품과 장전물, 장전된 소화탄
3814	유기혼합용제와 시너(thinner)(따로 분류되지 않은 것으로 한정한다), 조제한 페인트·바니시(vanish) 제거제
3815	반응시작제·반응촉진제·촉매 조제품(따로 분류되지 않은 것으로 한정한다)
3816	내화시멘트·내화모르타르·내화콘크리트와 이와 유사한 혼합물[백운석 래밍믹스(ramming mixes)를 포함하며, 제3801호의 물품은 제외한다]
3817	혼합알킬벤젠과 혼합알킬나프탈렌(제2707호·제2902호의 물품은 제외한다)
3818	전자공업에 사용하기 위하여 도프처리된(doped) 화학원소(디스크·웨이퍼 모양이나 이와 유사한 모양으로 한정한다), 전자공업에 사용하기 위하여 도프처리된(doped) 화학화합물
3819	유압제동액과 그 밖의 조제 유압전등액[석유나 역청유(瀝青油)를 함유하지 않거나 석유나 역청유(瀝青油)의 함유량이 전 중량의 100분의 70 미만인 것으로 한정한다]
3820	부동(不凍) 조제품과 조제 제빙액
3821	미생물(바이러스와 이와 유사한 것을 포함한다)·식물·인간·동물 세포의 성장이나 보존을 위한 조제 배양제

3822	뒤편을 보강한 진단용ㆍ실험실용 시약과 뒤편을 보강하였거나 보강하지 않은 진단용ㆍ실험실용 조제시약(도구모음 형태로 된 것인지에 상관없으며, 제3006호의 물품은 제외한다), 인증표준물질
3823	공업용 모노카르복시 지방산, 유지를 정제할 때 생긴 애시드유(acid oil), 공업용 지방성 알코올
3824	조제 점결제(주물의 주형용이나 코어용으로 한정한다), 따로 분류되지 않은 화학품과 화학공업이나 연관공업에 따른 조제품(천연물만의 혼합물을 포함한다)
3825	따로 분류되지 않은 화학공업이나 연관공업에 따른 잔재물, 생활폐기물, 하수 찌꺼기, 이 류의 주 제6호의 그 밖의 폐기물
3826	바이오디젤과 그 혼합물[석유나 역청유(瀝靑油)를 함유하지 않거나 중량기준으로 70 퍼센트 미만을 함유한 것으로 한정한다]
3827	따로 분류되지 않은 메탄ㆍ에탄ㆍ프로판의 할로겐화 유도체를 함유한 혼합물

제7부 플라스틱과 그 제품, 고무와 그 제품

제39류	플라스틱과 그 제품
제40류	고무와 그 제품

제7부 주 제1호

1. 두 가지 이상의 별개 구성요소로 구성된 세트로 포장한 물품으로서 그 구성요소의 일부나 전부가 이 부에 해당하며, 제6부나 제7부의 물품을 만들 목적으로 상호 혼합할 것은 제6부나 제7부의 해당하는 호로 분류한다. 다만, 구성요소가 다음 각 목에 모두 해당하는 경우로 한정한다.

    가. 포장된 형태로 보아서 재포장 없이 함께 사용될 것이 분명한 것

    나. 동시에 제시한 것

    다. 그 성질이나 상대적 구성비로 보아 상호보완적임이 인정되는 것

제7부 주 제2호

2. 제3918호나 제3919호의 물품을 제외하고는 플라스틱·고무와 이들의 제품으로서 해당 물품의 본래의 용도에 부수적이지 않은 모티프(motif)·문자·그림을 인쇄한 것은 제49류로 분류한다.

제39류 플라스틱과 그 제품

제39류 주 제1호

1. 이 표에서 "플라스틱"이란 성형·주조·압출·압연이나 그 밖의 외부작용(보통 가열과 가압을 말하며, 필요한 때에는 용제나 가소제를 가할 수 있다)에 따라 중합할 때나 그 다음단계에서 변형하고, 외부작용을 배제하여도 그 형태를 유지하려는 성질을 지닌 제3901호부터 제3914호까지에 해당하는 물질을 말한다. 또한 이 표의 플라스틱에는 벌커나이즈드 파이버(vulcanised fibre)를 포함한다. 다만, 제11부의 방직용 섬유재료로 보는 것은 제외한다.

제39류 주 제2호

2. 이 류에서 다음 각 목의 것은 제외한다.

   가. 제2710호나 제3403호의 조제 윤활유

   나. 제2712호나 제3404호의 왁스

   다. 화학적으로 단일한 유기화합물(제29류)

   라. 헤파린과 그 염(제3001호)

   마. 제3901호부터 제3913호까지의 물품으로 구성된 용액(콜로디온은 제외한다)으로서 휘발성 유기용제의 중량이 용액 전 중량의 100분의 50을 초과하는 것(제3208호)과 제3212호의 스탬프용 박(箔)

   바. 제3402호의 유기계면활성제나 이들의 제품

   사. 런검(run gum)이나 에스테르검(ester gum)(제3806호)

   아. 조제 첨가제[광물유(가솔린을 포함한다)나 광물유와 동일한 목적에 사용하는 그 밖의 액체용의 것(제3811호)]

   자. 폴리글리콜·실리콘이나 그 밖의 제39류 중합체를 기본 재료로 한 조제 유압액(제3819호)

   차. 플라스틱의 이면에 진단용·실험용 시약을 붙인 것(제3822호)

   카. 제40류의 합성고무나 이들의 제품

   타. 안장과 굴레(제4201호), 제4202호의 트렁크·슈트케이스·핸드백이나 그 밖의 용기

   파. 제46류의 조물·지조세공물(枝條細工物)이나 그 밖의 물품

   하. 제4814호의 벽 피복재

   거. 제11부의 물품(방직용 섬유와 그 제품)

   너. 제12부의 물품(예: 신발류·모자류·우산·양산·지팡이·채찍·승마용 채찍과 이들의 부분품)

   더. 제7117호의 모조 신변장식용품

   러. 제16부의 물품(예: 기계류나 전기기기류)

   머. 제17부의 항공기나 차량의 부분품

   버. 제90류의 물품(예: 광학소자·안경테·제도기)

   서. 제91류의 물품(예: 시계 케이스)

   어. 제92류의 물품(예: 악기류나 이들의 부분품)

저. 제94류의 물품(예: 가구·조명기구·조명용사인·조립식 건축물)

처. 제95류의 물품(예: 완구·게임용구·운동용구)

커. 제96류의 물품[예: 브러시·단추·슬라이드파스너(slide fastener)·빗·흡연용 파이프의 마우스피스와 자루·시가렛홀더나 이와 유사한 것·진공플라스크나 이와 유사한 것의 부분품·펜·프로펠링펜슬(propelling pencil) 및 일각대·양각대·삼각대와 이와 유사한 물품]

제39류 주 제3호

3. 제3901호부터 제3911호까지는 화학적인 합성으로 제조된 물품으로서 다음 각 목의 범주로 한정하여 적용된다.

    가. 섭씨 300도(감압증류법으로 증류한 경우에는 1,013밀리바로 환산한 온도)에서 유출된 용량이 전 용량의 100분의 60 미만인 액체 상태의 합성폴리올레핀(제3901호·제3902호)

    나. 고중합체가 아닌 쿠마론-인덴계 수지(제3911호)

    다. 평균 5량체(量體) 이상의 그 밖의 합성중합체

    라. 실리콘수지(제3910호)

    마. 레졸(resol)(제3909호)과 그 밖의 프리폴리머

제39류 주 제4호

4. "공중합체(共重合體)"란 단일 단량체(單量體) 단위가 구성 중합체 전 중량의 100분의 95 이상의 중량비를 가지지 않은 모든 중합체를 말한다. 이 류의 공중합체(共重合體)(공중합축합체·공중합부가체·블록공중합체·그라프트공중합체를 포함한다)와 혼합중합체는 문맥상 달리 해석되지 않는 한 최대 중량의 공단량체(共單量體) 단위가 해당하는 호로 분류한다. 이 경우 동일 호로 분류되는 중합체의 공단량체(共單量體) 단위를 단일 공중합체(共重合體)를 구성하는 것으로 본다. 만약, 최대 중량단위의 단일 공단량체(共單量體)가 없을 때에는 동일하게 분류가능한 해당 호 중에서 마지막 호로 분류한다.

제39류 주 제5호

5. 화학적으로 변성한 중합체(주중합체 사슬에 단지 부속되어 있는 부분이 화학반응으로 변화된 것으로 한정한다)는 변성되지 않은 중합체의 해당 호로 분류한다. 다만, 이 규정은 그라프트공중합체에는 적용하지 않는다.

제39류 주 제6호

6. 제3901호부터 제3914호까지에서 "일차제품(primary form)"은 다음 각 목의 형태인 것에만 적용한다.

    가. 액체나 페이스트(paste)[분산물(에멀션·서스펜션)과 용액을 포함한다]

    나. 불규칙한 모양의 블록·럼프(lump)·가루(몰딩 가루를 포함한다)·알갱이·플레이크(flake)와 이와 유사한 벌크 모양

제39류 주 제7호

7. 제3915호에서는 일차제품(primary form)으로 변형된 단일 열가소성 물질의 웨이스트(waste)·페어링(paring)·스크랩(scrap)은 제외한다(제3901호부터 제3914호까지).

제39류 주 제8호

8. 제3917호의 "관·파이프·호스"란 보통 가스나 액체를 운반하는 데 사용되는 중공(中空)의 제품(반제품이나 완제품인지에 상관없다)을 말하며[예: 골이 진(ribbed) 정원용 호스·구멍이 뚫린 관], 소시지케이싱(sausage casing)과 그 밖의 레이플랫 튜빙(lay-flat tubing)도 포함한다. 다만, 내부 횡단면의 모양이 원형·타원형·직사각형(길이가 폭의 1.5배를 초과하지 않은 것으로 한정한다)이나 정다각형의 모양이 아닌 것은 관·파이프·호스로 볼 수 없고 형재(形材)로 본다[소시지케이싱(sausage casing)과 그 밖의 레이플랫 튜빙(lay-flat tubing)은 그렇지 않다].

제39류 주 제9호

9. 제3918호에서 "플라스틱으로 만든 벽 피복재나 천장 피복재"란 벽이나 천장 장식용에 적합한 폭 45센티미터 이상의 롤 모양의 제품으로서 종이 외의 재료에 영구적으로 부착시킨 플라스틱으로 구성되고, 정면 부분의 플라스틱층이 그레인(grain)장식·엠보싱(embossing)장식·착색·디자인인쇄나 그 밖의 장식으로 된 것을 말한다.

제39류 주 제10호

10. 제3920호와 제3921호에서 "판·시트(sheet)·필름·박(箔)·스트립"이란 판·시트(sheet)·필름·박(箔)·스트립(제54류의 것은 제외한다)과 규칙적인 기하학적 모양의 블록(프린트나 그 밖의 표면가공을 한 것인지에 상관없다)으로서 절단하지 않았거나 정사각형·직사각형으로 절단하되 그 이상의 가공을 하지 않은 것을 말한다(그대로 사용할 수 있는지에 상관없다).

제39류 주 제11호

11. 제3925호는 제2절에서 해당 호보다 선행하는 각 호에 해당하는 물품을 제외한 다음 각 목의 것에만 적용한다.

    가. 저장기·탱크(오수정화조를 포함한다)·배트(vat)와 이와 유사한 용기로서 용량이 300리터를 초과하는 것

    나. 마루·벽·칸막이·천장·지붕 등의 구조물의 구성요소

    다. 홈통과 이들의 연결구류

    라. 문·창과 이들의 틀과 문지방

    마. 발코니·난간·울타리·대문과 이와 유사한 장벽

    바. 셔터·블라인드[베네치안 블라인드(venetian blind)를 포함한다]과 이와 유사한 물품, 이들의 부분품과 연결구류

    사. 조립용과 영구시설용 대형선반(예: 상점용·작업장용·창고용)

아. 장식용 건축물[예: 플루팅(fluting)·둥근 지붕·비둘기장]

자. 건물의 문·창·계단·벽이나 그 밖의 부분의 영구시설용 장착구와 부착구[예: 노브(knob)·손잡이·걸대·받침걸이·수건걸이·스위치플레이트(switch plate)와 그 밖의 보호용 널판]

제39류 소호주 제1호

1. 이 류의 각 호에 해당하는 중합체[공중합체(共重合體)를 포함한다]와 화학적으로 변성한 중합체는 다음 각 목에 따라서 분류한다.

    가. 동일 계열에서 "기타"로 표기된 소호가 있는 경우

    1) 중합체의 소호에서 접두사 "폴리"(예: 폴리에틸렌·폴리아미드-6,6)라는 명칭은 해당 표기된 중합체를 구성하는 단량체(單量體) 단위나 단량체(單量體) 단위들이 중합체 전 중량의 100분의 95 이상을 차지하고 있는 것을 의미한다.

    2) 소호 제3901.30호·제3901.40호·제3903.20호·제3903.30호·제3904.30호의 공중합체(共重合體)는 해당 공중합체(共重合體)의 공단량체(共單量體) 단위들이 중합체 전 중량의 100분의 95 이상을 차지하는 경우로 한정하여 각 소호로 분류한다.

    3) 화학적으로 변성한 중합체는 해당 물품이 다른 소호에 열거되어 있지 않은 경우로 한정하여 "기타"라고 표기된 소호로 분류한다.

    4) 위의 1)·2)·3)에 해당하지 않는 중합체는 그 밖의 다른 단일 공단량체(共單量體) 단위의 중량코다 우세한 중량을 차지하는 단량체 단위의 중합체를 분류하는 소호(동일 계열의 소호 중에서)로 분류한다. 이 경우 동일 소호로 분류되는 중합체의 구성 단량체 단위는 합계한다. 고려 대상 소호 계열의 중합체의 구성 공단량체(共單量體) 단위만을 비교한다.

    나. 동일 계열에 "기타"로 표기된 소호가 없는 경우

    1) 중합체는 그 밖의 다른 단일 공단량체(共單量體) 단위의 중량코다 우세한 중량의 단량체 단위의 중합체가 해당하는 소호로 분류한다. 이 경우 동일 소호로 분류되는 중합체의 구성 단량체 단위는 합계한다. 고려대상 계열의 중합체의 구성 공단량체(共單量體) 단위만을 비교한다.

    2) 화학적으로 변성한 중합체는 변성하지 않은 중합체의 적절한 소호로 분류한다.

    ※ 혼합중합체는 동일 비율의 동일한 단량치 단위로 만들어진 중합체가 속하는 소호로 분류한다.

제39류 소호주 2호

2. 소호 제3920.43호에서 "가소제"에는 2차 가소제를 포함한다.

번호	품명
제1절 일차제품(primary form)	
3901	에틸렌의 중합체[일차제품(primary form)으로 한정한다]
3902	프로필렌의 중합체나 그 밖의 올레핀의 중합체[일차제품(primary form)으로 한정한다]
3903	스티렌의 중합체[일차제품(primary form)으로 한정한다]
3904	염화비닐의 중합체나 그 밖의 할로겐화 올레핀의 중합체[일차제품(primary form)으로 한정한다]

3905	초산비닐의 중합체나 그 밖의 비닐에스테르의 중합체, 그 밖의 비닐중합체[일차제품(primary form)으로 한정한다]	
3906	아크릴의 중합체[일차제품(primary form)으로 한정한다]	
3907	폴리아세탈수지·그 밖의 폴리에테르와 에폭시수지, 폴리카보네이트·알키드수지·폴리아릴에스테르와 그 밖의 폴리에스테르[일차제품(primary form)으로 한정한다]	
3908	폴리아미드[일차제품(primary form)으로 한정한다]	
3909	아미노수지·페놀수지·폴리우레탄[일차제품(primary form)으로 한정한다]	
3910	실리콘수지[일차제품(primary form)으로 한정한다]	
3911	석유수지·쿠마론-인덴수지·폴리테르펜·폴리술파이드·폴리술폰과 이 류의 주 제3호의 기타 물품[일차제품(primary form)으로서 따로 분류되지 않은 것으로 한정한다]	
3912	셀룰로오스와 그 화학적 유도체[일차제품(primary form)으로서 따로 분류되지 않은 것으로 한정한다]	
3913	천연중합체(예: 알긴산)와 변성한 천연중합체(예: 경화 단백질, 천연고무의 화학적 유도체)[일차제품(primary form)으로서 따로 분류되지 않은 것으로 한정한다]	
3914	이온교환수지[제3901호부터 제3913호까지의 중합체를 기본 재료로 한 것으로서 일차제품(primary form)으로 한정한다]	
	제2절 웨이스트(waste)·페어링(paring)·스크랩(scrap)과 반제품·완제품	
3915	플라스틱의 웨이스트(waste)·페어링(paring)·스크랩(scrap)	
3916	플라스틱의 모노필라멘트(횡단면의 치수가 1밀리미터를 초과하는 것으로 한정한다)·막대(rod, stick)·형재(形材)(표면 가공을 한 것인지에 상관없으며 그 밖의 가공한 것은 제외한다)	
3917	플라스틱의 관·파이프·호스와 이들의 연결구류[예: 조인트(joint)·엘보(elbow)·플랜지(flange)]	
3918	플라스틱으로 만든 바닥깔개(접착성이 있는지에 상관없으며 롤이나 타일 모양으로 한정한다), 이 류의 주 제9호의 플라스틱으로 만든 벽 피복재나 천장 피복재	
3919	플라스틱으로 만든 접착성 판·시트(sheet)·필름·박(箔)·테이프·스트립과 그 밖의 평면 모양인 것(롤 모양인지에 상관없다)	
3920	플라스틱으로 만든 그 밖의 판·시트(sheet)·필름·박(箔)·스트립(셀룰러가 아닌 것으로서 그 밖의 재료로 보강·적층·지지하거나 이와 유사하게 결합하지 않은 것으로 한정한다)	
3921	플라스틱으로 만든 그 밖의 판·시트(sheet)·필름·박(箔)·스트립	
3922	플라스틱으로 만든 목욕통·샤워통·설거지통·세면기·비데·화장실용 팬·변기용 시트(seat)와 커버·수세용 물탱크와 이와 유사한 위생용품	
3923	플라스틱으로 만든 물품운반·포장 용기, 플라스틱으로 만든 뚜껑·마개·캡과 이와 유사한 물품	
3924	플라스틱으로 만든 식탁용품·주방용품·그 밖의 가정용품·위생용품·화장용품	
3925	플라스틱으로 만든 건축용품(따로 분류되지 않은 것으로 한정한다)	
3926	플라스틱으로 만든 그 밖의 제품과 제3901호부터 제3914호까지의 그 밖의 재료로 만든 제품	

제40류 고무와 그 제품

제40류 주 제1호

1. 이 표에서 "고무"란 문맥상 달리 해석되지 않는 한 천연고무, 발라타(balata), 구타페르카(gutta-percha), 구아율(guayule), 치클(chicle), 이와 유사한 천연 검(gum)·합성고무·기름으로부터 제조한 팩티스(factice)와 이들의 재생품[가황(加黃)한 것인지 또는 경질(硬質)의 것인지에 상관없다]을 말한다.

제40류 주 제2호

2. 이 류에서 다음 각 목의 것은 제외한다.
   가. 제11부의 물품(방직용 섬유와 그 제품)
   나. 제64류의 신발류와 그 부분품
   다. 제65류의 모자류(수영모를 포함한다)와 그 부분품
   라. 제16부의 기계류, 전기기기나 이들의 부분품(모든 전기용품을 포함한다)으로서 경질(硬質)고무로 만든 것
   마. 제90류·제92류·제94류·제96류의 물품
   바. 제95류의 물품(운동용 장갑, 벙어리장갑과 제4011호부터 제4013호까지의 물품은 제외한다)

제40류 주 제3호

3. 제4001호부터 제4003호까지, 제4005호에서 "일차제품(primary form)"은 다음 각 목의 형태인 것만을 적용한다.
   가. 액체 상태와 페이스트(paste) 상태의 물품[라텍스(프리-벌커나이즈된(pre-vulcanised) 것인지에 상관없다)와 그 밖의 분산액과 용액을 포함한다]
   나. 불규칙한 모양의 블록·럼프(lump)·베일(bale)·가루·알갱이·부스러기와 이와 유사한 벌크 모양

제40류 주 제4호

4. 이 류의 주 제1호와 제4002호에서 "합성고무"란 다음 각 목의 것을 말한다.
   가. 황으로써 가황하여 비열가소성 물질로 변형되어 원상태로의 회복이 불가능하게 되고, 섭씨 18도와 29도 사이의 온도에서 원래의 길이의 3배로 늘려도 끊어지지 않고, 원래의 길이의 2배로 늘린 후 5분 이내에 원래의 길이의 1.5배 이하로 되돌아가는 불포화 합성물질(이 시험에서 가황활성제나 가황촉진제와 같은 가교에 필요한 물질이 첨가되어질 수 있다. 주 제5호 나목의 2)와 3)에 규정된 물질은 첨가될 수 있으나, 증량제·가소제·충전제와 같이 가교에 불필요한 물질은 첨가할 수 없다)
   나. 티오플라스트(thioplast)(티엠)
   다. 플라스틱과 그라프팅(grafting)이나 혼합으로 변성된 천연고무, 해중합(解重合)된 천연고무, 포화 합성고중합체와 불포화 합성물질의 혼합물(가목의 가황·늘림·복원성에 관한 요건에 해당하는 것으로 한정한다)

제40류 주 제5호

5. 가. 제4001호와 제4002호에는 응고 전후에 다음을 배합한 고무나 고무 혼합물에는 적용하지 않는다.
    1) 가황제·가황촉진제·지연제·활성제[프리-벌커나이즈드(pre-vulcanised) 고무 라텍스 조제용으로 첨가한 것은 제외한다]
    2) 안료나 그 밖의 착색제(식별을 하기 위하여 단순히 첨가한 것은 제외한다)
    3) 가소제나 증량제[유전(油展)고무의 경우에는 광유(mineral oil)는 제외한다]·충전제·보강제·유기용제나 그 밖의 물질(나목의 물질은 제외한다)

   나. 제4001호와 제4002호에는 다음을 함유하고 있는 고무나 고무 혼합물을 포함한다(고무나 고무 혼합물이 원재료로서의 본질적인 특성을 보유하고 있는 경우로 한정한다).
    1) 유화제나 점착방지제
    2) 소량의 유화분해 잔류물
    3) 감열제(일반적으로 감열 고무 라텍스 제조용)·양이온성 계면활성제(일반적으로 양이온 고무 라텍스 제조용)·산화방지제·응고제·붕해제·내동제·해교제·방부제·안정제·점도조절제와 이와 유사한 특수 목적의 첨가제(극소량을 함유하고 있는 경우로 한정한다)

제40류 주 제6호

6. 제4004호에서 "고무의 웨이스트(waste)·페어링(paring)·스크랩(scrap)"이란 고무의 제조나 가공공정에서 발생하는 것과 절단·마모나 그 밖의 이유로 명백히 고무제품으로서는 사용할 수 없는 것을 말한다.

제40류 주 제7호

7. 가황한 고무만으로 된 실(thread)로서 횡단면의 치수가 5밀리미터를 초과하는 것은 제4008호의 스트립·막대(rod)·형재(形材)로 분류한다.

제40류 주 제8호

8. 제4010호의 컨베이어용·전동(transmission)용 벨트와 벨팅(belting)에는 고무를 침투·도포·피복하거나 적층한 방직용 섬유의 직물류로 제조한 것과 고무를 침투·도포·피복하거나 시드한(sheathed) 방직용 섬유의 실이나 끈(cord)으로 제조한 것을 포함한다.

제40류 주 제9호

9. 제4001호·제4002호·제4003호·제4005호·제4008호에서 판·시트(sheet)·스트립은 절단하지 않았거나 단순히 직사각형(정사각형을 포함한다)으로 절단만 하고 그 이상의 가공을 하지 않은 판·시트(sheet)·스트립과 규칙적인 기하학적 모양의 블록으로 한정한다(제품으로서의 특성을 지니고 있는 것인지 또는 프린트나 그 밖의 표면가공을 한 것인지에 상관없다). 제4008호에서 막대(rod)와 형재(形材)는 일정한 길이로 절단한 것인지 또는 표면가공한 것인지는 상관없으나 그 밖의 가공을 하지 않은 것으로 한정한다.

번호	품명
4001	천연고무·발라타(balata)·구타페르카(gutta-percha)·구아율(guayule)·치클(chicle)과 이와 유사한 천연 검(gum)[일차제품(primary form)·판·시트(sheet)·스트립 모양으로 한정한다]
4002	합성고무와 기름에서 제조한 팩티스(factice)[일차제품(primary form)·판·시트(sheet)·스트립 모양으로 한정한다], 제4001호의 물품과 제4002호의 물품과의 혼합물[일차제품(primary form)·판·시트(sheet)·스트립 모양으로 한정한다]
4003	재생고무[일차제품(primary form)·판·시트(sheet)·스트립 모양으로 한정한다]
4004	고무의 웨이스트(waste)·페어링(paring)·스크랩(scrap)[경질(硬質)고무인 것은 제외한다]과 이들의 가루와 알갱이
4005	가황하지 않은 배합고무[일차제품(primary form)·판·시트(sheet)·스트립 모양으로 한정한다]
4006	가황하지 않은 고무의 그 밖의 모양[예: 막대(rod)·관·형재(形材)]과 제품(예: 디스크·링)
4007	고무실과 고무끈(가황한 것으로 한정한다)
4008	고무로 만든 판·시트(sheet)·스트립·막대(rod)·형재(形材)[가황한 것으로 한정하며, 경질(硬質)고무인 것은 제외한다]
4009	고무로 만든 관·파이프·호스[가황한 것으로 한정하고, 경질(硬質)고무인 것은 제외하며, 조인트(joint)·엘보(elbow)·플랜지(flange) 등 연결구류가 부착된 것인지에 상관없다]
4010	고무로 만든 컨베이어용·전동(transmission)용 벨트와 벨팅(belting)(가황한 것으로 한정한다)
4011	고무로 만든 공기타이어(신품으로 한정한다)
4012	고무로 만든 공기타이어(재생품과 중고품으로 한정한다), 고무로 만든 솔리드(solid)나 쿠션타이어, 타이어 트레드(tread), 타이어 플랩(flap)
4013	고무로 만든 이너튜브
4014	고무로 만든 위생용품과 의료용품[젖꼭지를 포함하며, 경질(硬質)고무 외의 가황한 것으로 한정한다. 다만, 경질(硬質)고무로 만든 연결구류를 부착한 것인지에 상관없다]
4015	고무로 만든 의류와 의류 부속품[장갑, 벙어리장갑을 포함하고, 경질(硬質)고무 외의 가황한 것으로 한정하며, 어떤 용도인지는 상관없다]
4016	가황한 고무의 그 밖의 제품[경질(硬質)고무로 만든 것은 제외한다]
4017	각종 모양의 경질(硬質)고무[예: 에보나이트(ebonite), 웨이스트(waste)와 스크랩(scrap)을 포함한다]와 그 제품

제8부 원피·가죽·모피와 이들의 제품, 마구, 여행용구·핸드백과 이와 유사한 용기, 동물 거트(gut)[누에의 거트(gut)는 제외한다]의 제품

제41류	원피(모피는 제외한다)와 가죽
제42류	가죽제품, 마구, 여행용구·핸드백과 이와 유사한 용기, 동물 거트(gut)[누에의 거트(gut)는 제외한다]의 제품
제43류	모피·인조모피와 이들의 제품

제41류 원피(모피는 제외한다)와 가죽

제41류 주 제1호

1. 이 류에서 다음 각 목의 것은 제외한다.

    가. 생 원피의 페어링(paring)이나 이와 유사한 웨이스트(waste)(제0511호)

    나. 제0505호나 제6701호의 새의 깃털이나 솜털이 붙은 가죽과 그 부분

    다. 털을 제거하지 않은 원피로서 생 것, 유연처리나 드레스가공한 것(제43류). 다만, 소(물소를 포함한다), 마속(馬屬)동물, 면양이나 어린 양[아스트라칸(Astrakhan)·브로드테일(Broadtail)·카라쿨(Caracul)·페르시아 어린 양과 이와 유사한 어린 양, 인도·중국·몽고·티베트 어린 양은 제외한다], 염소(예멘·몽고·티베트 염소는 제외한다), 돼지[페카리(peccary)를 포함한다], 샤무아(chamois), 가젤(gazelle), 낙타(단봉낙타를 포함한다), 순록, 엘크(elk), 사슴, 로벅(roebuck), 개의 털을 제거하지 않은 원피는 제41류로 분류한다.

제41류 주 제2호

2. 가. 제4104호부터 제4106호까지는 원상태로 복귀될 수 있도록 유연처리된(유연전처리를 포함한다) 원피는 제외한다(경우에 따라서는 제4101호부터 제4103호까지로 분류될 수 있다)

    나. 제4104호부터 제4106호까지에서 "크러스트"는 재유연처리된 원피와 건조하기 전에 색을 입히거나 기름을 바른 원피를 포함한다.

제41류 주 제3호

3. 이 표에서 "콤퍼지션 레더(composition leather)"란 제4115호의 물품만을 말한다.

번호	품명
4101	소(버팔로를 포함한다)와 가속(馬屬)등물의 원피[생 것·염장한 것·건조한 것·석회처리한 것·산처리한 것이나 그 밖의 방법으로 보존처리한 것으로 한정하고, 유연처리·파치먼트(parchment) 가공이나 그 이상의 가공을 한 것은 제외하며, 털을 제거한 것인지 또는 스플릿(split)한 것인지에 상관없다]
4102	면양이나 어린 양의 원피[생 것·염장한 것·건조한 것·석회처리한 것·산처리한 것이나 그 밖의 방법으로 보존처리한 것으로 한정하고, 유연처리·파치먼트(parchment) 가공이나 그 이상의 가공을 한 것은 제외하며, 털을 제거한 것인지 또는 스플릿(split)한 것인지에 상관없다. 다만, 이 류의 주 제1호 다목에 따라 제외되는 것을 포함하지 않는다]
4103	그 밖의 원피[생 것·염장한 것·건조한 것·석회처리한 것·산처리한 것이나 그 밖의 방법으로 보존처리한 것으로 한정하고, 유연처리·파치먼트(parchment) 가공이나 그 이상의 가공을 한 것은 제외하며, 털을 제거한 것인지 또는 스플릿(split)한 것인지에 상관없다. 다만, 이 류의 주 제1호 나목이나 다목에 따라 제외되는 것을 포함하지 않는다]
4104	소(버팔로를 포함한다)나 마속(馬屬)등물의 유연처리나 크러스트 처리한 원피[털을 제거한 것으로 한정하고, 스플릿(split)한 것인지에 상관없으며 그 이상 가공한 것은 제외한다]

4105	면양이나 어린 양의 유연처리·크러스트 처리한 원피[털을 제거한 것으로 한정하고, 스플릿(split)한 것인지에 상관없으며 그 이상 가공한 것은 제외한다]	
4106	그 밖의 동물의 유연처리·크러스트 처리한 원피[털을 제거한 것으로 한정하고, 스플릿(split)한 것인지에 상관없으며 그 이상 가공한 것은 제외한다]	
4107	유연처리·크러스트 처리한 후 그 이상의 가공을 한 소(버팔로를 포함한다)나 마속(馬屬)동물의 가죽[파치먼트(parchment) 가공 가죽을 포함한다][털을 제거한 것으로 한정하고, 스플릿(split)한 것인지에 상관없으며 제4114호의 가죽은 제외한다]	
4108	-	
4109	-	
4110	-	
4111	-	
4112	유연처리·크러스트 처리한 후 그 이상의 가공을 한 면양이나 어린 양의 가죽[파치먼트(parchment) 가공 가죽을 포함한다][털을 제거한 것으로 한정하고, 스플릿(split)한 것인지에 상관없으며 제4114호의 가죽은 제외한다]	
4113	유연처리·크러스트 처리한 후 그 이상의 가공을 한 그 밖의 동물의 가죽[파치먼트(parchment) 가공 가죽을 포함한다][털을 제거한 것으로 한정하고, 스플릿(split)한 것인지에 상관없으며 제4114호의 가죽은 제외한다]	
4114	섀미가죽(chamois leather)[콤비네이션 섀미가죽(chamois leather)을 포함한다], 페이턴트 레더(patent leather)와 적층한 페이턴트 레더(patent leather), 메탈라이즈드 레더(metallised leather)	
4115	콤퍼지션 레더(composition leather)[가죽이나 가죽섬유를 기본 재료로 하여 제조한 것으로서 롤 모양인지에 상관없으며 슬래브 모양·시트(sheet) 모양·스트립 모양으로 한정한다], 가죽이나 콤퍼지션 레더(composition leather)의 페어링(paring)과 그 밖의 웨이스트(waste)(가죽제품의 제조에 적합하지 않은 것으로 한정한다), 가죽의 더스트(dust)와 가루	

제42류 가죽제품, 마구, 여행용구·핸드백과 이와 유사한 용기, 동물 거트(gut)[누에의 거트(gut)는 제외한다]의 제품

제42류 주 제1호

1. 이 류에서 "가죽"은 섀미가죽(chamois leather)[콤비네이션 섀미가죽(chamois leather)을 포함한다], 페이턴트 레더(patent leather)와 적층한 페이턴트 레더(patent leather), 메탈라이즈드 레더(metallised leather)를 포함한다.

제42류 주 제2호

2. 이 류에서 다음 각 목의 것은 제외한다.

    가. 살균한 외과용 캣거트(catgut)나 이와 유사한 살균한 봉합재(제3006호)

    나. 모피나 인조모피를 안에 대거나 외면에 붙인 의류와 의류 부속품[외면에 모피나 인조모피를 단순히 트리밍(trimming)으로 사용한 것과 장갑, 벙어리장갑은 제외한다](제4303호나 제4304호)

    다. 제품으로 된 망(제5608호)

    라. 제64류의 물품

    마. 제65류의 모자나 그 부분품

    바. 제6602호의 채찍·승마용 채찍이나 그 밖의 물품

    사. 커프링크(cuff-link)·팔찌나 그 밖의 모조 신변장식용품(제7117호)

    아. 따로 제시되는 등자(鐙子)·비트·구리로 만든 장식품·버클과 같은 마구용 용구와 장식용품(주로 제15부)

    자. 현과 드럼이나 이와 유사한 악기의 가죽과 그 밖의 악기 부분품(제9209호)

    차. 제94류의 물품(예: 가구·조명기구)

    카. 제95류의 물품(예: 완구·게임용구·운동용구)

    타. 제9606호의 단추, 프레스파스너(press-fastener), 스냅파스너(snap-fastener), 프레스스터드(press-stud), 단추 몰드(mould)와 이들의 부분품, 단추 블랭크(blank)

제42류 주 제3호

3. 가. 제4202호에서는 주 제2호의 것 외에 다음도 제외한다.

    1) 오래 사용하기 위하여 디자인한 것이 아닌 것으로서 플라스틱의 시트(sheet)로 만든 가방(손잡이가 달린 것으로 한정하며, 프린트된 것인지에 상관없다)(제3923호)

    2) 조물 재료로 만든 물품(제4602호)

    나. 제4202호와 제4203호의 물품으로서 해당 물품의 일부분이 귀금속, 귀금속을 입힌 금속, 천연진주·양식진주, 귀석이나 반귀석(천연의 것, 합성·재생한 것으로 한정한다)으로 된 것은 비록 이들 물품의 일부분이 부착구나 장식 이상의 것으로 되어 있는 경우에도 해당 호로 분류한다. 다만, 그 일부분이 해당 물품에 본질적인 특성을 부여하지 않은 경우로 한정하며, 본질적인 특성을 부여하는 경우에는 제71류로 분류한다.

제42류 주 제4호

4. 제4203호에서 "의류와 의류 부속품"이란 특히 장갑과 벙어리장갑(운동용·보호용을 포함한다), 앞치마와 그 밖의 보호용 의류, 바지멜빵, 의류용 벨트, 띠, 손목끈[휴대용 시곗줄(제9113호)은 제외한다]을 말한다.

번호	품명
4201	동물용 마구(고삐줄, 끈, 무릎받이, 재갈, 안장용 방석, 안장에 다는 주머니, 개용 코트와 이와 유사한 것을 포함하며, 어떤 재료이든 상관없다)
4202	트렁크·슈트 케이스·화장품 케이스·이그잭큐티브 케이스(executive case)·서류가방·학생가방·안경케이스·쌍안경 케이스·사진기 케이스·악기 케이스·총 케이스·권총 케이스와 이와 유사한 용기, 가죽·콤퍼지션 레더(composition leather)·플라스틱의 시트(sheet)·방직용 섬유·벌커나이즈드파이버(vulcanised fibre)·판지 또는 이러한 재료나 종이로 전부 또는 주로 피복하여 만든 여행가방·식품용이나 음료용 단열가방·화장갑·배낭·핸드백·쇼핑백·돈주머니·지갑·지도용 케이스·담배 케이스·담배쌈지·공구가방·운동용구 가방, 병 케이스·신변장식용품용 상자·분갑·칼붙이집과 이와 유사한 용기
4203	의류와 의류 부속품[가죽이나 콤퍼지션 레더(composition leather)로 만든 것으로 한정한다]
4204	-
4205	그 밖의 가죽제품과 콤퍼지션 레더(composition leather)제품
4206	거트(gut)[누에의 거트(gut)는 제외한다]·골드비터 스킨(goldbeater skin)·방광·건(腱)의 제품

제43류 모피·인조모피와 이들의 제품

제43류 주 제1호

1. 이 표에서 "모피"(제4301호의 생모피는 제외한다)란 털을 제거하지 않은 원피를 유연처리·드레스가공한 것을 말한다.

제43류 주 제2호

2. 이 류에서 다음 각 목의 것은 제외한다.
    가. 새의 깃털이나 솜털이 붙은 가죽과 그 부분(제0505호나 제6701호)
    나. 제41류의 털을 제거하지 않은 생 원피(제41류의 주 제1호 다목 참조)
    다. 가죽과 모피, 가죽과 인조모피로 만든 장갑과 벙어리장갑(제4203호)
    라. 제64류의 물품
    마. 제65류의 모자류와 그 부분품
    바. 제95류의 물품(예: 완구·게임용구·운동용구)

제43류 주 제3호

3. 제4303호는 다른 재료를 더하여 조합한 모피와 그 부분, 의류·의류의 부분품과 부속품, 그 밖의 제품 모양으로 서로 봉합하여 조합한 모피와 그 부분을 포함한다.

제43류 주 제4호

4. 모피나 인조모피를 안에 대거나 외부에 붙인 의류와 의류 부속품[주 제2호의 것과 모피·인조모피를 오직 트리밍(trimming)으로 사용한 것은 제외한다]은 제4303호나 제4304호로 분류한다.

제43류 주 제5호

5. 이 표에서 "인조모피"란 양도·동물의 털·그 밖의 섬유를 가죽·직물·그 밖의 재료에 접착하거나 봉합하여 붙인 모조모피를 말하며, 직조하거나 편직하여 만든 모조모피는 제외한다(주로 제5801호나 제6001호).

번호	품명
4301	생모피(모피 사용에 적합한 머리 부분, 꼬리 부분, 발 부분과 그 밖의 조각이나 절단품을 포함하며, 제4101호·제4102호·제4103호에 해당하는 원피는 제외한다)
4302	모피(유연처리, 드레스가공한 것으로서 머리 부분, 꼬리 부분, 발 부분과 그 밖의 조각이나 절단품을 포함하고, 조합하지 않은 것이나 그 밖의 재료를 가하지 않고 조합한 것으로 한정하며, 제4303호의 물품은 제외한다)
4303	모피의류·모피의류의 부속품과 그 밖의 모피제품
4304	인조모피와 그 제품

제9부 목재와 그 제품, 목탄, 코르크와 그 제품, 짚·에스파르토(esparto)나 그 밖의 조물재료의 제품, 바구니 세공물(basketware)과 지조세공물(枝條細工物)

제44류	목재와 그 제품, 목탄
제45류	코르크(cork)와 그 제품
제46류	짚·에스파르토(esparto)나 그 밖의 조물 재료의 제품, 바구니 세공물(basketware)과 지조세공물(枝條細工物)

제44류 목재와 그 제품, 목탄

제44류 주 제1호

1. 이 류에서 다음 각 목의 것은 제외한다.

    가. 칩 모양, 대팻밥, 부순 것, 잘게 부순 것, 가루로 만든 것으로서 주로 향료용, 의약용, 살충용, 살균등이나 이와 유사한 용도로 사용하는 도재(제1211호)

    나. 주로 편조하는 데 사용되는 대나무나 목질성인 그 밖의 재료(미가공 상태로 한정하며, 쪼개거나 세로 방향으로 톱질한 것인지 또는 일정한 길이로 절단한 것인지에 상관없다)(제1401호)

    다. 칩 모양, 대팻밥, 잘게 부순 것, 가루로 만든 것으로서 주로 염색용이나 유연용으로 사용하는 목재(제1404호)

    라. 활성탄(제3802호)

    마. 제4202호의 물품

    바. 제46류의 물품

    사. 제64류의 신발류와 그 부분품

    아. 제66류의 물품[예: 산류(傘類)·지팡이와 이들의 부분품]

    자. 제6808호의 물품

    차. 제7117호의 모조 신변장식용품

    카. 제16부나 제17부의 물품(예: 기계 부분품, 케이스, 커버, 기기용 캐비닛, 차량물품)

    타. 제18부의 물품(예: 클록(clock) 케이스, 악기와 이들의 부분품)

    파. 화기의 부분품(제9305호)

    하. 제94류의 물품(예: 가구, 조명기구, 조립식 건축물)

    거. 제95류의 물품(예: 완구, 게임용구, 운동용구)

    너. 제96류의 물품(예: 흡연용 파이프류와 이들의 부분품·단추·연필. 그리고 일각대·이각대·삼각대와 이와 유사한 물품)(제9603호의 제품 중 목재로 된 몸체와 손잡이는 제외한다)

    더. 제97류의 물품(예: 예술품)

제44류 주 제2호

2. 이 류에서 "고밀도화 목재"란 화학적·물리적인 처리(목재층을 함께 접합한 것은 접합에 필요한 처리 이상의 가공을 한 것으로 한정한다)에 따라 밀도나 경도를 증대함과 동시에 기계적 강도나 화학적·전기적 저항성을 개량한 목재를 말한다.

제44류 주 제3호

3. 제4414호부터 제4421호까지는 파티클보드(particle board)나 이와 유사한 보드, 섬유판, 적층 목재, 고밀도화 목재의 제품에 적용한다.

제44류 주 제4호

4. 제4410호·제4411호·제4412호의 물품은 제4409호에서 규정한 모양으로 가공한 것, 굽은 것(curved), 물결모양으로 한 것(corrugated), 구멍을 뚫은 것(perforated), 정사각형이나 직사각형 외의 모양으로 절단하거나 성형한 것, 그 밖의 가공을 한 것으로서 다른 호에 해당하는 물품의 특성을 갖고 있지 않은 것으로 한정한다.

제44류 주 제5호

5. 제4417호는 날·작용단·작용면이나 그 밖의 작용하는 부분을 제82류의 주 제1호의 재료로 만든 공구에는 적용하지 않는다.

제44류 주 제6호

6. 위의 주 제1호에서 규정한 것을 제외하고 문맥상 달리 해석되지 않는 한 이 류 각 호에 열거된 목재에는 대나무와 목질성의 그 밖의 재료가 포함된다.

제44류 소호주 제1호

1. 소호 제4401.31호에서 "목재 펠릿(pellet)"이란 기계식 목재가공업, 가구 제조나 그 밖의 목재 변형 작업 시 발생하는 대팻밥, 톱밥이나 칩과 같은 부산물을 직접 압축하거나 전 중량의 100분의 3 이하의 점결제를 첨가하여 응결시킨 것을 말한다. 이러한 펠릿(pellet)은 직경이 25밀리미터 이하이고 길이가 100밀리미터 이하인 원통형이다.

제44류 소호주 제2호

2. 소호 제4401.32호에서 "목재 브리켓(briquette)"이란 기계식 목재가공업, 가구 제조나 그 밖의 목재 변형 작업 시 발생하는 대팻밥, 톱밥이나 칩과 같은 부산물을 직접 압축하거나 전 중량의 100분의 3 이하의 점결제를 첨가하여 응결시킨 것을 말한다. 이러한 브리켓(briquette)은 최소 횡단면 직경이 25밀리미터를 초과하는 입방체·다면체·원통형이다.

제44류 소호주 제3호

3. 소호 제4407.13호에서 "에스-피-에프(S-P-F)"란 가문비나무, 소나무와 전나무의 혼합림에서 얻어진 목재로서, 각각의 종의 구성비가 불분명하고 다양한 것을 말한다.

제44류 소호주 제4호

4. 소호 제4407.14호에서 "헴퍼(Hem-fir)"란 웨스턴 헴록(Western hemlock)과 전나무(fir)의 혼합림에서 얻어진 목재로서, 각각의 종의 구성비가 불분명하고 다양한 것을 말한다.

제44류 국내주 제1호

1. 소호 제4412.31호에서 "이 류의 국내주 제1호의 열대산 목재"란 다음 목재 중의 하나를 말한다.

   아부라(Abura)·아까주다푸리키(Acajoud Afrique)·아프로모지아(Afrormosia)·아코(Ako)·아란(Alan)·안디로바(Andiroba)·아닌그레(Aningré)·아보디레(Avodiré)·아조베(Azobé)·발라우(Balau)·발사(Balsa)·보세크레어(Bosséclair)·보세퐁세(Bossefoncé)·카티보(Cativo)·세드로(Cedro)·다베마(Dabema)·다크레드메란티(DarkRedMeranti)·디베토우(Dibétou)·도우시에(Doussié)·프라미레(Framiré)·프레이조(Freijo)·프로마거(Fromager)·푸마(Fuma)·게롱강(Geronggang)·이롬바(Ilomba)·임부아(Imbuia)·이페(Ipé)·이로코(Iroko)·자브티(Jaboty)·제루통(Jelutong)·제퀴티바(Jequitiba)·종콩(Jongkong)·카풀(Kapur)·켐파스(Kempas)·케루잉(Keruing)·코시포(Kosipo)·크티베(Kotibé)·코트(Koto)·라이트레드메란티(LightRedMeranti)·림바(Limba)·로우로(Louro)·마카란두바(Maçaranduba)·마호가니(Mahogany)·마코레(Makoré)·만디오퀘이라(Mandioqueira)·만소니아(Mansonia)·멩쿠랑(Mengkulang)·메란티바카우(MerantiBakau)·메라완(Merawan)·멜바우(Merbau)·멜포(Merpauh)·멜사와(Mersawa)·모아비(Moabi)·니안곤(Niangon)·니야토(Nyatoh)·오베체(Obeche)·오꾸메(Okoumé)·온자빌리(Onzabili)·오레이(Orey)·오방콜(Ovengkol)·오지고(Ozigo)·파다우크(Padauk)·팔다오(Paldao)·파리산드레드과테말라(Palissandre de Guatemala)·파리산드레드파라(Palissandre de Para)·파리산드레드리오(Palissandre de Rio)·파리산드레드로세(Palissandre de Rose)·파우아말레로(Pau Amarelo)·파우말핌(Pau Marfim)·풀라이(Pulai)·푸나(Punah)·콰루바(Quaruba)·라민(Ramin)·사펠리(Sapelli)·사퀴-사퀴(Saqui-Saqui)·세퍼티르(Sepetir)·시포(Sipo)·수쿠피라(Sucupira)·수렌(Suren)·타우아리(Tauari)·티크(Teak)·티아마(Tiama)·토라(Tola)·비롤라(Virola)·화이트라왕(White Lauan)·화이트메란티(White Meranti)·화이트세라야(White Seraya)·옐로메란티(Yellow Meranti)

번호	품명
4401	땔나무(통나무, 목편, 작은 가지, 다발이나 이와 유사한 모양으로 한정한다), 칩이나 삭편(削片) 모양인 목재, 톱밥·목재의 웨이스트(waste)와 스크랩(scrap)[통나무·브리켓(briquette)·펠릿(pellet)이나 이와 유사한 모양으로 응결된 것인지에 상관없다]
4402	목탄[쉘(shell)이나 너트(nut)의 탄을 포함하며, 응결된 것인지에 상관없다]
4403	원목[껍질·변재(邊材)를 벗긴 것인지 또는 거칠게 각을 뜬 것인지에 상관없다]
4404	후프우드(hoopwood), 쪼갠 말뚝, 뾰족하게 만든 목재의 말뚝류(길이의 방향으로 톱질한 것은 제외한다), 목재의 막대(stick)[지팡이·산류(傘類)·공구의 자루나 이와 유사한 물품의 제조에 적합한 것으로서 거칠게 깎은 것으로 한정하며, 선반가공·휨 가공이나 그 밖의 가공을 한 것은 제외한다], 칩우드(chipwood)와 이와 유사한 것
4405	목모(wood wool)와 목분(wood flour)
4406	철도용 또는 궤도용 받침목(크로스타이)
4407	제재목[길이의 방향으로 쪼갠 것, 평삭(平削)한 것, 회전식으로 절단한 것으로서 두께가 6밀리미터를 초과하는 것으로 한정하며, 대패질·연마·엔드-조인트한(end-jointed) 것인지에 상관없다]

4408	베니어용 단판[적층 목재를 평삭(平削)한 것을 포함한다], 합판용 단판이나 이와 유사한 적층 목재용 단판, 그 밖의 목재[길이의 방향으로 톱질한 것, 평삭(平削)한 것, 회전식으로 절단한 것으로서 두께가 6밀리미터 이하인 것으로 한정하며, 대패질·연마·엔드-조인트한(end-jointed) 것인지에 상관없다]
4409	목재[미조립한 쪽마루판용 스트립(strip)과 프리즈(frieze)를 포함한다]로서 어느 한쪽의 가장자리·마구리·면을 따라 연속적으로 성형한 것[블록가공·홈가공·은촉이음가공·경사이음가공·브이형 이음가공·구슬형 가공·주형 가공·원형 가공이나 이와 유사한 가공을 한 것으로서 대패질·연마·엔드-조인트한(end-jointed) 것인지에 상관없다]
4410	파티클보드(particle board), 배향성(配向性)이 있는 스트랜드 보드(OSB: oriented strand board)와 이와 유사한 보드[예: 웨이퍼보드(wafer board)](목재나 그 밖의 목질재료로 만든 것으로 한정하며, 수지나 그 밖의 유기결합제로 응결시킨 것인지에 상관없다)
4411	섬유판(목재나 그 밖의 목질재료로 만든 것으로 한정하며, 수지나 그 밖의 유기물질로 접착한 것인지에 상관없다)
4412	합판·베니어패널과 이와 유사한 적층 목재
4413	고밀도화 목재[블록 모양, 플레이트(plate) 모양, 스트립(strip) 모양, 프로파일(profile) 모양인 것으로 한정한다]
4414	나무로 만든 그림틀·사진틀·거울틀이나 이와 유사한 틀
4415	나무로 만든 케이스·상자·크레이트(crate)·드럼과 이와 유사한 포장용기, 나무로 만든 케이블드럼, 나무로 만든 팰릿(pallet), 박스팰릿(box pallet), 그 밖의 깔판류, 나무로 만든 팰릿칼러(pallet collar)
4416	나무로 만든 통, 배럴(barrel), 배트(vat), 텁(tub), 그 밖의 용기와 이들의 부분품(통재와 준재를 포함한다)
4417	나무로 만든 공구·공구의 몸체·공구의 손잡이·비나 브러시의 몸체와 손잡이·나무로 만든 신발의 골
4418	나무로 만든 건축용 건구와 목공품[셀룰러우드패널(cellular wood panel)·조립된 마루판용 패널·지붕을 이는 판자를 포함한다]
4419	나무로 만든 식탁용품과 주방용품
4420	마르퀘트리(marquetry) 목제품과 상감세공 목제품, 신변장식용품, 칼붙이, 이와 유사한 제품용인 나무로 만든 상자와 용기, 나무로 만든 작은 조각상과 그 밖의 장식품, 제94류에 해당하지 않는 목제 가구
4421	그 밖의 목제품

제45류 코르크(cork)와 그 제품

제45류 주 제1호

1. 이 류에서 다음 각 목의 것은 제외한다.

    가. 제64류의 신발류와 그 부분품

    나. 제65류의 모자류와 그 부분품

    다. 제95류의 물품(예: 완구·게임용구·운동용구)

번호	품명
4501	천연 코르크(cork)(가공하지 않은 것이나 단순히 가공한 것으로 한정한다), 코르크(cork)의 웨이스트(waste), 부순 코르크(cork), 알갱이 모양 코르크(cork), 잘게 부순 코르크(cork)
4502	천연 코르크(cork)[외피를 제거한 것, 거칠게 각을 만든 것, 직사각형(정사각형을 포함한다)의 블록 모양, 판 모양, 시트(sheet) 모양, 스트립(strip) 모양인 것으로 한정하고, 각이 예리한 마개용 블랭크(blank)를 포함한다]
4503	천연 코르크(cork) 제품
4504	응결 코르크(cork)(응결제를 사용한 것인지에 상관없다)와 응결 코르크(cork)의 제품

제46류 짚·에스파르토(esparto)나 그 밖의 조물 재료의 제품, 바구니 세공물(basketware)과 지조세공물(枝條細工物)

제46류 주 제1호

1. 이 류에서 "조물 재료"란 플레이팅(plaiting)·인터레이싱(interlacing)이나 이와 유사한 공정에 적합한 상태나 모양의 재료를 말하며, 짚·버드나무 가지(osier)·버드나무·대나무·등나무·골풀·갈대·목재의 스트립(strip), 그 밖의 식물성 재료의 스트립(strip)[예: 나무껍질·좁은 잎·라피아(raffia)의 스트립(strip)이나 넓은 잎에서 얻은 그 밖의 스트립(strip)], 방적하지 않은 천연의 방직용 섬유, 플라스틱의 모노필라멘트·스트립(strip)과 이와 유사한 것, 종이의 스트립(strip)을 달한다. 다만, 가죽·콤퍼지션 레더(composition leather)·펠트(felt)·부직포의 스트립(strip), 사람 머리카락, 말의 털, 방직용 섬유의 로빙(roving)과 실, 제54류의 모노필라멘트·스트립(strip)과 이와 유사한 것은 그렇지 않다.

제46류 주 제2호

2. 이 류에서 다음 각 목의 것은 제외한다.

　　가. 제4814호의 벽 피복재

　　나. 끈, 배의 밧줄(cordage), 로프, 케이블(엮은 것인지에 상관없다)(제5607호)

　　다. 제64류나 제65류의 신발류ㆍ모자류와 이들의 부분품

　　라. 바구니 세공물(basketware)로 만든 차량과 차체(제87류)

　　마. 제94류의 물품(예: 가구ㆍ조명기구)

제46류 주 제3호

3. 제4601호에서 "조물 재료, 플레이트(plait)와 이와 유사한 조물 재료의 물품을 평행으로 연결"이란 조물 재료, 플레이트(plait)와 이와 유사한 조물 재료의 물품을 나란히 시트(sheet) 모양으로 연결한 것을 말하며, 연결하기 위하여 사용한 재료가 방적한 방직용 섬유재료인지에 상관없다.

번호	품명
4601	플레이트(plait)와 이와 유사한 조물 재료의 물품[이를 조합하여 스트립(strip) 모양으로 한 것인지에 상관없다], 조물 재료ㆍ플레이트(plait)와 이와 유사한 조물 재료의 물품을 평행으로 연결하거나 직조한 물품[시트(sheet) 모양으로 한정하며, 매트류ㆍ발 등 최종 제품인지에 상관없다]
4602	바구니 세공물(basketware), 지조세공물(枝條細工物)과 그 밖의 제품(조물 재료로 직접 조형한 것이나 제4601호의 물품으로 만든 것으로 한정한다), 수세미제품

제10부 목재나 그 밖의 섬유질 셀룰로오스 재료의 펄프, 회수한 종이·판지[웨이스트(waste)와 스크랩(scrap)], 종이·판지와 이들의 제품

제47류	목재나 그 밖의 섬유질 셀룰로오스 재료의 펄프, 회수한 종이·판지[웨이스트(waste)와 스크랩(scrap)]
제48류	종이와 판지, 제지용 펄프·종이·판지의 제품
제49류	인쇄서적·신문·회화·그 밖의 인쇄물, 수제(手製)문서·타자문서·도면

제47류 목재나 그 밖의 섬유질 셀룰로오스 재료의 펄프, 회수한 종이·판지[웨이스트(waste)와 스크랩(scrap)]

제47류 주 제1호

1. 제4702호에서 "용해용 화학목재펄프"란 수산화나트륨의 함유량이 100분의 18인 가성소다용액에 섭씨 20도에서 1시간 동안 침투시킨 후의 불용해성 부분의 중량이 소다펄프와 황산펄프는 전 중량의 100분의 92 이상인 화학목재펄프를, 아황산펄프는 전 중량의 100분의 88 이상인 화학목재펄프를 말한다. 다만, 아황산펄프의 경우 회분의 함유량이 전 중량의 100분의 0.15 이하인 것으로 한정한다.

번호	품명
4701	기계목재펄프
4702	화학목재펄프(용해용으로 한정한다)
4703	화학목재펄프(소다펄프나 황산펄프로 한정하며, 용해용은 제외한다)
4704	화학목재펄프(아황산펄프로 한정하며, 용해용은 제외한다)
4705	기계펄프공정과 화학펄프공정을 결합하여 얻은 목재펄프
4706	회수한 종이나 판지[웨이스트(waste)와 스크랩(scrap)]에서 뽑아낸 섬유펄프나 그 밖의 섬유질 셀룰로오스재료의 펄프
4707	회수한 종이나 판지[웨이스트(waste)와 스크랩(scrap)]

제48류 종이와 판지, 제지용 펄프·종이·판지의 제품

제48류 주 제1호

1. 이 류에서 "종이"란 문맥상 달리 해석되지 않는 한 판지(두께나 1제곱미터당 중량에 상관없다)를 포함한다.

제48류 주 제2호

2. 이 류에서 다음 각 목의 것은 제외한다.

    가. 제30류의 물품

    나. 제3212호의 스탬프용 박(箔)

    다. 향료지, 화장품을 침투시키거나 도포한 종이(제33류)

    라. 종이나 셀룰로오스워딩(cellulose wadding)에 비누나 세척제를 침투·도포·피복한 것(제3401호)과 연마제·크림이나 이와 유사한 조제품을 침투·도포·피복한 것(제3405호)

    마. 제3701호부터 제3704호까지의 감광성 종이와 판지

    바. 진단용 시약이나 실험용 시약을 침투시킨 종이(제3822호)

사. 종이로 보강한 적층 플라스틱 시트(sheet), 한 장의 종이나 판지에 플라스틱 물질을 도포하거나 피복한 것으로서 플라스틱층이 전 두께의 2분의 1을 초과하는 것이나 이들을 재료로 하여 만든 물품(제4814호의 벽 피복재는 제외한다)(제39류)

아. 제4202호의 물품(예: 여행용구)

자. 제46류의 물품(예: 조물 재료의 제품)

차. 종이실(paper yarn)이나 종이실로 만든 방직용 섬유의 제품(제11부)

카. 제64류나 제65류의 물품

타. 연마용 종이·판지(제6805호), 운모를 붙인 종이·판지(제6814호). 다만, 운모 가루를 도포한 종이나 판지는 이 류로 분류한다.

파. 종이나 판지로 뒷면을 붙인 금속의 박(箔)(일반적으로 제14부나 제15부)

하. 제9209호의 물품

거. 제95류의 물품(예: 완구·게임용구·운동용구)

너. 제96류의 물품[예: 단추, 위생 타월(패드)과 탐폰, 냅킨(기저귀)과 냅킨 라이너]

제48류 주 제3호

3. 주 제7호에 따른 경우는 제외하며, 제4801호부터 제4805호까지는 캘린더가공·슈퍼캘린더가공·광택가공이나 이와 유사한 가공·의사 워터마킹(false water-marking)·표면사이징을 한 종이와 판지, 전체를 어떤 방법으로든 착색하거나 대리석 무늬를 넣은 종이·판지, 셀룰로오스워딩·셀룰로오스섬유의 웹(web)을 포함한다. 다만, 제4803호에서 따로 규정한 것은 제외하며, 이 호들은 그 밖의 가공을 한 종이·판지·셀룰로오스워딩·셀룰로오스섬유의 웹(web)을 포함하지 않는다.

제48류 주 제4호

4. 이 류에서 "신문용지"란 신문인쇄에 사용되는 도포하지 않은 종이로서 기계공정이나 화학-기계공정에 따른 목재섬유의 함유량이 전 섬유중량의 100분의50 이상이고, 사이징을 안 하거나 극소량의 사이징을 한 것이며, 양면의 조활도(粗滑度) 파커프린트서프(Parker Print Surf)(1메가파스칼)가 2.5마이크로미터(마이크론)를 초과하고, 1제곱미터당 중량이 40그램 이상 65그램 이하인 것을 말하며, 다음 각 목의 종이에만 적용한다.

가. 폭이 28센티미터를 초과하는 스트립(strip) 모양이나 롤 모양의 것

나. 접지 않은 상태에서 한 변이 28센티미터를 초과하고, 다른 한 변은 15센티미터를 초과하는 직사각형(정사각형을 포함한다)의 시트(sheet) 모양의 것

제48류 주 제5호

5. 제4802호에서 "필기용·인쇄용·그 밖의 그래픽용 종이와 판지" 그리고 "구멍을 뚫지 않은 펀치카드와 펀치테이프지"란 주로 표백펄프, 기계공정이나 화학-기계공정을 통해 얻은 펄프로 제조된 것으로서 다음 각 목의 기준에 해당하는 종이와 판지를 말한다. 다만, 제4802호에서는 여과지·여과판지[티백(tea-bag)용지를 포함한다]·펠트지·펠트판지는 제외한다.

   가. 1제곱미터당 중량이 150그램 이하인 종이나 판지로서 다음 어느 하나에 해당하는 것
      1) 기계공정이나 화학-기계공정에 따른 섬유의 함유량이 100분의 10 이상인 것으로서
         가) 1제곱미터당 중량이 80그램 이하인 것이거나,
         나) 전체를 착색한 것
      2) 회분의 함유량이 100분의 8을 초과하는 것으로서
         가) 1제곱미터당 중량이 80그램 이하인 것이거나,
         나) 전체를 착색한 것
      3) 회분의 함유량이 100분의 3을 초과하고 백색도가 100분의 60 이상인 것
      4) 회분의 함유량이 100분의 3 초과 100분의 8 이하로서 백색도가 100분의 60 미만이며 파열강도지수가 2.5킬로파스칼·제곱미터/그램 이하인 것
      5) 회분의 함유량이 100분의 3 이하로서 백색도가 100분의 60 이상이고 파열강도지수가 2.5킬로파스칼·제곱미터/그램 이하인 것

   나. 1제곱미터당 중량이 150그램을 초과하는 종이나 판지로서 다음 어느 하나에 해당하는 것
      1) 전체를 착색한 것
      2) 백색도가 100분의 60 이상으로서
         가) 두께가 225마이크로미터(마이크론) 이하이거나
         나) 두께가 225마이크로미터(마이크론) 초과 508마이크로미터(마이크론) 이하이며 회분의 함유량이 100분의 3을 초과하는 것
      3) 백색도가 100분의 60 미만이고, 두께가 254마이크로미터(마이크론) 이하이며, 회분의 함유량이 100분의 8을 초과하는 것

제48류 주 제6호

6. 이 류에서 "크라프트지와 판지"란 황산 공정이나 소다 공정에 따른 섬유의 함유량이 전 섬유량의 100분의 80 이상인 종이와 판지를 말한다.

제48류 주 제7호

7. 그 밖의 다른 호에서 규정한 것은 제외하고 제4801호부터 제4811호까지에서 둘 이상의 호에 해당하는 종이, 판지, 셀룰로오스워딩, 셀룰로오스섬유의 웹(web)은 해당하는 호 중 가장 마지막 호로 분류한다.

제48류 주 제8호

8. 제4803호부터 제4809호까지는 다음 각 목에 해당하는 종이·판지·셀룰로오스워딩·셀룰로오스 섬유의 웹(web)에만 적용한다.

   가. 폭이 36센티미터를 초과하는 스트립(strip) 모양이나 롤 모양의 것

   나. 접지 않은 상태에서 한 변이 36센티미터를 초과하고, 다른 한 변은 15센티미터를 초과하는 직사각형(정사각형을 포함한다)의 시트(sheet) 모양의 것

제48류 주 제9호

9. 제4814호에서 "벽지와 이와 유사한 벽 피복재"란 다음 각 목의 것만을 말한다. 이 경우 종이나 판지를 기본 재료로 한 물품으로서 바닥깔개와 벽 피복재로 사용하는 데 모두 적합한 것은 제4823호로 분류한다.

   가. 벽이나 천장의 장식에 적합하도록 폭이 45센티미터 이상이고 160센티미터 이하인 롤 모양인 종이로서 다음의 것
   1) 그레인한(grained) 것, 올록볼록한(embossed) 것, 표면 착색한 것, 디자인 인쇄한 것, 섬유플록 등으로 그 밖의 표면장식을 한 것(투명한 보호용 플라스틱을 도포 또는 피복한 것인지에 상관없다)
   2) 목재·짚 등의 파티클(particle)을 결합하여 표면이 평탄하지 않은 것
   3) 플라스틱으로 한 면을 도포하거나 피복한 플라스틱층을 그레인한(grained) 것, 올록볼록한(embossed) 것, 착색한 것, 디자인 인쇄나 그 밖의 장식을 한 것
   4) 조물 재료(이들을 서로 평행으로 연결하였는지 또는 직조하였는지에 상관없다)로 한 면을 피복한 것

   나. 종이로 만든 테와 프리즈(frieze)로서 위와 같은 처리를 하고, 벽이나 천장 장식에 적합한 것(롤 모양인지에 상관없다)

   다. 여러 장의 패널로 구성되는 종이로 만든 벽 피복재[롤 모양이나 시트(sheet) 모양으로 한정한다]로서 벽에 부착할 때 풍경·디자인·모티프(motif)를 가지도록 인쇄한 것

제48류 주 제10호

10. 제4820호는 특정한 크기로 절단한 루스시트(loose sheet)와 카드를 포함하지 않는다[인쇄하였는지, 올록볼록한지(embossed), 구멍을 뚫었는지에 상관없다].

제48류 주 제11호

11. 제4823호는 특히 자카드(Jacquard)기나 이와 유사한 기계에 사용되는 구멍을 뚫은 종이나 판지로 만든 카드, 종이로 만든 레이스에 적용한다.

제48류 주 제12호

12. 제4814호와 제4821호에 해당하는 물품을 제외하고는 종이·판지·셀룰로오스워딩과 이들의 제품으로서 해당 물품의 본래의 용도에 단지 부수적이지 않은 모티프(motif)·문자·회화를 인쇄한 것은 제49류에 해당한다.

제48류 소호주 제1호

1. 소호 제4804.11호와 제4804.19호에서 "크라프트라이너(kraftliner)"란 황산 공정이나 소다 공정에 따른 목재섬유의 함유량이 전 섬유중량의 100분의 80 이상으로서 1제곱미터당 중량이 115그램을 초과하며, 아래 표에 표시된 뮤렌(Mullen) 파열강도의 최저가를 가지고 있거나, 표에 표시되지 않은 평량(坪量)은 일직선상의 내삽(內揷)이나 외삽(外揷)의 환산치를 가지는 것으로서 기계적으로 완성가공하였거나 기계적으로 광택가공한 롤 모양인 종이나 판지를 말한다.

평량(그램/제곱미터)	뮤렌파열강도의 최저치 킬로파스칼(kPa)
115	393
125	417
200	637
300	824
400	961

제48류 소호주 제2호

2. 소호 제4804.21호와 제4804.29호에서 "자루(sack)용 크라프트지"란 황산 공정이나 소다 공정에 따른 섬유의 함유량이 전 섬유중량의 100분의 80 이상, 1제곱미터의 중량이 60그램 이상 115그램 이하로서 다음 각 목의 조건 중 어느 하나를 충족시키는 롤 모양의 기계적 완성가공처리를 한 종이를 말한다.

   가. 뮤렌(Mullen) 파열강도지수가 3.7킬로파스칼·제곱미터/그램 이상으로서 가로 방향의 신장율이 100분의 4.5를 초과하고, 세로 방향의 신장율이 100분의 2를 초과하는 것

   나. 인열(引裂)강도의 최저치와 인장(引張)강도의 최저치가 아래 표에 표시된 수치를 가지고 있거나 표에 표시되지 않은 평량(坪量)은 일직선상의 내삽(內揷)의 환산치를 가지는 것

평량 (그램/제곱미터)	인열강도의 최저치 엠엔(mN)		인장강도의 최저치 케이엔/엠(kN/m)	
	세로방향	세로방향 + 가로방향	가로방향	세로방향 + 가로방향
60	700	1,510	1.9	6
70	830	1,790	2.3	7.2
80	965	2,070	2.8	8.3
100	1,230	2,635	3.7	10.6
115	1,425	3,060	4.4	12.3

제48류 소호주 제3호

3. 소호 제4805.11호에서 "반화학 플루팅지(fluting paper)"란 기계펄프공정과 화학펄프공정의 결합으로 생산된 표백하지 않은 활엽수 섬유의 함유량이 전 섬유중량의 100분의 65 이상으로서 시엠티 30[시험조건설정 30분 후 코러게이트미디엄(corrugated medium)시험]의 압축강도가 상대습도 100분의 50, 섭씨 23도에서 1.8뉴턴/그램/제곱미터를 초과하는 롤 모양인 종이를 말한다.

제48류 소호주 제4호

4. 소호 제4805.12호는 기계펄프공정과 화학펄프공정의 결합으로 생산된 스트로펄프(straw pulp)를 주로 하여 만들어진 롤 모양인 종이를 포함한다[1제곱미터당 중량이 130그램 이상이고 시엠티 30(시험조건설정 30분 후 코러게이트미디엄(corrugated medium)시험)의 압축강도가 상대습도 100분의50, 섭씨 23도에서 1.4뉴턴/그램/제곱미터를 초과하는 것으로 한정한다].

제48류 소호주 제5호

5. 소호 제4805.24호와 제4805.25호는 전부나 주로 회수한 종이나 판지[웨이스트(waste)와 스크랩(scrap)]의 펄프로 만들어진 종이와 판지를 포함한다. 테스트라이너(testliner)는 착색된 표층이나 표백·미표백인 비재생펄프로 만든 표층을 가질 수도 있다. 이들의 제품은 뮤렌(Mullen) 파열강도지수가 2킬로파스칼·제곱미터/그램 이상이다.

제48류 소호주 제6호

6. 소호 제4805.30호에서 "아황산 포장지"란 아황산 공정에 따른 목재섬유의 함유량이 전 섬유중량의 100분의 40을 초과하고, 회분의 함유량이 100분의 8 이하로 뮤렌(Mullen) 파열강도지수가 1.47킬로파스칼·제곱미터/그램 이상으로 기계적으로 광택가공한 종이를 말한다.

제48류 소호주 제7호

7. 소호 제4810.22호에서 "경량(輕量)의 도포한 종이"란 기계공정에 따른 목재섬유의 함유량이 전 섬유중량의 100분의 50 이상인 종이를 기본 자료로 하여 양면을 도포한 1제곱미터의 총중량이 72그램 이하인 종이로서 1면당 도포량이 1제곱미터당 15그램 이하인 종이를 말한다.

번호	품명
4801	신문용지(롤 모양이나 시트 모양으로 한정한다)
4802	도포하지 않은 종이와 판지(필기용, 인쇄용, 그 밖의 그래픽용으로 한정한다), 구멍을 뚫지 않은 펀치카드와 펀치테이프지[제4801호와 제4803호의 것은 제외하며, 크기와는 관계 없이 롤 모양이나 직사각형(정사각형을 포함한다) 시트(sheet) 모양으로 한정한다], 수제지(手製紙)와 판지
4803	화장지·안면용 티슈 원지, 타월·냅킨용원지와 이와 유사한 가정용이나 위생용 종이, 셀룰로오스워딩·셀룰로오스 섬유의 웹(web)[주름지거나(creped) 구겨진(crinkled) 것, 올록볼록한(embossed) 것, 구멍을 뚫은(perforated) 것, 착색한 것, 표면장식한 것, 인쇄한 것인지에 상관없으며 롤 모양이나 시트(sheet) 모양으로 한정한다]
4804	도포하지 않은 크라프트지와 판지[롤 모양이나 시트(sheet) 모양으로 한정하며, 제4802호나 제4803호의 것은 제외한다]
4805	그 밖의 도포하지 않은 종이와 판지[롤 모양이나 시트(sheet) 모양으로 한정하며, 이 류의 주 제3호의 것 이상의 가공을 하지 않은 것으로 한정한다]

4806	황산지·내지지(耐脂紙)·트레이싱지(tracing paper)·글라신지(glassine paper)와 그 밖의 투명 광택지나 반투명 광택지[롤 모양이나 시트(sheet) 모양으로 한정한다]
4807	겹붙인 종이와 판지[접착제로 겹붙인 것으로서 롤 모양이나 시트(sheet) 모양으로 한정하며, 표면을 도포하거나 침투시킨 것은 제외하고, 내면을 보강했는지에 상관없다]
4808	물결 모양으로 하거나(corrugated)(평면지가 붙은 것인지에 상관없다) 주름지거나(creped) 구겨지거나(crinkled) 올록볼록하거나(embossed) 구멍을 뚫은(perforated) 종이와 판지[롤 모양이나 시트(sheet) 모양으로 한정하며, 제4803호의 것은 제외한다]
4809	카본지, 셀프복사지, 그 밖의 복사지나 전사지[등사원지나 오프셋 플레이트(offset plate)로 사용하는 도포지와 침투지를 포함하고, 인쇄한 것인지에 상관없으며 롤 모양이나 시트(sheet) 모양으로 한정한다]
4810	한 면이나 양면을 도포한 종이와 판지[결합재가 있는지에 상관없으며 고령토(kaolin)[차이나 클레이(China clay)]나 그 밖의 무기물질을 도포한 것(그 밖의 다른 물질을 도포한 것은 제외한다)으로서 표면착색·표면장식·인쇄하였는지에 상관없으며 크기와는 관계없이 롤 모양이나 직사각형(정사각형을 포함한다)의 시트(sheet) 모양으로 한정한다]
4811	종이, 판지, 셀룰로오스워딩, 셀룰로오스섬유의 웹(web)[크기와는 관계 없이 롤 모양이나 직사각형(정사각형을 포함한다)의 시트(sheet) 모양으로서 도포·침투·피복·표면착색·표면장식·인쇄한 것으로 한정하며, 제4803호·제4809호·제4810호에 열거한 것은 제외한다]
4812	제지용 펄프로 만든 필터블록, 필터슬래브, 필터플레이트
4813	궐련지(적합한 크기로 절단하였는지 또는 소책자나 튜브 모양인지에 상관없다)
4814	벽지와 이와 유사한 벽 피복재와 창용 투명지
4815	-
4816	카본지, 셀프복사지, 그 밖의 복사지나 전사지(제4809호의 것은 제외한다), 종이로 만든 등사원지와 오프셋 플레이트(offset plate)(상자에 든 것인지에 상관없다)
4817	종이나 판지로 만든 봉투·봉함엽서·우편엽서·통신용 카드, 종이나 판지로 만든 상자·파우치·지갑·필기첩(안에 종이로 만든 문구류가 있는 것으로 한정한다)
4818	화장지와 이와 유사한 종이·셀룰로오스워딩·셀룰로오스섬유의 웹(web)(가정용이나 위생용으로 사용되는 것으로서 폭이 36센티미터 이하인 롤 모양이나 특정의 크기나 모양으로 절단한 것으로 한정한다)·손수건·클렌징티슈·타월·책상보·서비에트(serviette)·베드시트와 이와 유사한 가정용품·위생용품이나 병원용품·의류와 의류 부속품[제지용 펄프·종이·셀룰로오스워딩·셀룰로오스섬유의 웹(web)으로 만든 것으로 한정한다]
4819	종이·판지·셀룰로오스워딩·셀룰로오스섬유의 웹(web)으로 만든 상자·포장대·그 밖의 포장용기, 종이나 판지로 만든 서류상자·서류받침과 이와 유사한 물품(사무실·상점이나 이와 유사한 곳에서 사용하는 것으로 한정한다)

4820	종이나 판지로 만든 장부·회계부·노트북·주문장·영수장·편지지철·메모철·일기장과 이와 유사한 물품·연습장·압지철(blotting-pad)·바인더[예: 루스리프(loose-leaf) 등]·폴더·서류철 표지·각종 사무용 양식·삽입식 카본세트와 그 밖의 문구류, 견본용이나 수집용 앨범과 책커버
4821	종이나 판지로 만든 레이블(인쇄하였는지에 상관없다)
4822	제지용 펄프·종이·판지로 만든 보빈(bobbin)·스풀(spool)·콥(cop)과 이와 유사한 물품(구멍을 뚫은 것인지 또는 경화한 것인지에 상관없다)
4823	그 밖의 종이·판지·셀룰로오스워딩·셀룰로오스섬유의 웹(web)(특정한 크기나 모양으로 절단한 것으로 한정한다), 제지용 펄프·종이·판지·셀룰로오스워딩·셀룰로오스섬유의 웹(web)으로 만든 그 밖의 제품

제49류 인쇄서적·신문·회화·그 밖의 인쇄물, 수제(手製)문서·타자문서·도면

제49류 주 제1호

1. 이 류에서 다음 각 목의 것은 제외한다.
   - 가. 투명한 기본 재료로 된 사진용 네거티브·포지티브(제37류)
   - 나. 부조(浮彫)된 지도·설계도·지구의(인쇄한 것인지에 상관없다)(제9023호)
   - 다. 제95류의 오락용 카드나 그 밖의 물품
   - 라. 오리지널 동판화·목판화·석판화(제9702호), 제9704호의 우표·수입인지·요금별납증지·초일(初日) 봉투·우편엽서류나 이와 유사한 것, 제97류의 제작 후 100년을 초과한 골동품이나 그 밖의 물품

제49류 주 제2호

2. 제49류에서 "인쇄된 것"에는 복사기로 재생한 것, 자동자료처리기기로 한 것, 압형인쇄·사진촬영·사진복사·열전도복사·타자기로 친 것이 포함된다.

제49류 주 제3호

3. 신문·잡지·정기간행물을 종이 외의 물품으로 제본한 것과 신문·잡지·정기간행물의 2부 이상을 한 장의 표지 안에 세트로 만든 것은 제4901호로 분류한다(광고 선전물이 포함되어 있는지에 상관없다).

제49류 주 제4호

4. 제4901호에는 다음 각 목의 것이 포함된다. 다만, 설명문이 없는 인쇄된 회화나 삽화[전지번호를 붙였는지 또는 별개의 시트(sheet) 모양인지에 상관없다]는 제4911호로 분류한다.
   - 가. 회화나 도면 등을 복사한 인쇄물(내용에 관한 설명문이 있는 것으로서 한 권 이상의 서적의 제본에 적합하게 페이지를 넣은 것으로 한정한다)
   - 나. 제본된 책자에 딸린 그림이 있는 부토

다. 인쇄된 서적의 부분으로서 조립된 모양으로 한 것, 분리된 시트(sheet), 전지번호를 붙인 모양으로 한 것(완전한 작품의 전부나 일부를 구성하며, 제본용으로 적합한 것으로 한정한다)

제49류 주 제5호

5. 이 류의 주 제3호의 물품을 제외하고는 제4901호에서는 본질적으로 광고 선전용으로 된 인쇄물[예: 소책자·팸플릿(pamphlet)·리플릿(leaflet)·상업용 카탈로그(catalogue)·상업단체와 관광회사의 연감]은 제외하며, 이러한 인쇄물은 제4911호로 분류한다.

제49류 주 제6호

6. 제4903호에서 "아동용 그림책"이란 그림이 주체이며, 그 설명문이 부수적인 아동을 위한 책을 말한다.

번호	품명
4901	인쇄서적·소책자·리플릿(leaflet)과 이와 유사한 인쇄물(단매인지에 상관없다)
4902	신문·잡지·정기간행물(그림이나 광고 선전물이 있는지에 상관없다)
4903	아동용 그림책과 습화책
4904	악보[인쇄나 수제(手製)의 것으로서 제본되었는지 또는 그림이 있는지에 상관없다]
4905	지도·해도나 이와 유사한 차트(제본한 것·벽걸이용의 것·지형도와 지구의를 포함하며, 인쇄한 것으로 한정한다)
4906	설계도와 도안[건축용·공학용·공업용·상업용·지형학용이나 이와 유사한 용도에 사용하는 것으로서 수제(手製) 원도(原圖)로 한정한다], 손으로 쓴 책자와 이들을 감광지에 사진복사·카본복사한 것
4907	사용하지 않은 우표·수입인지나 이와 유사한 물품(해당국에서 통용되거나 발행된 것으로서 액면가를 갖거나 가질 예정인 것으로 한정한다), 스탬프를 찍은 종이, 지폐, 수표, 주식·주권·채권과 이와 유사한 유가증권
4908	전사지[디칼커매니어(decalcomania)]
4909	인쇄된 엽서와 그림엽서, 인쇄카드(인사용·전언용·안내용으로서 그림·봉투·장식이 있는지에 상관없다)
4910	캘린더(인쇄된 것으로서 캘린더 블록을 포함한다)
4911	그 밖의 인쇄물(인쇄된 서화와 사진을 포함한다)

제11부 방직용 섬유와 방직용 섬유의 제품

제50류	견
제51류	양모·동물의 부드러운 털이나 거친 털·말의 털로 만든 실과 직물
제52류	면
제53류	그 밖의 식물성 방직용 섬유, 종이실(paper yarn)과 종이실로 만든 직물
제54류	인조필라멘트, 인조방직용 섬유재료의 스트립(strip)과 이와 유사한 것
제55류	인조스테이플섬유
제56류	워딩(wadding)·펠트(felt)·부직포, 특수사, 끈·배의 밧줄(cordage)·로프·케이블과 이들의 제품
제57류	양탄자류와 그 밖의 방직용 섬유로 만든 바닥깔개
제58류	특수직물, 터프트(tuft)한 직물, 레이스, 태피스트리(tapestry), 트리밍(trimming), 자수천
제59류	침투·도포·피복하거나 적층한 방직용 섬유의 직물, 공업용인 방직용 섬유제품
제60류	메리야스 편물과 뜨개질 편물
제61류	의류와 그 부속품(메리야스 편물이나 뜨개질 편물로 한정한다)
제62류	의류와 그 부속품(메리야스 편물이나 뜨개질편물은 제외한다)
제63류	제품으로 된 방직용 섬유의 그 밖의 물품, 세트, 사용하던 의류·방직용 섬유제품, 넝마

제11부 주 제1호

1. 이 부에서 다음 각 목의 것은 제외한다.

    가. 브러시 제조용 동물의 털(제0502호), 말의 털과 말의 털의 웨이스트(waste)(제0511호)

    나. 사람 머리카락과 사람 머리카락으로 된 제품(제0501호·제6703호·제6704호). 다만, 일반적으로 착유기나 이와 유사한 기계에 사용하는 여과포(제5911호)는 제외한다.

    다. 제14류의 면 린터(linter)나 그 밖의 식물성 재료

    라. 제2524호의 석면, 제6812호·제6813호의 석면제품이나 그 밖의 제품

    마. 제3005호·제3006호의 물품, 치아 사이를 청결하게 하는데 사용되는 실로서 개별 소대용으로 포장한 것[치실(dental floss)](제3306호)

    바. 제3701호부터 제3704호까지의 감광성 방직용 섬유의 직물류

사. 플라스틱으로 만든 모노필라멘트로서 횡단면의 치수가 1밀리미터를 초과하는 것, 시폭이 5밀리미터를 초과하는 플라스틱으로 만든 스트립(strip)이나 이와 유사한 것[예: 인조 스트로(straw)](제39류), 이들 모노필라멘트나 스트립(strip)으로 만든 편조물·직물·그 밖의 바구니 세공물(basketware)과 지조세공물(枝條細工物)(제46류)

아. 플라스틱을 침투시키거나 도포하거나 피복하거나 적층한 직물·메리야스 편물이나 뜨개질 편물·펠트(felt)·부직포와 이들의 제품으로서 제39류에 해당하는 것

자. 고무를 침투시키거나 도포하거나 피복하거나 적층한 직물·메리야스 편물이나 뜨개질 편물·펠트(felt)·부직포와 이들의 제품으로서 제40류에 해당하는 것

차. 털을 제거하지 않은 원피(제41류·제43류), 제4303호나 제4304호에 해당하는 모피제품·인조 모피와 그 제품

카. 제4201호나 제4202호의 방직용 섬유재료의 제품

타. 제48류의 물품이나 제품(예: 셀룰로오스워딩)

파. 제64류의 신발류와 그 부분품·각반이나 이와 유사한 물품

하. 제65류의 헤어네트·모자류와 그 부분품

거. 제67류의 물품

너. 연마재료를 도포한 방직용 섬유재료(제6805호), 제6815호의 탄소섬유와 탄소섬유의 제품

더. 유리섬유와 그 제품(육안으로 식별이 가능한 바탕천 위에 유리섬유사로 자수한 것은 제외한다)(제70류)

러. 제94류의 물품(예: 가구·침구·조명기구)

머. 제95류의 물품(예: 완구·게임용구·운동용구와 망)

버. 제96류의 물품[예: 브러시·바느질용 여행세트·슬라이드파스너(slide fastener)와 타자기용 리본·위생타월(패드)과 탐폰·냅킨(기저귀)과 냅킨라이너]

서. 제97류의 물품

제11부 주 제2호

2. 가. 제50류부터 제55류까지·제5809호나 제5902호로 분류되는 물품으로서 두 가지 이상의 방직용 섬유재료로 구성된 물품은 구성하는 방직용 섬유 중 최대중량을 차지하는 것으로 된 물품으로 분류한다. 구성하는 방직용 섬유 중 최대중량을 차지하는 섬유가 없을 경우에는 동일하게 분류가 가능한 호 중에서 가장 마지막 호에 해당하는 물품으로 분류한다.

나. 가목을 적용하는 경우 다음에서 정하는 바에 따른다.

1) 짐프한(gimped) 말의 털로 만든 실(제5110호)과 금속드리사(metallised yarn)(제5605호)는 하나의 방직용 섬유재료로 보며, 그 중량은 이를 구성하는 중량의 합계에 따른다. 또한 직물의 분류에서는 직물의 일부를 구성하는 금속사도 방직용 섬유재료로 본다.

2) 해당 호의 결정은 우선 류를 결정한 후, 그 류에 속하는 적절한 호를 결정하여야 하며, 해당 류로 분류되지 않는 재료는 고려하지 않는다.

3) 제54류와 제55류는 그 밖의 다른 류와의 관계에서 하나의 류로 본다.

4) 동일한 류나 호에 해당하는 서로 다른 방직용 섬유재료는 그 밖의 다른 류나 호와의 관계에서 하나의 방직용 섬유재료로 본다.

다. 가목과 나목은 주 제3호부터 주 제6호까지에서 규정한 실에도 적용한다.

제11부 주 제3호

3. 가. 이 부에서 다음의 실[단사·복합사(연합사)·케이블사]은 끈·태의 밧줄(cordage)·로프·케이블로 보되, 나목의 물품은 제외한다.
   1) 견이나 견 웨이스트(waste)의 겻으로서 2만데시텍스를 초과하는 것
   2) 인조섬유의 실(제54류의 두 가닥 이상의 모노필라멘트로 제조한 실을 포함한다)로서 1만데시텍스를 초과하는 것
   3) 대마사와 아마사로서 다음의 것
      가) 연마하거나 광택을 낸 것으로서 1,429데시텍스 이상인 것
      나) 연마하지도 광택을 내지도 않은 것으로서 2만데시텍스를 초과하는 것
   4) 코이어(coir)실로서 세 가닥 이상의 실로 된 것
   5) 그 밖의 식물성 섬유사로서 2만데시텍스를 초과하는 것
   6) 금속사로 보강한 실

   나. 가목의 규정은 다음에는 적용하지 않는다.
   1) 양모사나 그 밖의 동물의 털로 만든 실과 종이실(paper yarn)(금속사로 보강한 실은 제외한다)
   2) 제55류의 인조필라멘트 토우와 제54류의 꼬임이 없거나 미터당 5회 미만으로 꼬여 있는 멀티필라멘트사
   3) 제5006호의 누에의 거트(gut)와 제54류의 모노필라멘트
   4) 제5605호의 금속드리사(metallised yarn)(가목의 6)에 해당하는 금속사로 보강한 실은 제외한다)
   5) 제5606호의 셔닐사(chenille yarn)·짐프사(gimped yarn)·루프웨일사(loop wale-yarn)

제11부 주 제4호

4. 가. 제50류·제51류·제52류·제54류·제55류에서 "소매용 실"이란 주 제4호 나목의 것은 제외한 다음 요건에 해당하는 실[단사·복합사(연합사)·케이블사]을 말한다.
   1) 카드·릴·튜브 또는 이와 유사한 실패에 감은 실로서 한 개의 중량(실패의 중량을 포함한다)이 다음 중량 이하인 것
      가) 견사·견 웨이스트사·인조필라멘트사는 85그램
      나) 그 밖의 실은 125그램
   2) 공(ball) 모양으로 감은 실이나 타래실은 다음 중량 이하인 것
      가) 3천데시텍스 미만의 인조필라멘트사·견사·견 웨이스트사는 85그램
      나) 2천데시텍스 미만의 그 밖의 실은 125그램
      다) 그 밖의 실은 500그램
   3) 간사로 분리되어 각각 독립된 몇 거의 작은 타래로 구성되어 있는 타래에 감은 실은 한 개의 작은 타래의 중량이 다음 중량 이하인 것
      가) 견사·견 웨이스트사·인조필라멘트사는 85그램
      나) 그 밖의 실은 125그램

   나. 가목은 다음에는 적용하지 않는다.
   1) 방직용 섬유재료의 단사. 다만, 다음은 제외한다.
      가) 양모나 동물의 부드러운 털로 만든 단사로서 표백하지 않은 것

나) 양모나 동물의 부드러운 털로 만든 단사 중 표백·염색·날염을 한 것으로서 5천데시텍스를 초과하는 것

2) 표백하지 않은 복합사(연합사)나 케이블사로서 다음의 것

가) 견사나 견 웨이스트사(어떤 포장이라도 가능하다)

나) 그 밖의 방직용 섬유재료의 실로서 타래로 감은 것(양모나 동물의 부드러운 털로 만든 실은 제외한다)

3) 견·견 웨이스트의 복합사(연합사)나 케이블사 중 표백·염색·날염을 한 것으로서 133데시텍스 이하인 것

4) 방직용 섬유재료의 단사·복합사(연합사)·케이블사로서 다음의 것

가) 크로스릴(cross-reel) 모양의 타래로 감은 것

나) 섬유공업에 사용하도록 실패에 감거나 그 밖의 방법으로 감은 것[예: 콥(cop)·연사(撚絲)용 튜브·펀(pirn)·원추형 보빈(bobbin)·스핀들(spindle)·누에고치 모양으로 감은 자수 직기용의 것]

제11부 주 제5호

5. 제5204호·제5401호·제5508호에서 "재봉사"란 다음 각 목의 요건에 모두 해당하는 복합사(연합사)나 케이블사를 말한다.

가. 실패(예: 릴·튜브)에 감은 실로서 한 개의 중량(실패의 중량을 포함한다)이 1천그램 이하인 것

나. 재봉사로 사용되는 드레스한 실

다. 최종꼬임이 "제트"꼬임인 실

제11부 주 제6호

6. 이 부에서 "강력사"란 센티뉴턴/텍스로 표시되는 강도가 다음 각 목의 것보다 큰 실을 말한다.

가. 나일론·폴리아미드·폴리에스테르의 단사: 60센티뉴턴/텍스

나. 나일론·폴리아미드·폴리에스테르의 복합사(연합사)나 케이블사: 53센티뉴턴/텍스

다. 비스코스레이온(viscose rayon)의 단사·복합사(연합사)·케이블사: 27센티뉴턴/텍스

제11부 주 제7호

7. 이 부에서 "제품으로 된 것"이란 다음 각 목의 것을 말한다.

가. 정사각형이나 직사각형 외의 모양으로 재단한 물품

나. 봉제나 그 밖의 가공 없이 완제품으로 사용할 수 있는 것이나 간사를 절단함으로써 단지 분리만 하여 사용할 수 있는 것[예: 더스터(duster)·타월·탁상보·정사각형 스카프·모포]

다. 일정한 크기로 재단한 물품으로서, 최소한 하나의 가장자리를 눈에 뜨일 정도로 끝을 가늘게 하거나 압착하여 열봉합하고, 다른 가장자리들은 이 주의 그 밖의 다른 목에서 규정한 대로 처리를 한 것(열 절단이나 그 밖의 간단한 방법으로 그 절단된 가장자리가 풀리지 않도록 된 직물은 제외한다)

라. 가장자리를 접어 감치거나 단을 댄 물품이나 가장자리에 결절술을 댄 물품(직물의 절단된 가장자리를 감치거나 그 밖의 단순한 방법으로 풀리지 않도록 한 것은 제외한다)

마. 일정한 크기로 재단한 물품으로서 드로온 드레드워크(drawn thread work)를 한 것

바. 봉제·풀칠·그 밖의 방법으로 이어붙인 물품[동종의 직물류를 두 가지 이상 끝과 끝을 이어 붙인 천과 두 가지 이상의 직물류를 적층하여 만든 천(속을 채운 것인지에 상관없음)은 제외한다]

사. 특정 모양의 메리야스 편물이나 뜨개질 편물(분리된 부분이나 특정 길이의 여러 모양으로 제시되었는지에 상관없다)

제11부 주 제8호

8. 제50류부터 제60류까지는 다음 각 목에서 정하는 바에 따른다.

가. 제50류부터 제55류까지와 제60류와 문맥상 달리 해석되지 않는 한 제56류부터 제59류까지는 주 제7호의 물품을 적용하지 않는다.

나. 제50류부터 제55류까지와 제60류는 제56류부터 제59류까지의 물품을 적용하지 않는다.

제11부 주 제9호

9. 제50류부터 제55류까지의 직물에는 방직용 섬유의 실을 평행하게 병렬한 층을 상호 예각이나 직각으로 겹쳐 만든 직물(이 층은 접착제나 열용융으로 실의 교차점에서 결합되어 있다)을 포함한다.

제11부 주 제10호

10. 고무실과 결합한 방직용 섬유로 만든 탄성제품은 이 부로 분류한다.

제11부 주 제11호

11. 이 부에서 침투에는 침지(沈漬)가 포함된다.

제11부 주 제12호

12. 이 부에서 폴리아미드에는 아라미드가 포함된다.

제11부 주 제13호

13. 이 부와 이 표에서 "탄성사"란 합성섬유로 만든 필라멘트사(모노필라멘트를 포함하며 텍스처사는 제외한다)로서 원래의 길이의 3배로 늘려도 끊어지지 않고, 원래의 길이의 2배로 늘린 후 5분 이내에 원래의 길이의 1.5배 이하로 되돌아가는 실을 말한다.

제11부 주 제14호

14. 문맥상 달리 해석되지 않는 한 각각 서로 다른 호로 분류되는 방직용 섬유의 의류는 소매용 세트도 각각 해당하는 호로 분류한다. 이 주에서 "방직용 섬유의 의류"란 제6101호부터 제6114호까지와 제6201호부터 제6211호까지의 의류를 말한다.

제11부 주 제15호

15. 제11부 주 제1호를 제외하고, 방직용 섬유·의류·그 밖의 방직용 섬유제품으로서 부가적인 기능을 위해 화학적·기계적·전자적 구성요소를 장착한 것은 제11부의 해당 호에 분류한다(붙박이로 된 것이든 섬유나 직물 내에 결합된 것이든 상관없다). 다만, 이들이 이 부에 해당하는 물품의 본질적인 특성을 갖고 있는 것에 한정한다.

제11부 소호주 제1호

1. 이 부와 이 표에서 다음 각 목의 용어는 아래에서 정하는 바에 따른다.
   가. 표백하지 않은 실
      1) 구성하는 섬유가 고유의 색상이며 표백·염색(전체적으로 염색되었는지에 상관없다)·날염하지 않은 것
      2) 가닛스톡(garnetted stock)으로 만들어진 불특정의 색상을 가진 것[생지사(生地絲)]
         ※ 이러한 실은 무색가공제나 순간염료(비누 세탁으로 간단히 색상이 없어지는 것으로 한정한다)로 처리된 것도 있으며, 인조섬유는 전체적으로 염소제(예: 이산화티타늄)로 처리된 것도 있다.
   나. 표백한 실
      1) 표백공정을 거친 것·표백한 섬유로 제조된 것, 문맥상 달리 해석되지 않는 한 백색으로 염색한 것(전체적으로 염색되었는지에 상관없다)이나 백색가공으로 처리된 것
      2) 표백하지 않은 섬유와 표백한 섬유로 혼합된 것
      3) 복합사(연합사)나 케이블사로서 표백하지 않은 실과 표백한 실로 조성된 것
   다. 색실(염색하거나 날염한 것으로 한정한다)
      1) 염색한 것(전체를 염색한 것인지에 상관없으며 백색으로 염색한 것과 일시적으로 염색한 것을 제외한다), 날염한 것, 염색하거나 날염한 섬유로 제조된 것
      2) 서로 다른 색으로 염색된 섬유의 혼합물로 조성된 것, 표백하지 않았거나 표백한 섬유와 착색한 섬유의 혼합물로 조성된 것[마알사(marl yarn)나 혼방사], 하나 이상의 색으로 군데군데 점의 모양으로 날염한 것
      3) 날염된 슬리버(sliver)나 로빙(roving)으로 만들어진 것
      4) 복합사(연합사)나 케이블사로서 표백하지 않은 실·표백한 실과 색실로 조성된 것
         ※ 위 규정은 제54류에 해당하는 모노필라멘트·스트립(strip)이나 이와 유사한 것에도 준용하여 적용된다.
   라. 표백하지 않은 직물
      표백하지 않은 실로 만든 직물로서 표백·염색·날염되지 않은 것을 말한다. 표백하지 않은 직물에는 무색가공이나 순간염색으로 처리된 것이 포함된다.

마. 표백한 직물
  1) 표백하였거나, 문맥상 달리 해석되지 않는 한 백색으로 염색한 것이나 백색가공한 것으로서 원단 상태에서 처리된 것
  2) 표백한 실로 조성된 것
  3) 표백하지 않은 실과 표백한 실로 조성된 것

바. 염색한 직물
  1) 원단 상태에서 처리된 것으로서 백색 외의 단일 색상으로 균일하게 염색하거나 백색 외의 색으로 착색가공한 것(문맥상 달리 해석되지 않는 경우로 한정한다)
  2) 단일 색상의 색실로 조성된 것

사. 서로 다른 색실로 된 직물(날염직물은 제외한다)
  1) 서로 다른 색실이나 동일한 색상의 색조가 다른 실로 조성된 것(구성하는 섬유의 고유 색상은 제외한다)
  2) 표백하지 않거나 표백한 실과 색실로 조성된 것
  3) 마알사(marl yarn)나 혼방사로 조성된 것
  (모든 경우에서 가장자리와 끝부분에 사용된 실은 고려하지 않는다)

아. 날염직물
  원단 상태에서 날염한 직물을 말하며, 서로 다른 색실로 만든 것인지에 상관없다.
  브러시나 스프레이건, 전사지(轉寫紙), 플로킹(flocking)이나 방염공정 등을 통해 도안을 만든 직물은 날염한 직물로 간주한다. 머서 가공(mercerisation)은 위의 범주 내의 실이나 직물의 분류에는 영향을 미치지 않는다.
  ※ 위의 라목부터 아목까지는 메리야스 편물이나 뜨개질 편물에 준용한다.

자. 평직물
  직물 조직의 각각의 위사가 연속된 경사의 상하를 교차하여 지나가고, 각각의 경사가 연속된 위사의 상하를 교차하며 지나가는 조직을 말한다.

제11부 소호주 제2호

2. 가. 둘 이상의 방직용 섬유재료로 구성된 제56류부터 제63류까지의 물품은 이 부의 주 제2호(둘 이상의 방직용 섬유재료로 구성된 제50류부터 제55류 또는 제5809호의 물품의 품목분류 규정)에 따라 결정된 방직용 섬유재료가 전체를 구성하는 것으로 간주한다.

  나. 이 규정을 적용하는 경우
  1) 통칙 제3호에 따라 해당 품목분류를 결정하는 데에만 고려하여야 한다.
  2) 바탕천의 표면에 파일(pile)이나 고리(loop)가 조성된 방직용 섬유제품에서 바탕천은 고려하지 않는다.
  3) 제5810호의 자수천과 자수천으로 만들어진 물품에서는 바탕천만 고려하여야 한다. 그러나 바탕천을 육안으로 식별할 수 없는 자수천과 자수천으로 만들어진 물품은 자수사만을 고려하여 분류하여야 한다.

제50류 견

번호	품명
5001	누에고치(생사를 뽑는 데에 적합한 것으로 한정한다)
5002	생사(꼰 것은 제외한다)
5003	견 웨이스트(waste)[생사를 뽑는 데에 적합하지 않은 누에고치, 실 웨이스트(waste), 가닛스톡(garnetted stock)을 포함한다]
5004	견사[견 웨이스트(waste)로 만든 견방사와 소매용은 제외한다]
5005	견방사[견 웨이스트(waste)인 것으로 한정하며, 소매용은 제외한다]
5006	견사·견방사(소매용으로 한정한다), 누에의 거트(gut)
5007	견직물[견 웨이스트(waste)의 것을 포함한다]

제51류 양모·동물의 부드러운 털이나 거친 털·말의 털로 만든 실과 직물

제51류 주 제1호

1. 이 표에서 다음 각 목의 용어는 아래에서 정하는 바에 따른다.

    가. "양모"란 양이나 어린 양의 천연섬유를 말한다.

    나. "동물의 부드러운 털"이란 알파카·라마·비큐나(vicuna)·낙타(단봉낙타를 포함한다)·야크·앙고라·티베탄·캐시미르(Kashimir)나 이와 유사한 염소(보통의 염소는 제외한다)·토끼(앙고라 토끼를 포함한다)·산토끼·비버·뉴트리아(nutria)·사향쥐(musk-rat)의 털을 말한다.

    다. "동물의 거친 털"이란 위에서 언급하지 않은 동물의 털을 말하며, 브러시 제조용 동물의 털(제0502호)과 말의 털(제0511호)은 제외한다.

번호	품명
5101	양모[카드(card)하지도 코움(comb)하지도 않은 것으로 한정한다]
5102	동물의 부드러운 털이나 거친 털[카드(card)하지도 코움(comb)하지도 않은 것으로 한정한다]
5103	양모·동물의 부드러운 털이나 거친 털의 웨이스트(waste)[실의 웨이스트(waste)를 포함하며, 가닛스톡(garnetted stock)은 제외한다]
5104	양모·동물의 부드러운 털이나 거친 털의 가닛스톡(garnetted stock)
5105	양모·동물의 부드러운 털이나 거친 털[카드(card)하거나 코움(comb)한 것으로 한정하며, 코움(comb)한 단편 모양인 양모를 포함한다]
5106	카드(card)한 양모사(소매용은 제외한다)

번호	품명
5107	코움(comb)한 양모사(소매용은 제외한다)
5108	동물의 부드러운 털로 만든 실[카드(card)하거나 코움(comb)한 것으로 한정하며, 소매용은 제외한다]
5109	양모사나 동물의 부드러운 털로 만든 실(소매용으로 한정한다)
5110	동물의 거친 털로 만든 실이나 말의 털로 만든 실[짐프한(gimped) 말의 털로 만든 실을 포함하며, 소매용인지에 상관없다]
5111	직물[카드(card)한 양모나 동물의 부드러운 털로 만든 것으로 한정한다]
5112	직물[코움(comb)한 양모나 동물의 부드러운 털로 만든 것으로 한정한다]
5113	직물(동물의 거친 털이나 말의 털의 것으로 한정한다)

제52류 면

제52류 소호주 제1호

1. 소호 제5209.42호와 제5211.42호에서 "데님(denim)"이란 3올이나 4올의 능직물(綾織物)[파사문직(破斜文織)의 것을 포함한다]로서 경사(經絲)에 동일한 하나의 색실을 사용하며 위사(緯絲)에 미표백·표백, 회색이나 경사(經絲)의 색상보다 엷은 색실을 사용하는 직물로서 경사(經絲)를 표면으로 한 서로 다른 색실의 직물을 말한다.

번호	품명
5201	면[카드(card)하지도 코움(comb)하지도 않은 것으로 한정한다]
5202	면 웨이스트(waste)[실 웨이스트(waste)와 가닛스톡(garnetted stock)을 포함한다]
5203	면[카드(card)하거나 코움(comb)한 것으로 한정한다]
5204	면 재봉사(소매용인지에 상관없다)
5205	면사(면의 함유량이 전 중량의 100분의 85 이상인 것으로 한정하며, 재봉사와 소매용은 제외한다)
5206	면사(면의 함유량이 전 중량의 100분의 85 미만인 것으로 한정하며, 재봉사와 소매용은 제외한다)
5207	면사(재봉사는 제외하며 소매용으로 한정한다)
5208	면직물(면의 함유량이 전 중량의 100분의 85 이상인 것으로서 1제곱미터당 중량이 200그램 이하인 것으로 한정한다)
5209	면직물(면의 함유량이 전 중량의 100분의 85 이상인 것으로서 1제곱미터당 중량이 200그램을 초과하는 것으로 한정한다)
5210	면직물(면의 함유량이 전 중량의 100분의 85 미만이고 주로 인조섬유와 혼방한 것으로서 1제곱미터당 중량이 200그램 이하인 것으로 한정한다)
5211	면직물(면의 함유량이 전 중량의 100분의 85 미만이고 주로 인조섬유와 혼방한 것으로서 1제곱미터당 중량이 200그램을 초과하는 것으로 한정한다)
5212	그 밖의 면직물

제53류 그 밖의 식물성 방직용 섬유, 종이실(paper yarn)과 종이실로 만든 직물

번호	품명
5301	아마(생것이거나 가공은 하였으나 방적하지 않은 것으로 한정한다), 아마의 토우(tow)와 웨이스트(waste)[실의 웨이스트(waste)와 가닛스톡(garnetted stock)을 포함한다]
5302	대마(생것이거나 가공은 하였으나 방적하지 않은 것으로 한정한다), 대마의 토우(tow)와 웨이스트(waste)[실의 웨이스트(waste)와 가닛스톡(garnetted stock)을 포함한다]
5303	황마와 그 밖의 방직용 인피(靭皮)섬유[아마·대마·라미(ramie)는 제외하며, 생것이거나 가공은 하였으나 방적하지 않은 것으로 한정한다], 이들 섬유의 토우(tow)와 웨이스트(waste)[실의 웨이스트(waste)와 가닛스톡(garnetted stock)을 포함한다]
5304	-
5305	코코넛·아바카(마닐라마)·라미(ramie)와 그 밖의 식물성 방직용 섬유(따로 분류되지 않은 것으로 한정하며, 생것이거나 가공은 하였으나 방적하지 않은 것으로 한정한다), 이들의 토우(tow)·노일(noil)·웨이스트(waste)[실의 웨이스트(waste)와 가닛스톡(garnetted stock)을 포함한다]
5306	아마사
5307	제5303호의 황마나 그 밖의 방직용 인피(靭皮)섬유사
5308	그 밖의 식물성 섬유사와 종이실(paper yarn)
5309	아마직물
5310	제5303호의 황마나 그 밖의 방직용 인피(靭皮)섬유의 직물
5311	그 밖의 식물성 방직용 섬유의 직물과 종이실(paper yarn)의 직물

제54류 인조필라멘트, 인조방직용 섬유재료의 스트립(strip)과 이와 유사한 것

제54류 주 제1호

1. 이 표에서 "인조섬유"란 다음 각 목의 어느 하나에 해당하는 제조공정에 따라 제조되는 유기중합체의 스테이플섬유나 필라멘트를 말한다.

    가. 중합체를 생산하기 위하여 유기단량체의 중합으로 제조한 것(예: 폴리아미드·폴리에스테르·폴리올레핀·폴리우레탄)이나 이 과정에서 만들어진 중합체의 화학적 변성으로 제조한 것(예: 폴리비닐아세테이트의 가수분해로 제조한 폴리비닐알코올)

    나. 구리암모늄레이온(큐프라)·비스코스레이온(viscose rayon)과 같은 중합체를 제조하기 위하여 천연 유기중합체(예: 셀룰로오스)를 용해하거나 화학적 처리로 제조한 것, 셀룰로오스아세테이트·알기네이트와 같은 중합체를 제조하기 위하여 천연 유기중합체[셀룰로오스·카세인(casein)과 그 밖의 단백질·알긴산]의 화학적 변성으로 제조한 것

    ※ 섬유와 관련하여 사용되는 "합성섬유"와 "재생·반(半)합성 섬유"의 정의는 다음과 같다.
     - 합성섬유: 가목에서 정의한 섬유
     - 재생·반(半)합성 섬유: 나목에서 정의한 섬유

※ 제5404호부터 제5405호까지의 스트립(strip)과 이와 유사한 것은 인조섬유로 간주하지 않는다.
※ "인조", "합성", "재생·반(半)합성 섬유"라는 용어는 방직용 섬유재료와 관련하여 사용할 경우 모두 동일한 의미를 가진다.

제54류 주 제2호

2. 제5402호와 제5403호는 제55류의 합성필라멘트 토우(tow)와 재생·반(半)합성 필라멘트 토우(tow)에는 적용하지 않는다.

번호	품명
5401	인조필라멘트의 재봉사(소매용인지에 상관없다)
5402	합성필라멘트사(재봉사와 소매용은 제외하며, 67데시텍스 미만인 합성모노필라멘트를 포함한다)
5403	재생·반(半)합성 필라멘트사[재봉사와 소매용은 제외하며, 67데시텍스 미만인 재생·반(半)합성 모노필라멘트를 포함한다]
5404	합성모노필라멘트(67데시텍스 이상인 것으로서 횡단면의 치수가 1밀리미터 이하인 것으로 한정한다), 방직용 합성섬유재료의 스트립(strip)이나 이와 유사한 것[예: 인조스트로(straw)](시폭이 5밀리미터 이하인 것으로 한정한다)
5405	재생·반(半)합성 모노필라멘트(67데시텍스 이상인 것으로서 횡단면의 치수가 1밀리미터 이하인 것으로 한정한다), 재생·반(半)합성 방직용 섬유재료의 스트립(strip)이나 이와 유사한 것[예: 인조 스트로(straw)](시폭이 5밀리미터 이하인 것으로 한정한다)
5406	인조필라멘트사(재봉사는 제외하며, 소매용으로 한정한다)
5407	합성필라멘트사의 직물(제5404호 재료로 직조한 직물을 포함한다)
5408	재생·반(半)합성 필라멘트사의 직물(제5405호의 재료로 직조한 직물을 포함한다)

제55류 인조스테이플섬유

제55류 주 제1호

1. 제5501호와 제5502호는 토우(tow)의 길이와 동일한 길이의 필라멘트가 병렬로 되어 있는 인조필라멘트 토우(tow)로서 다음 각 목의 요건을 모두 갖춘 것에만 적용한다.

    가. 토우(tow)의 길이가 2미터를 초과하는 것

    나. 1미터당 5회 미만으로 꼰 것

    다. 구성하는 필라멘트가 67데시텍스 미만인 것

    라. 늘림 처리를 한(drawn) 합성필라멘트 토우(tow)로서 그 길이의 100%를 초과하여 늘어날 수 없는 것

    마. 토우(tow)의 총 측정치가 20만데시텍스를 초과하는 것. 다만, 길이가 2미터 이하인 토우(tow)는 제5503호나 제5504호로 분류한다.

번호	품명
5501	합성필라멘트 토우(tow)
5502	재생·반(半)합성 필라멘트 토우(tow)
5503	합성스테이플섬유[카드(card)·코움(comb)이나 그 밖의 방적준비 처리를 한 것은 제외한다]
5504	재생·반(半)합성 스테이플섬유[카드(card)·코움(comb)이나 그 밖의 방적준비 처리를 한 것은 제외한다]
5505	인조섬유의 웨이스트(waste)[노일(noil)·실의 웨이스트·가닛스톡(garnetted stock)을 포함한다]
5506	합성스테이플섬유[카드(card)·코움(comb)이나 그 밖의 방적준비 처리를 한 것으로 한정한다]
5507	재생·반(半)합성 스테이플섬유[카드(card)·코움(comb)이나 그 밖의 방적준비 처리를 한 것으로 한정한다]
5508	인조스테이플섬유의 재봉사(소매용인지에 상관없다)
5509	합성스테이플섬유사(재봉사와 소매용은 제외한다)
5510	재생·반(半)합성 스테이플섬유사(재봉사와 소매용은 제외한다)
5511	인조스테이플섬유사(재봉사는 제외하며, 소매용으로 한정한다)
5512	합성스테이플섬유의 직물(합성스테이플섬유의 함유량이 전 중량의 100분의 85 이상인 것으로 한정한다)
5513	주로 면과 혼방한 합성스테이플섬유의 직물(합성스테이플섬유의 함유량이 전 중량의 100분의 85 미만인 것으로서 1제곱미터당 중량이 170그램 이하인 것으로 한정한다)
5514	주로 면과 혼방한 합성스테이플섬유의 직물(합성스테이플섬유의 함유량이 전 중량의 100분의 85 미만인 것으로서 1제곱미터당 중량이 170그램을 초과하는 것으로 한정한다)
5515	합성스테이플섬유의 그 밖의 직물
5516	재생·반(半)합성 스테이플섬유의 직물

제56류 워딩(wadding)·펠트(felt)·부직포, 특수사, 끈·배의 밧줄(cordage)·로프·케이블과 이들의 제품

제56류 주 제1호

1. 이 류에서 다음 각 목의 것은 제외한다.

    가. 방직용 섬유재료가 단지 매체로 존재하면서 다른 물질이나 조제품(예: 제33류의 향수나 화장품, 제3401호의 비누나 세척제, 제3405호의 광택제·크림이나 이와 유사한 조제품, 제3809호의 직물 유연제)을 침투·도포하거나 피복한 워딩(wadding)·펠트(felt)·부직포

    나. 제5811호의 섬유제품

    다. 천연·인조의 연마용 가루나 알갱이를 펠트(felt)나 부직포의 뒷면에 부착한 것(제6805호)

    라. 응결시키거나 재생한 운모를 펠트(felt)나 부직포의 뒷면에 부착한 것(제6814호)

    마. 금속박(箔)을 펠트(felt)나 부직포의 뒷면에 부착한 것(일반적으로 제14부나 제15부)

    바. 제9619호의 위생타월(패드)·탐폰, 냅킨(기저귀)·냅킨라이너와 이와 유사한 물품

제56류 주 제2호

2. 펠트(felt)에는 니들룸펠트(needleloom felt)와 방직용 섬유의 웹(web)으로 만든 직물류[웹(web) 자체의 섬유를 이용하여 스티치본딩(stitch-bonding) 방식으로 해당 직물의 응결력을 높인 것으로 한정한다]를 포함한다.

제56류 주 제3호

3. 제5602호와 제5603호에는 플라스틱이나 고무[이들 재료의 성질(콤팩트 또는 셀룰러)인지에 상관없다]를 침투·도포·피복하거나 적층한 펠트(felt)나 부직포를 각각 포함한다. 제5603호에는 플라스틱이나 고무를 결합제로 한 부직포를 포함한다. 다만, 제5602호와 제5603호에서는 다음 각 목의 것은 제외한다.

  가. 플라스틱이나 고무를 침투·도포·피복하거나 적층한 펠트(felt)로서 방직용 섬유재료의 함유량이 전 중량의 100분의 50 이하인 것, 플라스틱이나 고무의 중간에 완전히 삽입한 펠트(제39류나 제40류)

  나. 부직포를 플라스틱이나 고무 중간에 완전히 삽입한 물품과 부직포 양면 모두에 플라스틱이나 고무를 도포하거나 피복한 물품으로서 육안으로 도포하거나 피복한 사실을 볼 수 있는 것(색채의 변화를 고려하지 않는다)(제39류나 제40류)

  다. 셀룰러 플라스틱이나 셀룰러 고무의 판·시트(sheet)·스트립(strip)으로서 펠트(felt)나 부직포와 결합한 것(섬유는 보강용으로 한정한다)(제39류나 제40류)

제56류 주 제4호

4. 제5604호에는 방직용 섬유의 실, 제5404호나 제5405호의 스트립(strip)이나 이와 유사한 물품으로서 침투·도포하거나 피복한 것을 육안으로 볼 수 없는 것(통상 제50류부터 제55류까지)은 포함하지 않는다(색채의 변화를 고려하지 않는다).

번호	품명
5601	방직용 섬유의 워딩(wadding)과 그 제품, 방직용 섬유로서 길이가 5밀리미터 이하인 것(플록), 방직용 섬유의 더스트(dust)와 밀네프(mill nep)
5602	펠트(felt)(침투·도포·피복·적층한 것인지에 상관없다)
5603	부직포(침투·도포·피복·적층한 것인지에 상관없다)
5604	고무실과 고무끈(방직용 섬유로 피복한 것으로 한정한다), 방직용 섬유사·제5404호나 제5405호의 스트립(strip)과 이와 유사한 물품(고무나 플라스틱을 침투·도포·피복하거나 시드한(sheathed) 것으로 한정한다)
5605	금속드리사(metallised yarn)[짐프한(gimped) 것인지에 상관없으며 방직용 섬유사, 제5404호나 제5405호의 스트립(strip)이나 이와 유사한 것으로서 실·스트립(strip)·가루 모양의 금속과 결합한 것이나 금속을 피복한 것으로 한정한다]
5606	짐프사(gimped yarn)와 제5404호나 제5405호에 열거한 스트립(strip)과 그 밖에 이와 유사한 것[짐프한(gimped) 것으로 한정하며 제5605호의 것과 짐프한(gimped) 말의 털로 만든 실은 제외한다], 셔닐사(chenille yarn)[플록(flock) 모양의 셔닐사(chenille yarn)를 포함한다], 루프웨일사(loop wale-yarn)

번호	
5607	끈·배의 밧줄(cordage)·로프·케이블[엮거나 짠 것인지, 고무나 플라스틱을 침투·도포·피복·시드한 (sheathed) 것인지에 상관없다]
5608	매듭이 있는 그물감[끈·배의 밧줄(cordage)·로프로 만든 것으로 한정한다], 방직용 섬유제품으로 만든 어망, 그 밖의 제품으로 만든 그물
5609	실·제5404호나 제5405호의 스트립(strip)이나 이와 유사한 것·끈·배의밧줄(cordage)·로프·케이블의 제품(따로 분류되지 않은 것으로 한정한다)

제57류 양탄자류와 그 밖의 방직용 섬유로 만든 바닥깔개

제57류 주 제1호

1. 이 류에서 "양탄자류와 그 밖의 방직용 섬유로 만든 바닥깔개"란 사용할 때 노출 표면이 방직용 섬유재료로 된 바닥깔개를 말하며, 방직용 섬유제 바닥깔개의 특성을 지니고 있으나 그 밖의 용도로 사용할 수 있는 물품을 포함한다.

제57류 주 제2호

2. 이 류에서 바닥깔개의 밑받침은 제외한다.

번호	품명
5701	양탄자류와 그 밖의 방직용 섬유로 만든 바닥깔개(매듭이 있는 것으로 한정하며, 제품으로 된 것인지에 상관없다)
5702	양탄자류와 그 밖의 방직용 섬유로 만든 바닥깔개[직조한 것으로 한정하고, 터프트(tuft)하거나 플록(flock)한 것은 제외하고, 제품으로 된 것인지에 상관없으며 켈렘(Kelem)·슈맥(Schumack)·카라마니(Karamanie)와 이와 유사한 손으로 짠 러그(rug)를 포함한다]
5703	양탄자류와 그 밖의 방직용 섬유로 만든 바닥깔개(인조잔디(turf)를 포함한다)[터프트(tuft)한 것으로 한정하며, 제품으로 된 것인지에 상관없다]
5704	양탄자류와 그 밖의 방직용 섬유로 만든 바닥깔개[펠트(felt)로 만든 것으로 한정하고, 터프트(tuft)하거나 플록(flock)한 것은 제외하며 제품으로 된 것인지에 상관없다]
5705	그 밖의 양탄자류와 그 밖의 방직용 섬유로 만든 바닥깔개(제품으로 된 것인지에 상관없다)

제58류 특수직물, 터프트(tuft)한 직물, 레이스, 태피스트리(tapestry), 트리밍(trimming), 자수천

제58류 주 제1호

1. 이 류는 제59류의 주 제1호의 방직용 섬유직물로서 침투·도포·피복하거나 적층한 것과 제59류의 기타 물품에는 적용하지 않는다.

제58류 주 제2호

2. 제5801호에는 위(緯)파일(pile)직물로서 그 부사를 절단하지 않아 직립한 파일(pile)을 가지지 않은 단계인 것을 포함한다.

제58류 주 제3호

3. 제5803호에서 "거즈"란 그 조직의 전부나 일부에서 지경사(地經絲)와 익경사(搦經絲)로 구성되며 익경사(搦經絲)가 지경사(地經絲)를 반회전, 1회전이나 2회 이상의 회전을 하면서 교전하거나 교착하여 고리(loop)를 만들고 이 고리(loop)에 위사(緯絲)가 통과함으로써 짜인 직물을 말한다.

제58류 주 제4호

4. 제5804호는 제5608호에 해당하는 끈·배의 밧줄(cordage)·로프로 만든 매듭이 있는 망직물에는 적용하지 않는다.

제58류 주 제5호

5. 제5806호에서 "세폭(細幅)직물"이란 다음 각 목의 물품을 말한다.
   가. 폭이 30센티미터 이하인 직물로서 이와 같은 규격으로 직조한 것이나 광폭(廣幅)의 직물을 절단한 것(직조·풀칠이나 그 밖의 방법으로 양 가장자리를 짜맞추어 만든 귀를 가지는 것으로 한정한다)
   나. 관 모양(tubular)인 직물의 평폭이 30센티미터 이하인 것
   다. 가장자리를 접은 바이어스바인딩(bias binding)으로서 가장자리를 폈을 때의 폭이 30센티미터 이하인 것. 다만, 직물 자체의 실로 가장자리에 술을 붙인 세폭(細幅)직물은 제5808호로 분류한다.

제58류 주 제6호

6. 제5810호에서 "자수천"이란 특히 방직용 섬유직물류의 바탕천에 금속사나 유리섬유의 실로 자수한 것과 시퀸(sequins)·비드(bead)·방직용 솜이나 그 밖의 물품으로 만든 장식용 모티프(motif)를 꿰매어서 아프리케(applique)로 한 물품을 말한다. 이 호에는 바느질한 태피스트리(tapestry)를 적용하지 않는다(제5805호).

제58류 주 제7호

7. 이 류에는 제5809호의 물품 외에 의류·실내장식용 직물이나 그 밖에 이와 유사한 물품에 사용하는 금속사의 제품을 포함한다.

번호	품명
5801	파일(pile)직물·셔닐(chenille)직물(제5802호나 제5806호에 해당하는 직물은 제외한다)
5802	테리타월지(terry towelling fabric)와 이와 유사한 테리(terry)직물[제5806호에 해당하는 세폭(細幅)직물은 제외한다], 터프트(tuft)한 직물(제5703호에 해당하는 물품은 제외한다)
5803	거즈[제5806호에 해당하는 세폭(細幅)직물은 제외한다]
5804	튈(tulle)과 그 밖의 망직물(제직한 것·메리야스 편물이나 뜨개질 편물은 제외한다), 레이스[원단 상태·스트립(strip)이나 모티프(motif)로 된 것으로 한정하며, 제6002호부터 제6006호까지의 편물은 제외한다]
5805	고블랭(gobelin)직·플랜더스(flanders)직·오뷔송(aubusson)직·보베(beauvais)직과 이와 유사한 손으로 짠 태피스트리(tapestry), 자수의 태피스트리(tapestry)[예: 프티포인트(petit point)·십자수] (제품으로 된 것인지에 상관없다)
5806	세폭(細幅)직물(제5807호에 해당하는 것은 제외한다)과 접착제로 접착한 경사(經絲)만으로 이루어진 세폭(細幅)직물(볼덕)
5807	방직용 섬유재료로 만든 레이블(label), 배지(badge)와 이와 유사한 물품[원단 상태인 것·스트립(strip) 모양인 것·특정한 모양이나 크기로 절단한 것으로 한정하며, 자수한 것은 제외한다]
5808	원단 상태인 브레이드(braid)와 원단 상태인 장식용 트리밍(trimming)(자수가 없는 것으로 한정하며, 메리야스 편물이나 뜨개질 편물은 제외한다), 술·폼퐁(pompon)과 이와 유사한 물품
5809	금속사의 직물과 제5605호에 해당하는 금속드리사(metallised yarn)의 직물(의류·실내용품이나 이와 유사한 물품에 사용되는 것으로 한정하며, 따로 분류되는 것은 제외한다)
5810	자수천[원단 상태인 것·스트립(strip) 모양인 것·모티프(motif)로 된 것으로 한정한다]
5811	원단 상태인 방직용 누비제품(바느질이나 그 밖의 방법으로 패딩과 조합한 한 층 이상의 방직용 섬유로 만든 것으로 한정하며, 제5810호의 자수천은 제외한다)

제59류 침투·도포·피복하거나 적층한 방직용 섬유의 직물, 공업용인 방직용 섬유제품

제59류 주 제1호

1. 문맥상 달리 해석되지 않는 한 이 류에서 "방직용 섬유의 직물"이란 제50류부터 제55류까지·제5803호·제5806호의 방직용 섬유의 직물류, 제5808호의 원단 상태인 브레이드(braid)와 장식용 트리밍(trimming), 제6002호부터 제6006호까지의 메리야스 편물과 뜨개질 편물로 한정한다.

제59류 주 제2호

2. 제5903호에는 다음 각 목의 것을 포함한다.

   가. 플라스틱을 침투·도포·피복하거나 적층한 방직용 섬유직물[1제곱미터당 중량이나 플라스틱 재료의 성질(콤팩트 또는 셀룰러)인지에 상관없다]로서 다음에 해당되지 않는 것
   1) 침투·도포하거나 피복한 것을 육안으로 판별할 수 없는 직물류(일반적으로 제50류부터 제55류까지·제58류·제60류로 분류하며, 이 경우 색채의 변화를 고려하지 않는다)
   2) 섭씨 15도부터 30도까지의 온도에서 지름 7밀리미터의 원통 둘레에 꺾지 않고는 손으로 감을 수 없는 물품(보통 제39류)
   3) 방직용 섬유의 직물을 플라스틱으로 완전히 덮었거나 이러한 물질로 양면을 완전히 도포·피복한 물품. 다만, 이러한 도포하거나 피복한 것을 육안으로 볼 수 있어야 하며, 이 경우 색채의 변화를 고려하지 않는다(제39류).
   4) 플라스틱을 부분적으로 도포하거나 피복함으로써 그림 모양을 나타낸 직물류(일반적으로 제50류부터 제55류까지·제58류·제60류로 분류한다)
   5) 방직용 섬유의 직물과 결합한 셀룰러 플라스틱으로 만든 판·시트(sheet)·스트립(strip)(방직용 섬유의 직물은 보강용으로 한정한다)(제39류)
   6) 제5811호의 방직용 섬유제품

   나. 제5604호의 플라스틱을 침투·도포·피복하거나 시드한(sheathed) 실·스트립(strip)·그 밖에 이와 유사한 것으로 만든 직물류

제59류 주 제3호

3. 제5903호에서 "플라스틱을 적층한 방직용 섬유의 직물류"란 하나 이상의 직물층과 하나 이상의 플라스틱 시트나 필름을 조합해 만든 제품으로서, 어떠한 방법으로든 이들 층을 함께 접착하여 결합한 것이다(그 횡단면에서 이들 플라스틱 시트나 필름이 육안으로 확인될 수 있는지는 상관없다).

제59류 주 제4호

4. 제5905호에서 "섬유로 만든 벽 피복재"란 벽이나 천장의 장식용으로 폭이 45센티미터 이상인 롤 모양의 제품을 말하며, 구성하는 직물의 표면이 뒷면에 고정되었거나 뒷면을 붙일 수 있도록 침투시키거나 도포한 제품을 포함한다. 다만, 이 호는 종이(제4814호)의 뒷면이나 직물(일반적으로 제5907호)의 뒷면에 직접 고정한 섬유로 된 플록(flock)이나 더스트(dust)로 구성된 벽 피복재에는 적용하지 않는다.

제59류 주 제5호

5. 제5906호에서 "고무가공을 한 방직용 섬유의 직물류"란 다음 각 목의 것을 말한다. 다만, 방직용 섬유의 직물류와 결합한 셀룰러 고무의 판·시트(sheet)·스트립(strip)(방직용 섬유가 단지 보강의 목적으로만 되어 있는 것으로 한정한다)(제40류), 제5811호의 방직용 섬유제품에는 적용하지 않는다.

   가. 고무를 침투·도포·피복하거나 적층한 방직용 섬유의 직물류
   1) 1제곱미터당 중량이 1,500그램 이하인 것
   2) 1제곱미터당 중량이 1,500그램을 초과하며 방직용 섬유의 함유량이 전 중량의 100분의 50을 초과하는 것

나. 제5604호의 고무를 침투·도포·피복하거나 시드한(sheathed) 실·스트립(strip)·그 밖에 이와 유사한 것으로 만든 직물류

다. 고무로 응결시킨 방직용 섬유사를 병렬로 놓아 만든 직물류(제곱미터당 중량에 상관없다)

제59류 주 제6호

6. 제5907호에는 다음 각 목의 것을 적용하지 않는다.

   가. 침투·도포하거나 피복한 것을 육안으로 볼 수 없는 직물류(일반적으로 제50류부터 제55류까지·제58류·제60류로 분류하며, 색채의 변화를 고려하지 않는다)

   나. 디자인을 넣어 그림을 그린 직물류(극장용 배경이나 스튜디오용 배경막이나 이와 유사하게 사용되는 그림이 그려진 캔버스는 제외한다)

   다. 플록(flock)·더스트(dust)·가루 모양인 코르크나 그 밖에 이와 유사한 물품을 부분적으로 피복함으로써 그림 모양을 나타낸 직물류. 다만, 모조 파일(pile)직물은 이 호로 분류한다.

   라. 전분이나 이와 유사한 물품을 주성분으로 하여 완성가공한 직물류

   마. 방직용 섬유직물의 뒷면에 부착한 베니어판(제4408호)

   바. 천연·인조의 연마용 가루나 알갱이를 방직용 섬유직물의 뒷면에 부착한 것(제6805호)

   사. 응결시키거나 재생한 운모를 방직용 섬유직물의 뒷면에 부착한 것(제6814호)

   아. 금속박(箔)을 방직용 섬유직물의 뒷면에 부착한 것(일반적으로 제14부나 제15부)

제59류 주 제7호

7. 제5910호에는 다음 각 목의 것을 적용하지 않는다.

   가. 방직용 섬유로 만든 전동(transmission)용·5컨베이어용 벨팅(belting)으로서 두께가 3밀리미터 미만인 것

   나. 전동(transmission)용·컨베이어용 벨트나 벨팅(belting)[고무를 침투·도포·피복하거나 적층한 방직용 섬유의 직물류로 제조한 것과 고무를 침투·도포·피복하거나 시드한(sheathed) 방직용 섬유의 실이나 끈으로 제조한 것으로 한정한다](제4010호)

제59류 주 제8호

8. 제5911호에는 제11부의 다른 어느 호에도 해당하지 않는 다음 각 목의 물품을 적용한다.

   가. 일정한 길이로 절단하거나 단지 직사각형(정사각형을 포함한다)으로 절단한 원단 상태인 방직용 섬유로 만든 물품으로서 다음의 것(제5908호부터 제5910호까지에 열거한 물품의 특성을 가지는 것은 제외한다)

   1) 일반적으로 침포(針布)로 사용하는 방직용 섬유의 직물류, 펠트(felt), 펠트(felt)로 안을 붙인 직물로서 고무·가죽 그 밖의 물품을 도포·피복하거나 적층한 것과 그 밖의 기술적 용도로 사용하는 이와 유사한 직물류[위빙스핀들(weaving spindle)(위빙빔)을 피복하기 위한 고무를 침투시킨 벨벳으로 된 세폭(細幅)직물을 포함한다]

   2) 볼팅 클로스(bolting cloth)

3) 착유기나 그 밖에 이와 유사한 기계에 사용하는 방직용 섬유나 사람 머리카락으로 만든 여과포
4) 복합경사나 복합위사를 사용한 플랫(flat)방직용 섬유의 직물로서 기계나 그 밖의 공업용으로 사용하는 것[펠트(felt)·침투·도포된 것인지에 상관없다]
5) 공업용으로 사용하는 금속으로 보강한 방직용 섬유의 직물
6) 공업용으로 사용하는 패킹용이나 윤활용의 끈(cord)·브레이드(braid)와 그 밖에 이와 유사한 것(금속으로 도포·침투·보강한 것인지에 상관없다)

나. 제5908호부터 제5910호까지의 것은 제외한 방직용 섬유제품으로서 공업용인 것[예: 제지용 기계나 이와 유사한 기계(예: 펄프나 석면시멘트 제조용)에 사용하는 엔드리스(endless) 모양이나 연결구를 갖춘 방직용 섬유의 직물류와 펠트(felt)류, 개스킷(gasket), 와셔(washer), 폴리싱디스크(polishing disc)와 그 밖의 기계 부분품]

번호	품명
5901	서적 장정용이나 이와 유사한 용도로 사용하는 방직용 섬유의 직물류로서 검(gum)이나 전분질의 물품을 도포한 것, 투사포(tracing cloth), 회화용 캔버스, 모자 제조에 사용되는 버크럼(buckram)과 이와 유사한 경화가공된 방직용 섬유의 직물
5902	강력사의 타이어코드(tyre cord)직물[나일론이나 그 밖의 폴리아미드·폴리에스테르·비스코스레이온(viscose rayon)의 것으로 한정한다]
5903	플라스틱을 침투·도포·피복하거나 적층한 방직용 섬유의 직물류(제5902호에 해당하는 직물류는 제외한다)
5904	리놀륨과 방직용 섬유직물의 뒷면을 도포하거나 피복한 것으로 만든 바닥깔개(특정한 모양으로 절단한 것인지에 상관없다)
5905	방직용 섬유로 만든 벽 피복재
5906	고무가공을 한 방직용 섬유의 직물류(제5902호에 해당하는 직물류는 제외한다)
5907	그 밖의 방법으로 침투·도포하거나 피복한 방직용 섬유의 직물류, 극장용 배경이나 스튜디오용 배경막이나 이와 유사하게 사용되는 그림이 그려진 캔버스
5908	램프용·스토브용·라이터용·양초용이나 이와 유사한 용도로 사용하는 방직용 섬유의 심지(직조·편조·편직한 것으로 한정한다), 백열가스 맨틀(mantle)과 백열가스 맨틀(mantle)용 관 모양의 편물(침투시켰는지에 상관없다)
5909	방직용 섬유로 만든 호스와 이와 유사한 관 모양의 물품(다른 재료를 내장·보강한 것인지 또는 부속품이 있는지에 상관없다)
5910	전동(transmission)용·컨베이어용 벨트와 벨팅(belting)(방직용 섬유로 만든 것으로 한정하며, 플라스틱을 침투·도포·피복·적층한 것인지 또는 금속이나 그 밖의 물품으로 보강한 것인지에 상관없다)
5911	방직용 섬유제품과 방직용 섬유로 만든 물품(이 류의 주 제8호에 열거된 물품으로 공업용으로 사용되는 것)

제60류 메리야스 편물과 뜨개질 편물

제60류 주 제1호

1. 이 류에서 다음 각 목의 것은 제외한다.

   가. 제5804호의 뜨개질 편물의 레이스

   나. 제5807호에 해당하는 메리야스 편물과 뜨개질 편물의 레이블(label)·배지(badge)와 이와 유사한 물품

   다. 제59류의 침투·도포·피복하거나 적층한 메리야스 편물이나 뜨개질 편물제품. 다만, 침투·도포·피복하거나 적층한 메리야스 편물이나 뜨개질 편물의 파일(pile)직물은 제6001호로 분류한다.

제60류 주 제2호

2. 이 류에는 의류·실내용품·그 밖에 이와 유사한 물품에 사용하는 금속사로 만든 편물이 포함된다.

제60류 주 제3호

3. 이 표의 메리야스 편물의 제품에는 스티치본딩(stitch-bonding) 방식으로 만든 물품[체인스티치(chain stitch)가 방직용 섬유의 실로 만들어진 것으로 한정한다]이 포함된다.

제60류 소호주 제1호

1. 소호 제6005.35호에는 중량이 1제곱미터당 30그램 이상이고 55그램 이하이며 메시(mesh)의 크기가 1제곱센티미터당 20홀 이상이고 100홀 이하인 폴리에틸렌 모노필라멘트 또는 폴리에스테르 멀티필라멘트로 된 직물로서, 알파-사이퍼메트린(ISO), 클로르페나피르(ISO), 델타메트린(INN, ISO), 람다-사이할로트린(ISO), 퍼메트린(ISO) 또는 피리미포스-메틸(ISO)을 침투하거나 도포한 것을 분류한다.

번호	품명
6001	파일(pile) 편물[롱파일(long pile) 편물과 테리(terry) 편물을 포함하며, 메리야스 편물이나 뜨개질 편물로 한정한다]
6002	메리야스 편물이나 뜨개질 편물(폭이 30센티미터 이하이며 탄성사나 고무실의 함유중량이 전 중량의 100분의 5 이상인 것으로서 제6001호의 것은 제외한다)
6003	메리야스 편물이나 뜨개질 편물(폭이 30센티미터 이하인 것으로서 제6001호나 제6002호의 것은 제외한다)
6004	메리야스 편물이나 뜨개질 편물(폭이 30센티미터를 초과하며 탄성사나 고무실의 함유중량이 전 중량의 100분의 5 이상인 것으로서 제6001호의 것은 제외한다)
6005	경(經)편직 편물류[거룬(galloon) 편직기로 제조한 것을 포함하며, 제6001호부터 제6004호까지의 것은 제외한다]
6006	그 밖의 메리야스 편물이나 뜨개질 편물

제61류 의류와 그 부속품(메리야스 편물이나 뜨개질 편물로 한정한다)

제61류 주 제1호

1. 이 류는 메리야스 편물이나 뜨개질 편물의 제품으로 한정한다.

제61류 주 제2호

2. 이 류에서 다음 각 목의 것은 제외한다.

    가. 제6212호의 물품

    나. 제6309호의 사용하던 의류나 그 밖의 사용하던 제품

    다. 정형외과용 기기, 외과용 벨트, 탈장대나 그 밖에 이와 유사한 물품(제9021호)

제61류 주 제3호

3. 제6103호와 제6104호에서는 다음 각 목에서 정하는 바에 따른다.

    가. "슈트"란 겉감이 동일 직물로 제조된 두 부분이나 세 부분으로 구성된 세트의류로서 다음의 구성 부분으로 이루어진 것을 말한다.
    - 상반신용 슈트코트나 재킷 한 점[소매 부분 이외의 겉감이 상반신용으로 재단된 4개 이상의 단으로 되어 있고, 봉제된 조끼(앞부분은 동 세트의류를 구성하는 다른 부분의 겉감과 동일 직물로 되어 있으며, 뒷부분은 슈트코트나 재킷의 안감과 동일 직물로 된 것)가 추가로 있을 수 있다]
    - 하반신용 의류 한 점[긴 바지·짧은 바지(breeches)와 반바지(shorts)(수영복은 제외한다)·스커트나 치마바지로서 멜빵과 가슴받이가 모두 없는 것으로 한정한다]

    슈트의 구성 부분이 되는 의류는 직물의 조직·색채·조성이 모두 동일하여야 한다. 또한 스타일도 동일하고 치수가 서로 적합하거나 조화를 이루어야 한다. 다만, 다른 직물로 된 파이핑(piping)[솔기(seam) 모양으로 꿰매진 직물의 스트립(strip)]이 있을 수 있다.

    두 가지 이상의 하반신용 의류가 함께 제시되는 경우[예: 긴 바지 두 벌, 긴 바지와 반바지(shorts), 스커트나 치마바지와 바지]에는 긴 바지 한 벌(여성용이나 소녀용은 스커트나 치마바지)을 슈트의 하반신용 구성 부분으로 보며, 그 밖의 의류는 슈트의 구성 부분으로 보지 않는다.

    슈트에는 다음의 세트의류를 포함하며, 위의 모든 조건에 합치하는지에 상관없다.
    - 모닝드레스[등으로부터 상당히 아래까지 둥근 밑단(tail)이 있는 플레인재킷(커터웨이)과 줄무늬가 있는 긴 바지로 구성된 것]
    - 이브닝드레스(테일코트)(일반적으로 검은 천으로 만들어졌으며 재킷의 정면 부분이 비교적 짧고 닫히지 않으며, 뒤에는 히프 부분 중간이 절단되고 늘어진 폭이 좁은 스커트 부분이 있는 것)
    - 디너재킷슈트(dinner jacket suit)(재킷의 형태는 앞섶이 많이 벌어진 것도 있으나 일반적으로 재킷과 유사하며, 광택이 있는 견이나 인조견 옷깃이 있는 것)

    나. "앙상블(ensemble)"이란 소매용으로 판매하는 동일 직물의 여러 단으로 만든 세트의류를 말하는 것으로서(제6107호·제6108호·제6109호의 슈트와 제품은 제외한다) 다음의 구성부분으로 이루어진 것을 말한다.

- 상반신용 의류 한 점[두 점이 한 세트가 되는 경우에는 두 번째의 상반신용 의류가 되는 풀오버(pullover)와 조끼는 제외한다]
- 한 종류나 두 종류의 하반신용 의류[긴 바지ㆍ가슴받이와 멜빵이 있는 바지ㆍ짧은 바지(breeches)와 반바지(shorts)(수영복은 제외한다)ㆍ스커트나 치마바지]

앙상블(ensemble)의 구성 부분이 되는 의류는 직물의 조직ㆍ스타일ㆍ색채ㆍ조성이 모두 동일하여야 하고, 치수가 서로 적합하거나 조화를 이루어야 한다. 앙상블(ensemble)에는 제6112호에 해당하는 트랙슈트나 스키슈트를 포함하지 않는다.

제61류 주 제4호

4. 제6105호와 제6106호에는 허리 아랫부분에 주머니가 있는 의류, 의류 밑 부분에 골이 진 허릿단이나 그 밖의 조이는 부분이 있는 의류, 적어도 10센티미터 × 10센티미터 범위에 가로, 세로 방향으로 각각 바늘코(stitch) 수가 1센티미터당 평균 10개 미만인 의류는 제외하며, 제6105호에는 소매가 없는 의류를 포함하지 않는다.

"셔츠"와 "셔츠블라우스"는 상반신용 의류로서 소매가 길거나 짧으며, 넥라인(neckline)을 기점으로 완전히 또는 부분적으로 트임(opening)이 있다. "블라우스"는 헐렁한 상반신용 의류로서 소매가 없는 것도 있으며, 넥라인을 기점으로 트임이 있거나 없을 수 있다. "셔츠"ㆍ"셔츠블라우스"ㆍ"블라우스"는 깃(collar)이 있을 수도 있다.

제61류 주 제5호

5. 제6109호에는 의류 밑 부분에 조임끈(drawstring)ㆍ골이 진 허릿단이나 그 밖의 조이는 부분이 있는 의류를 포함하지 않는다.

제61류 주 제6호

6. 제6111호는 다음 각 목에서 정하는 바에 따른다.

   가. "유아용 의류와 부속품"이란 신장이 86센티미터 이하인 어린이용을 말한다.

   나. 제6111호와 이 류의 그 밖의 다른 호로 동시에 분류될 수 있는 물품은 제6111호로 분류한다.

제61류 주 제7호

7. 제6112호의 "스키슈트"란 일반적으로 외양과 천에 따라 원칙적으로 스키(크로스컨트리나 알파인)를 할 때 입는 의류나 세트의류로 인정되는 것을 말하며, 다음 각 목의 것 중 하나로 구성된다.

   가. "스키오버롤(ski overall)"[상반신과 하반신을 덮도록 디자인한 전신용 의류를 말하며 소매와 깃(collar) 외에 주머니나 풋스트랩(footstrap)이 있을 수 있다]

   나. "스키앙상블(ensemble)"(소매용으로 포장된 두 매나 세 매로 된 세트의류를 말하며 다음을 포함한다)
   - 아노락(anorak)ㆍ윈드치터(wind-cheater)ㆍ윈드재킷(wind-jacket)이나 그 밖에 이와 유사한 한 점의 의류로서 슬라이드파스너(slide fastener)(지퍼)로 닫히며, 추가로 조끼도 있을 수 있다.

- 긴 바지(허리 위까지 올라오는지에 상관없다) · 짧은 바지(breeches) · 가슴받이와 멜빵이 있는 바지 한 점

"스키앙상블(ski ensemble)"에는 가목의 물품과 유사한 오버롤(overall)과 오버롤(overall) 위에 입는 패드를 넣은 소매 없는 재킷을 포함한다.

"스키앙상블(ski ensemble)"의 구성요소가 되는 의류는 천·스타일·조성이 모두 동일하여야 하며(동일한 색깔인지에 상관없다), 치수가 서로 적합하거나 조화를 이루어야 한다.

제61류 주 제8호

8. 제6113호와 이 류의 그 밖의 다른 호로 동시에 분류될 수 있는 의류는(제6111호는 제외한다) 제6113호로 분류한다.

제61류 주 제9호

9. 이 류의 의류로서 전면 부분이 왼편이 오른편 위로 잠기도록 디자인되어 있는 물품은 남성용이나 소년용 의류로 보며, 오른편이 왼편 위로 잠기도록 디자인되어 있는 물품은 여성용이나 소녀용 의류로 본다. 해당 의류의 재단법이 남성용이나 여성용으로 디자인되어 있음을 명백히 가리킬 경우에는 이 규정을 적용하지 않는다. 남성용이나 소년용 의류인지, 여성용이나 소녀용 의류인지를 판별할 수 없는 의류는 여성용이나 소녀용 의류에 해당하는 호로 분류한다.

제61류 주 제10호

10. 이 류의 제품에는 금속사로 만든 것도 있다.

번호	품명
6101	남성용이나 소년용 오버코트(overcoat)·카코트(car-coat)·케이프(cape)·클록(cloak)·아노락(anorak)(스키재킷을 포함한다)·윈드치터(wind-cheater)·윈드재킷(wind-jacket)과 이와 유사한 의류(메리야스 편물과 뜨개질 편물로 한정하며, 제6103호의 것은 제외한다)
6102	여성용이나 소녀용 오버코트(overcoat)·카코트(car-coat)·케이프(cape)·클록(cloak)·아노락(anorak)(스키재킷을 포함한다)·윈드치터(wind-cheater)·윈드재킷(wind-jacket)과 이와 유사한 의류(메리야스 편물과 뜨개질 편물로 한정하며, 제6104호의 것은 제외한다)
6103	남성용이나 소년용 슈트·앙상블(ensemble)·재킷·블레이저(blazer)·긴 바지·가슴받이와 멜빵이 있는 바지·짧은 바지(breeches)·반바지(shorts)(메리야스 편물이나 뜨개질 편물로 한정하며, 수영복은 제외한다)
6104	여성용이나 소녀용 슈트·앙상블(ensemble)·재킷·블레이저(blazer)·드레스·스커트·치마바지·긴 바지·가슴받이와 멜빵이 있는 바지·짧은 바지(breeches)·반바지(shorts)(메리야스 편물이나 뜨개질 편물로 한정하며, 수영복은 제외한다)
6105	남성용이나 소년용 셔츠(메리야스 편물이나 뜨개질 편물로 한정한다)
6106	여성용이나 소녀용 블라우스·셔츠·셔츠블라우스(메리야스 편물이나 뜨개질 편물로 한정한다)
6107	남성용이나 소년용 언더팬츠·브리프(brief)·나이트셔츠·파자마·목욕용 가운·드레싱가운과 이와 유사한 물품(메리야스 편물이나 뜨개질 편물로 한정한다)

6108	여성용이나 소녀용 슬립·페티코트(petticoat)·브리프(brief)·팬티·나이트드레스·파자마·네그리제(negligee)·목욕용 가운·드레싱가운과 이와 유사한 의류(메리야스 편물이나 뜨개질 편물로 한정한다)	
6109	티셔츠·싱글리트(singlet)와 그 밖의 조끼(메리야스 편물이나 뜨개질 편물로 한정한다)	
6110	저지(jersey)·풀오버(pullover)·카디건(cardigan)·웨이스트코트(waistcoat)와 이와 유사한 의류(메리야스 편물이나 뜨개질 편물로 한정한다)	
6111	유아용 의류와 그 부속품(메리야스 편물이나 뜨개질 편물로 한정한다)	
6112	트랙슈트·스키슈트·수영복(메리야스 편물이나 뜨개질 편물로 한정한다)	
6113	의류(제5903호·제5906호·제5907호에 해당하는 메리야스 편물이나 뜨개질 편물로 한정한다)	
6114	그 밖의 의류(메리야스 편물이나 뜨개질 편물로 한정한다)	
6115	팬티호스(panty hose)·타이츠(tights)·스타킹과 그 밖의 양말류[단계압박 양말류(예: 정맥류 치료용 스타킹)와 바닥을 대지 않은 신발류를 포함하며, 메리야스 편물이나 뜨개질 편물로 한정한다]	
6116	장갑류(메리야스 편물이나 뜨개질 편물로 한정한다)	
6117	그 밖의 메리야스 편물이나 뜨개질 편물로 만든 의류부속품과 의류·의류부속품의 부분품	

제62류 의류와 그 부속품(메리야스 편물이나 뜨개질 편물은 제외한다)

제62류 주 제1호

1. 이 류는 방직용 섬유의 직물[워딩(wadding)은 제외한다]로서 제품으로 된 것에 적용하며, 메리야스 편물이나 뜨개질 편물의 제품(제6212호에 해당하는 것은 제외한다)은 제외한다.

제62류 주 제2호

2. 이 류에서 다음 각 목의 것은 제외한다.

    가. 제6309호에 해당하는 사용하던 의류와 그 밖의 사용하던 제품

    나. 정형외과용 기기·외과용 벨트·탈장대나 그 밖에 이와 유사한 물품(제9021호)

제62류 주 제3호

3. 제6203호와 제6204호에서는 다음 각 목에서 정하는 바에 따른다.

    가. "슈트"란 겉감이 동일 직물로 제조된 두 부분이나 세 부분으로 구성된 세트의류로서 다음의 구성 부분으로 이루어진 것을 말한다.
    - 상반신용 슈트코트나 재킷 한 점[소매 부분 이 외의 겉감이 상반신용으로 재단된 4개 이상의 단으로 되어 있고, 봉제된 조끼(앞부분은 동 세트의류를 구성하는 다른 부분의 겉감과 동일 직물로 되어 있으며, 뒷부분은 슈트코트나 재킷의 안감과 동일 직물로 된 것)가 추가로 있을 수 있다]
    - 하반신용 의류 한 점[긴 바지·짧은 바지(breeches)와 반바지(shorts)(수영복은 제외한다)·스커트나 치마바지로서 멜빵과 가슴받이가 모두 없는 것으로 한정한다]

슈트의 구성 부분이 되는 의류는 직물의 조직·색채·조성이 모두 동일하여야 한다. 또한 스타일도 동일하고 치수가 서로 적합하거나 조화를 이루어야 한다. 다만, 다른 직물로 된 파이핑(piping)[솔기(seam) 모양으로 꿰매진 직물의 스트립(strip)]이 있을 수 있다.

두 가지 이상의 하반신용 의류가 함께 제시되는 경우[예: 긴 바지 두 벌, 긴 바지와 짧은 바지(shorts), 스커트나 치마바지와 바지]에는 긴 바지 한 벌(여성용이나 소녀용은 스커트나 치마바지)을 슈트의 하반신용 구성 부분으로 보며, 그 밖의 의류는 슈트의 구성 부분으로 보지 않는다.

슈트에는 다음의 세트의류를 포함하며, 위의 모든 조건에 합치하는지에 상관없다.
- 모닝드레스[등으로부터 상당히 아래까지 둥근 밑단(tail)이 있는 플레인 재킷(커터웨이)과 줄무늬가 있는 긴 바지로 구성된 것]
- 이브닝드레스(테일코트)(일반적으로 검은 천으로 만들어졌으며 재킷의 정면 부분이 비교적 짧고 닫히지 않으며, 뒤에는 히프 부분 중간이 절단되고 늘어진 폭이 좁은 스커트 부분이 있는 것)
- 디너재킷슈트(dinner jacket suit)(재킷의 형태는 앞섶이 많이 벌어진 것도 있으나 일반적으로 재킷과 유사하며, 광택이 있는 견이나 인조견 옷깃이 있는 것)

나. "앙상블(ensemble)"이란 소매용으로 판매하는 동일 직물의 여러 단으로 만든 세트의류를 말하는 것으로서(제6207호·제6208호의 슈트와 제품은 제외한다) 다음을 포함한다.
- 상반신용 의류 한 점(두 번째의 상반신용 의류인 조끼는 제외한다)
- 한 종류나 두 종류의 하반신용 의류[긴 바지·가슴받이와 멜빵이 있는 바지·짧은 바지(breeches)와 반바지(shorts)(수영복은 제외한다)·스커트나 치마바지]

앙상블(ensemble)의 구성 부분이 되는 의류는 직물의 조직·스타일·색채·조성이 모두 동일하여야 하고, 치수가 서로 적합하거나 조화를 이루어야 한다. 앙상블(ensemble)에는 제6211호에 해당하는 트랙슈트나 스키슈트를 포함하지 않는다.

제62류 주 제4호

4. 제6205호와 제6206호에는 허리 아랫부분에 주머니가 있는 의류, 밑부분에 골이진 허릿단이나 그 밖의 조이는 부분이 있는 의류는 제외하며, 제6205호에는 소매가 없는 의류를 포함하지 않는다.

"셔츠"와 "셔츠블라우스"는 상반신용 의류로서 소매가 길거나 짧으며, 넥라인(neckline)을 기점으로 완전히 또는 부분적으로 트임(opening)이 있다. "블라우스"는 헐렁한 상반신용 의류로서 소매가 없는 것도 있으며, 넥라인을 기점으로 트임이 있거나 없을 수 있다. "셔츠"·"셔츠블라우스"·"블라우스"는 깃(collar)이 있을 수도 있다.

제62류 주 제5호

5. 제6209호에서는 다음 각 목에서 정하는 바에 따른다.

가. "유아용 의류와 부속품"이란 신장이 86센티미터 이하인 어린이용을 말한다.

나. 제6209호와 이 류의 그 밖의 다른 호로 동시에 분류될 수 있는 물품은 제6209호로 분류한다.

제62류 주 제6호

6. 제6210호와 이 류의 그 밖의 다른 호(제6209호는 제외한다)로 동시에 분류될 수 있는 의류는 제6210호로 분류한다.

제62류 주 제7호

7. 제6211호의 "스키슈트"란 일반적으로 외양과 천에 따라 원칙적으로 스키(크로스컨트리나 알파인)를 할 때 입는 의류나 세트의류로 인정되는 것을 말하며, 다음 각 목의 것 중 하나로 구성된다.

　가. "스키오버롤(ski overall)"[상반신과 하반신을 덮도록 디자인한 전신용 의류를 말하며 소매와 깃(collar) 외에 주머니나 풋스트랩(footstrap)이 있을 수 있다]

　나. "스키앙상블(ensemble)"[소매용으로 포장된 두 매나 세 매로 된 세트의류를 말하며 다음을 포함한다]
　　- 아노락(anorak)·윈드치터(wind-cheater)·윈드재킷(wind-jacket)이나 그 밖에 이와 유사한 한 점의 의류로서 슬라이드파스너(slide fastener)(지퍼)로 닫히며, 추가로 조끼도 있을 수 있다.
　　- 긴 바지(허리 위까지 올라오는지에 상관없다)·짧은 바지(breeches)·가슴받이와 멜빵이 있는 바지 한 점

"스키앙상블(ski ensemble)"에는 가목의 물품과 유사한 오버롤(overall)과 오버롤(overall) 위에 입는 패드를 넣은 소매 없는 재킷을 포함한다.

"스키앙상블(ski ensemble)"의 구성요소가 되는 의류는 천·스타일·조성이 모두 동일하여야 하며(동일한 색깔인지에 상관없다), 치수가 서로 적합하거나 조화를 이루어야 한다.

제62류 주 제8호

8. 정사각형이나 정사각형에 가까운 스카프와 이와 유사한 물품 중 각 변의 길이가 60센티미터 이하인 것은 손수건(제6213호)으로 분류하며, 어느 한 변의 길이가 60센티미터를 초과하는 것은 제6214호로 분류한다.

제62류 주 제9호

9. 이 류의 의류로서 전면 부분이 왼편이 오른편 위로 잠기도록 디자인되어 있는 물품은 남성용이나 소년용 의류로 보며, 오른편이 왼편 위로 잠기도록 디자인되어 있는 물품은 여성용이나 소녀용 의류로 본다. 해당 의류의 재단법이 남성용이나 여성용으로 디자인되어 있음을 명백히 가리킬 경우에는 이 규정을 적용하지 않는다. 남성용이나 소년용 의류인지, 여성용이나 소녀용 의류인지를 판별할 수 없는 의류는 여성용이나 소녀용 의류에 해당하는 호로 분류한다.

제62류 주 제10호

10. 이 류의 제품에는 금속사로 만든 것도 있다.

번호	품명
6201	남성용이나 소년용 오버코트(overcoat)·카코트(car-coat)·케이프(cape)·클록(cloak)·아노락(anorak)(스키재킷을 포함한다)·윈드치터(wind-cheater)·윈드재킷(wind-jacket)과 이와 유사한 의류(제6203호의 것은 제외한다)
6202	여성용이나 소녀용 오버코트(overcoat)·카코트(car-coat)·케이프(cape)·클록(cloak)·아노락(anorak)(스키재킷을 포함한다)·윈드치터(wind-cheater)·윈드재킷(wind-jacket)과 이와 유사한 의류(제6204호의 것은 제외한다)
6203	남성용이나 소년용 슈트·앙상블(ensemble)·재킷·블레이저(blazer)·긴 바지·가슴받이와 멜빵이 있는 바지·짧은 바지(breeches)·반바지(shorts)(수영복은 제외한다)
6204	여성용이나 소녀용 슈트·앙상블(ensemble)·재킷·블레이저(blazer)·드레스 스커트·치마바지·긴 바지·가슴받이와 멜빵이 있는 바지 짧은 바지(breeches)·반바지(shorts)(수영복은 제외한다)
6205	남성용이나 소년용 셔츠
6206	여성용이나 소녀용 블라우스·셔츠·셔츠블라우스
6207	남성용이나 소년용 싱글리트(singlet)와 그 밖의 조끼·언더팬츠·브리프(brief)·나이트셔츠·파자마·목욕용 가운·드레싱가운과 이와 유사한 물품
6208	여성용이나 소녀용 싱글리트(singlet)와 그 밖의 조끼·슬립·페티코트(petticoat)·브리프(brief)·팬티·나이트드레스·파자마·네그리제(negligee)·목욕용 가운·드레싱가운과 이와 유사한 의류
6209	유아용 의류와 그 부속품
6210	의류(제5602호·제5603호·제5903호·제5906호·제5907호의 직물류의 제품으로 한정한다)
6211	트랙슈트·스키슈트·수영복과 그 밖의 의류
6212	브래지어·거들·코르셋(corset)·브레이스(braces)·서스펜더(suspender)·가터(garter)와 이와 유사한 제품, 이들의 부분품(메리야스 편물이나 뜨개질 편물로 만든 것인지에 상관없다)
6213	손수건
6214	숄(shawl)·스카프·머플러·만틸라(mantilla)·베일(veil)과 이와 유사한 물품
6215	넥타이류
6216	장갑류
6217	그 밖의 제품으로 된 의류부속품, 의류·의류부속품의 부분품(제6212호에 해당하는 것은 제외한다)

제63류 제품으로 된 방직용 섬유의 그 밖의 물품, 세트, 사용하던 의류·방직용 섬유제품, 넝마

제63류 주 제1호

1. 제1절은 방직용 섬유의 직물류로 제품을 만든 것에만 적용한다(방직용 섬유의 직물류의 종류는 상관없다).

제63류 주 제2호

2. 제1절에서 다음 각 목의 것은 제외한다.

   가. 제56류부터 제62류까지의 물품

   나. 제6309호에 해당하는 사용하던 의류나 그 밖의 사용하던 물품

제63류 주 제3호

3. 제6309호에는 다음 각 목에 열거한 물품만을 적용한다.

   가. 방직용 섬유로 만든 제품
   1) 의류·의류부속품과 이들의 부분품
   2) 모포와 여행용 러그(rug)류
   3) 베드린넨(bed linen)·테이블린넨(table linen)·토일렛린넨(toilet linen)·주방린넨(kitchen linen)
   4) 실내용품[제5701호부터 제5705호까지에 해당하는 양탄자와 제5805호의 태피스트리(tapestry)는 제외한다]

   나. 신발류와 모자류(어떠한 재질이라도 가능하며, 석면제품은 제외한다)

   ※ 위에 열거된 물품이 이 호로 분류되기 위해서는 다음 두 가지 조건에 적합한 것이어야 한다.
   1) 눈에 뜨일 정도로 사용하던 흔적이 있어야 하고
   2) 벌크·가마니·부대나 그 밖에 이와 유사한 것으로 포장된 상태이어야 한다.

제63류 소호주 제1호

1. 소호 제6304.20호에는 경(經)편직 편물류로 만든 것으로서 알파-사이퍼메트린(ISO)·클로르페나피르(ISO)·델타메트린(INN, ISO)·람다-사이할로트린(ISO)·퍼메트린(ISO) 또는 피리미포스-메틸(ISO)를 침투하거나 도포한 제품이 포함된다.

번호	품명
제1절 제품으로 된 방직용 섬유의 그 밖의 물품	
6301	모포류와 여행용 러그(rug)
6302	베드린넨(bed linen)·테이블린넨(table linen)·토일렛린넨(toilet linen)·주방린넨(kitchen linen)
6303	커튼[드레이프(drape)를 포함한다]·실내용 블라인드(blind), 커튼이나 침대용 밸런스(valance)
6304	그 밖의 실내용품(제9404호의 물품은 제외한다)
6305	포장용 빈 포대
6306	방수포(tarpaulin)·천막·차양, 텐트(임시 캐노피와 이와 유사한 물품을 포함한다), 돛[보트용·세일보드(sailboard)용 랜드크래프트(landcraft)용], 캠프용품
6307	그 밖의 제품[드레스패턴(dress pattern)을 포함한다]
제2절 세트	
6308	러그(rug)용·태피스트리(tapestry)용·자수한 테이블보용·서비에트(serviette)용 직물이나 실로 구성된 세트(부속품이 있는지에 상관없다), 이와 유사한 방직용 섬유제품을 제조하기 위한 것으로서 소매용으로 포장한 것
제3절 사용하던 의류·방직용 섬유제품, 넝마	
6309	사용하던 의류와 그 밖의 사용하던 물품
6310	넝마(사용하던 것이나 신품으로 한정한다), 끈·배의 밧줄(cordage)·로프·케이블의 스크랩(scrap), 끈·배의 밧줄(cordage)·로프·케이블 제품의 폐품(방직용 섬유로 만든 것으로 한정한다)

제12부 신발류 · 모자류 · 산류(傘類) · 지팡이 · 시트스틱(seat-stick) · 채찍 · 승마용 채찍과 이들의 부분품, 조제 깃털과 그 제품, 조화, 사람 머리카락으로 된 제품

제64류	신발류 · 각반과 이와 유사한 것, 이들의 부분품
제65류	모자류와 그 부분품
제66류	산류(傘類) · 지팡이 · 시트스틱(seat-stick) · 채찍 · 승마용 채찍과 이들의 부분품
제67류	조제 깃털 · 솜털과 그 제품, 조화, 사람 머리카락으로 된 제품

제64류 신발류·각반과 이와 유사한 것, 이들의 부분품

제64류 주 제1호

1. 이 류에서 다음 각 목의 것은 제외한다.

    가. 바닥을 대지 않고 얇은 소재(예: 종이·플라스틱 박판)로 만든 일회용 신발류와 신발 덮개는 그 구성 재료에 따라 분류한다.

    나. 방직용 섬유재료로 만든 신발류[바깥 바닥과 갑피(甲皮)를 접착제로 붙이거나 바느질하거나 그 외 방법으로 붙인 것은 제외한다](제11부)

    다. 제6309호의 사용하던 신발류

    라. 석면제품(제6812호)

    마. 정형외과용 신발이나 그 밖의 정형외과용 기기나 이들의 부분품(제9021호)

    바. 완구용 신발·아이스 스케이트나 롤러스케이트가 붙은 스케이팅부츠, 정강이 보호구나 이와 유사한 보호용 운동용품(제95류)

제64류 주 제2호

2. 제6406호의 부분품에는 못·프로텍터(protector)·아일릿(eyelet)·훅(hook)·버클(buckle)·장신구·끈·레이스·폼폰(pompon)이나 그 밖의 트리밍(trimming)(각각 해당하는 호로 분류한다)과 제9606호의 단추나 그 밖의 물품을 포함하지 않는다.

제64류 주 제3호

3. 이 류에서

    가. "고무"와 "플라스틱"이라는 용어에는 육안으로 볼 수 있는 고무나 플라스틱의 표면층을 가진 직물이나 그 밖의 방직용 섬유제품을 포함한다. 이 경우 색채의 변화를 고려하지 않는다.

    나. "가죽"이란 제4107호, 제4112호부터 제4114호까지의 물품을 말한다.

제64류 주 제4호

4. 갑피(甲皮)나 바깥 바닥의 재료의 결정은 주 제3호의 규정을 전제로 하여 다음 각 목에서 정하는 바에 따른다.

    가. 갑피(甲皮)의 재료는 외부 표면적이 가장 넓은 면의 구성 재료에 따라 결정된다[앵클패치(ankle patch)·에징(edging)·장식·버클(buckle)·탭(tab)·아일릿스테이(eyelet stay)나 이와 유사한 부착물 등의 부속품과 보강재는 갑피(甲皮)의 구성 재료를 결정할 때 고려하지 않는다].

    나. 바깥 바닥의 재료는 접지하는 외부 표면적이 가장 넓은 면의 구성 재료에 따라 결정된다[스파이크 바(bar)·못·프로텍터(protector)나 이와 유사한 부착물의 부속품과 보강재는 바깥 바닥의 구성 재료를 결정할 때 고려하지 않는다].

제64류 소호주 제1호

1. 소호 제6402.12호 · 제6402.19호 · 제6403.12호 · 제6403.19호 · 제6404.11호에서 "스포츠용 신발류"는 다음 각 목에만 적용된다.

    가. 스포츠 활동용으로 제작된 것으로 스파이크 · 스프리그(sprig) · 스톱(stop) · 클립 · 바(bar)나 이와 유사한 부착물을 붙였거나 붙이도록 준비된 신발

    나. 스케이팅부츠 · 스키부츠 · 크로스컨트리스키화 · 스노보드부츠 · 레슬링부츠 · 복싱부츠 · 사이클화

번호	품명
6401	방수 신발류[바깥 바닥과 갑피(甲皮)를 고무나 플라스틱으로 만든 것으로 한정하며, 갑피(甲皮)를 바닥에 스티칭(stitching) · 리베팅(riveting) · 네일링(nailing) · 스크루잉(screwing) · 플러깅(plugging)이나 이와 유사한 방법으로 부착하거나 조립한 것은 제외한다]
6402	그 밖의 신발류[바깥 바닥과 갑피(甲皮)를 고무나 플라스틱으로 만든 것으로 한정한다]
6403	신발류[바깥 바닥을 고무 · 플라스틱 · 가죽 · 콤퍼지션 레더(composition leather)로 만들고, 갑피(甲皮)를 가죽으로 만든 것으로 한정한다]
6404	신발류[바깥 바닥을 고무 · 플라스틱 · 가죽 · 콤퍼지션 레더(composition leather)로 만들고, 갑피(甲皮)를 방직용 섬유재료로 만든 것으로 한정한다]
6405	그 밖의 신발류
6406	신발류 부분품[갑피(甲皮)(바깥 바닥을 제외한 바닥에 부착한 것인지에 상관없다)를 포함한다], 갈아 끼울 수 있는 안창과 힐쿠션(heel cushion)이나 이와 유사한 물품, 각반 · 레깅스나 이와 유사한 물품과 이들의 부분품

제65류 모자류와 그 부분품

제65류 주 제1호

1. 이 류에서 다음 각 목의 것은 제외한다.

    가. 제6309호의 사용하던 모자

    나. 석면으로 만든 모자(제6812호)

    다. 제95류의 인형 모자 · 그 밖의 완구용 모자 · 카니발용품

제65류 주 제2호

2. 제6502호에서는 봉합하여 만든 모체(hat-shape)는 제외한다. 다만, 스트립(strip)을 단순히 나선형으로 봉합하여 만든 모체(hat-shape)는 포함한다.

번호	품명
6501	모체(hat-form)[펠트(felt)로 만든 성형하지 않은 것으로서 차양을 붙이지 않은 것으로 한정한다], 펠트(felt)로 만든 플래토우(plateaux)와 망숑(manchon)[슬릿망숑(slit manchon)을 포함한다]
6502	모체(hat-shape)[각종 재료로 만든 스트립(strip)을 엮거나 결합하여 만든 것으로서 미성형인 것, 차양을 붙이지 않은 것, 안을 대지 않거나 장식하지 않은 것으로 한정한다]
6503	-
6504	모자[각종 재료로 만든 스트립(strip)을 엮거나 결합하여 만든 것으로 한정하며, 안을 댄 것인지 또는 장식한 것인지에 상관없다]
6505	모자[메리야스 편물이나 뜨개질 편물의 것과 원단 상태(스트립 모양은 제외한다)인 레이스·펠트(felt)나 그 밖의 방직용 섬유의 직물류로 만든 것으로 한정하며, 안을 댄 것인지 또는 장식한 것인지에 상관없다], 각종 재료로 만든 헤어네트(hair-net)[안을 대거나 장식한 것인지에 상관없다]
6506	그 밖의 모자(안을 댄 것인지 또는 장식한 것인지에 상관없다)
6507	헤드밴드·내장재·커버·모자의 파운데이션(foundation)·모자의 프레임(frame)·챙·턱끈

제66류 산류(傘類)·지팡이·시트스틱(seat-stick)·채찍·승마용 채찍과 이들의 부분품

제66류 주 제1호

1. 이 류에서 다음 각 목의 것은 제외한다.

    가. 자 겸용 지팡이나 이와 유사한 물품(제9017호)

    나. 장총·장검·납을 박은 지팡이나 이와 유사한 물품(제93류)

    다. 제95류의 물품[예: 완구용 산류(傘類)]

제66류 주 제2호

2. 제6603호에는 방직용 섬유재료로 만든 부분품·트리밍(trimming)·부속품, 각종 재료로 만든 커버·술·가죽끈·산류(傘類)의 케이스나 이와 유사한 것은 제외하되, 이러한 물품들이 제6601호나 제6602호의 물품과 함께 부착되지 않은 상태로 제시되는 경우에는 해당 물품을 구성하는 부분품으로 취급하지 않고 각각 해당하는 호로 분류한다.

번호	품명
6601	산류(傘類)[지팡이 겸용 우산·정원용 산류(傘類)와 이와 유사한 산류(傘類)를 포함한다]
6602	지팡이·시트스틱(seat-stick)·채찍·승마용 채찍과 이와 유사한 물품
6603	제6601호나 제6602호의 물품의 부분품·트리밍(trimming)·부속품

제67류 조제 깃털·솜털과 그 제품, 조화, 사람 머리카락으로 된 제품

제67류 주 제1호

1. 이 류에서 다음 각 목의 것은 제외한다.

    가. 사람 머리카락으로 만든 여과포(濾過布)(제5911호)

    나. 레이스·자수천이나 그 밖의 방직용 섬유의 직물류로 만든 꽃 모양의 모티프(motif)(제11부)

    다. 신발류(제64류)

    라. 모자류나 헤어네트(hair-net)(제65류)

    마. 완구·운동용구·카니발용품(제95류)

    바. 깃털로 만든 먼지떨이·화장용 분첩이나 털로 만든 체(제96류)

제67류 주 제2호

2. 제6701호에서 다음 각 목의 것은 제외한다.

    가. 깃털이나 솜털을 충전물로만 사용한 물품(예: 제9404호의 침구)

    나. 깃털이나 솜털을 단순히 트리밍(trimming)이나 충전물로만 사용한 의류와 의류부속품

    다. 제6702호의 인조 꽃이나 잎, 이들의 부분품이나 이들로 제조된 물품

제67류 주 제3호

3. 제6702호에서 다음 각 목의 것은 제외한다.

    가. 유리제품(제70류)

    나. 도자기·돌·금속·목재나 그 밖의 재료로 만든 인조 꽃·잎·과실로서 성형·단조·조각·스탬핑(stamping)이나 그 밖의 방법으로 단일체로 만든 것이거나 이들의 부분품들이 결속·접착·부착이나 이와 유사한 방법 외의 방법으로 조립된 것

번호	품명
6701	새의 깃털이나 솜털이 붙은 가죽과 그 밖의 부분·깃털과 그 부분·솜털과 이들의 제품[제0505호의 물품과 가공한 깃대(scape)·깃촉(quill)은 제외한다]
6702	인조 꽃·잎·과실과 이들의 부분품, 인조 꽃·잎·과실로 만든 제품
6703	사람 머리카락(정돈·표백이나 그 밖의 가공을 한 것으로 한정한다), 가발이나 이와 유사한 것을 제조하기 위한 양모나 그 밖의 동물의 털이나 그 밖의 방직용 섬유재료
6704	가발·가수염·눈썹·속눈썹·스위치와 이와 유사한 것(사람 머리카락·동물의 털·방직용 섬유재료로 만든 것으로 한정한다), 사람 머리카락으로 된 제품(따로 분류되지 않은 것으로 한정한다)

제13부 돌·플라스터(plaster)·시멘트·석면·운모나 이와 유사한 재료의 제품, 도자제품, 유리와 유리제품

제68류	돌·플라스터(plaster)·시멘트·석면·운모나 이와 유사한 재료의 제품
제69류	도자제품
제70류	유리와 유리제품

제68류 돌·플라스터(plaster)·시멘트·석면·운모나 이와 유사한 재료의 제품

제68류 주 제1호

1. 이 류에서 다음 각 목의 것은 제외한다.

    가. 제25류의 물품

    나. 제4810호 또는 제4811호의 도포·침투시키거나 피복한 종이와 판지(예: 운모 가루나 흑연을 도포한 종이와 판지·역청지와 역청 판지·아스팔트지와 아스팔트 판지)

    다. 제56류나 제59류의 도포·침투시키거나 피복한 방직용 섬유의 직물(예: 운모 가루를 도포하거나 피복한 직물·역청직물·아스팔트직물)

    라. 제71류의 물품

    마. 제82류의 공구와 그 부분품

    바. 제8442호의 인쇄용 석판석

    사. 애자(제8546호)나 제8547호의 절연재료로 만든 전기용 물품

    아. 치과용 버어(burr)(제9018호)

    자. 제91류의 물품[예: 클록(clock)과 클록(clock) 케이스]

    차. 제94류의 물품(예: 가구·조명기구·조립식 건축물)

    카. 제95류의 물품(예: 완구·게임용구·운동용구)

    타. 제9602호의 물품으로서 제96류의 주 제2호 나목의 재료로 된 물품, 제9606호의 물품(예: 단추), 제9609호의 물품(예: 석필), 제9610호의 물품(예: 도화용 석판), 제9620호의 물품(일각대·양각대·삼각대와 이와 유사한 물품)

    파. 제97류의 물품(예: 예술품)

제68류 주 제1호

2. 제6802호의 가공한 석비용·건축용 석재에는 제2515호나 제2516호의 각종 석재뿐만 아니라 이와 유사하게 가공한 그 밖의 모든 자연석[예: 규석·부싯돌·백운석·동석]의 경우에도 이를 적용한다. 다만, 슬레이트(slate)는 제외한다.

번호	품명
6801	포석·연석·판석[천연 석재로 한정하며, 슬레이트(slate)는 제외한다]
6802	가공한 석비용·건축용 석재[슬레이트(slate)는 제외한다]와 이들의 제품(제6801호의 물품은 제외한다), 모자이크 큐브와 이와 유사한 것 천연 석재의 것으로서 슬레이트(slate) 제품을 포함하며, 뒷면을 보강한 것인지에 상관없다], 인공적으로 착색한 천연 석재[슬레이트(slate)를 포함한다]의 알갱이·조각·가루
6803	가공한 슬레이트(slate)와 슬레이트(slate) 제품, 응결 슬레이트(slate)의 제품
6804	밀스톤(millstone)·그라인드스톤(grindstone)·그라인딩휠(grinding wheel)과 이와 유사한 것(연마용·벼리기용·광택용·정형용·절단용인 것으로서 프레임을 갖추지 않은 것으로 한정한다)·수지석(手砥石)과 이들의 부분품[천연석, 응결시킨 천연·인조의 연마재료로 만든 것이나 도자(陶瓷)제의 것으로 한정하며, 그 밖의 재료로 만든 부분품이 부착되었는지에 상관없다]
6805	천연·인조의 연마용 가루나 알갱이를 방직용 섬유재료·종이·판지나 그 밖의 재료에 부착한 물품(특정한 모양으로 절단·봉합한 것인지 또는 그 밖의 방법으로 만든 제품인지에 상관없다)
6806	슬래그 울(slag wool)·암면(rock wool)과 이와 유사한 광물성 울, 박리한 질석(蛭石)·팽창점토·다포슬래그(slag)와 이와 유사하게 팽창하는 광물성 재료, 단열용·방음용·흡음용 광물성 재료의 혼합물과 그 제품(제6811호·제6812호나 제69류의 것은 제외한다)
6807	아스팔트 제품이나 이와 유사한 재료[예: 석유역청이나 콜타르 피치(coal tar pitch)]의 제품
6808	패널·보드·타일·블록과 이와 유사한 물품[식물성섬유·짚·목재의 대팻밥·칩·파티클(particle)·톱밥이나 그 밖의 웨이스트(waste)를 시멘트·플라스터(plaster)나 그 밖의 광물성 결합재로 응결시킨 것으로 한정한다]
6809	플라스터(plaster) 제품이나 플라스터(plaster)를 기본 재료로 조합한 제품
6810	시멘트 제품·콘크리트 제품·인조석 제품(보강한 것인지에 상관없다)
6811	석면시멘트 제품·셀룰로오스파이버시멘트 제품이나 이와 유사한 것
6812	가공한 석면섬유, 석면을 기본 재료로 한 혼합물, 석면과 탄산마그네슘을 기본 재료로 한 혼합물, 그 혼합물들의 제품, 석면제품[예: 석면의 실·직물·의류·모자·신발·개스킷(gasket)](보강한 것인지에 상관없으며 제6811호와 제6813호의 물품은 제외한다)
6813	마찰 재료와 그 제품[예: 시트(sheet)·롤·스트립(strip)·세그먼트·디스크(disc)·와셔(washer)·패드](장착되지 않은 것으로서 브레이크용·클러치용이나 이와 유사한 용도의 석면·그 밖의 광물성 재료·셀룰로오스를 기본 재료로 한 것으로 한정하며, 직물이나 그 밖의 재료와 결합한 것인지에 상관없다)
6814	운모(가공한 것으로 한정한다)와 운모의 제품(응결시키거나 재생한 운모를 포함하며, 종이·판지나 그 밖의 재료로 된 지지물에 부착한 것인지에 상관없다)
6815	석제품이나 그 밖의 광물성 재료의 제품[탄소섬유·탄소섬유의 제품·이탄(泥炭)제품을 포함하며, 따로 분류되지 않은 것으로 한정한다]

제69류 도자제품

제69류 주 제1호

1. 이 류는 성형한 후에 불에 구워서 만든 도자제품에만 적용한다.

   가. 제6904호부터 제6914호까지는 제6901호부터 제6903호까지로 분류되는 것 외의 제품에만 적용한다.

   나. 수지 경화, 수화(水和) 반응 촉진, 물이나 그 밖의 휘발성 성분의 제거 등을 위해 섭씨 800도 미만의 온도로 가열한 제품은 소성(燒成)한 것으로 보지 않는다. 이러한 제품은 제69류에서 제외한다.

   다. 도자제품은 무기성·비(非)금속성 재료를 일반적으로 실온에서 미리 성형한 후 이를 소성(燒成)하여 만든다. 원재료는 특히, 점토나 규산질의 재료(용융실리카를 포함한다) 또는 녹는점이 높은 재료(예: 산화물·탄화물·질화물·흑연이나 그 밖의 탄소)로 이루어지며, 때로는 내화점토나 인산염과 같은 결합제가 들어 있는 경우도 있다.

제69류 주 제2호

2. 이 류에서 다음 각 목의 것은 제외한다.

   가. 제2844호의 물품

   나. 제6804호의 물품

   다. 제71류의 물품(예: 모조 신변장식용품)

   라. 제8113호의 서멧(cermet)

   마. 제82류의 물품

   바. 애자(제8546호)나 제8547호의 절연재료로 만든 전기용 물품

   사. 의치(義齒)(제9021호)

   아. 제91류의 물품[예: 클록(clock)과 클록(clock) 케이스]

   자. 제94류의 물품(예: 가구·조명기구·조립식 건축물)

   차. 제95류의 물품(예: 완구·게임용구·운동용구)

   카. 제9606호의 물품(예: 단추)이나 제9614호의 물품(예: 흡연용 파이프)

   타. 제97류의 물품(예: 예술품)

번호	품명
	제1절 규조토나 이와 유사한 규산질의 흙으로 만든 제품과 내화제품
6901	벽돌·블록·타일과 그 밖의 도자제품[규조토(예: 키절구어(kieselguhr)·트리폴리트(tripolite)·다이어토마이트(diatomite))나 이와 유사한 규산질의 흙으로 제조한 것으로 한정한다]
6902	내화벽돌·내화블록·내화타일과 이와 유사한 건설용 내화 도자제품(규조토나 이와 유사한 규산질의 흙으로 만든 제품은 제외한다)
6903	그 밖의 내화성 도자제품[예: 레토르트(retort)·도가니·머플·노즐·플러그·서포트·큐펠(cupel)·관(管)·쉬드(sheath)·막대(rod)·슬라이드 게이트(slide gate)](규조토나 이와 유사한 규산질의 흙으로 만든 제품은 제외한다)
	제2절 그 밖의 도자제품
6904	도자제의 건축용 벽돌·바닥깔개용 블록·서포트타일(support tile)·필러타일(filler tile)과 이와 유사한 것
6905	기와·굴뚝통·굴뚝갓·굴뚝용 내장재·건축용 장식품과 그 밖의 도자제의 건설용품
6906	도자제의 관(管)·도관(導管)·홈통과 관(管)의 연결구류
6907	도자제의 판석과 포장(鋪裝)용·노(爐)용·벽용 타일, 도자제의 모자이크 큐브와 이와 유사한 것(뒷면을 보강한 것인지에 상관없다), 피니싱 세라믹
6908	-
6909	실험실용·화학용이나 그 밖의 공업용 도자제품, 농업용 도자제 통과 이와 유사한 용기, 물품의 수송용·포장용으로 사용하는 도자제의 항아리·단지와 이와 유사한 제품
6910	도자제의 설거지통·세면대·세면대용 받침·목욕통·비데·수세식 변기통·수세식 변기용 물통·소변기와 이와 유사한 위생용 둘품
6911	자기제의 식탁용품·주방용품·그 밖의 가정용품·화장용품
6912	도자제의 식탁용품·주방용품·그 밖의 가정용품·화장용품(자기제의 것은 제외한다)
6913	도자제의 작은 조각상과 그 밖의 장식용 제품
6914	도자제의 그 밖의 제품

제70류 유리와 유리제품

제70류 주 제1호

1. 이 류에서 다음 각 목의 것은 제외한다.

    가. 제3207호의 물품[예: 법랑·유약·유리프리트(frit)와 가루 모양·알갱이 모양·플레이크(flake) 모양인 그 밖의 유리]

    나. 제71류의 물품(예: 모조 신변장식용품)

    다. 제8544호의 광섬유 케이블, 애자(제8546호), 제8547호의 절연재료로 만든 전기용 물품

    라. 제86류부터 제88류까지에 해당하는 운송 수단의 전방 윈드스크린(윈드쉴드)·후방 창문과 그 밖의 창문(틀에 끼운 것으로 한정한다)

    마. 제86류부터 제88류까지에 해당하는 운송 수단의 전방 윈드스크린(윈드쉴드)·후방 창문과 그 밖의 창문(틀에 끼운 것인지에 상관없으며, 가열장치나 그 밖의 전기·전자장치를 결합한 것으로 한정한다)

    바. 제90류의 광섬유·광학소자(광학적으로 가공한 것으로 한정한다)·피하주사기·의안(義眼)·온도계·기압계·액체비중계나 그 밖의 물품

    사. 제9405호의 조명기구·조명용 사인·조명용 명판이나 이와 유사한 것(고정 광원을 가지는 것으로 한정한다)과 이들의 부분품

    아. 제95류의 완구·게임용구·운동용구·크리스마스트리용 장식품이나 그 밖의 물품(기계장치를 하지 않은 유리로 만든 눈으로서 제95류의 인형이나 그 밖의 물품에 사용하는 것은 제외한다)

    자. 제96류의 단추·장착된 진공 플라스크·향수용 분무기나 이와 유사한 화장용 분무기·그 밖의 물품

제70류 주 제2호

2. 제7003호·제7004호·제7005호는 다음 각 목에서 정하는 바에 따른다.

    가. 서랭(徐冷) 전 공정단계에서 처리된 유리는 가공한 유리제품으로 보지 않는다.

    나. 특정한 모양으로 절단한 것은 시트(sheet) 유리의 품목분류에 영향을 미치지 않는다.

    다. "흡수층·반사층·무반사층"이란 금속이나 화학적 화합물(예: 금속산화물)을 극히 얇게 도포한 것으로, 적외선 등을 흡수하거나 유리의 투명도나 반투명도를 유지하면서 반사효과를 높이거나 유리 표면에서 빛이 반사되는 것을 방지하기 위한 것을 말한다.

제70류 주 제3호

3. 제7006호의 물품은 제품으로서의 특성이 있는지에 상관없이 해당 호로 분류한다.

제70류 주 제4호

4. 제7019호에서 "글라스 울(glass wool)"이란 다음 각 목의 것을 말하며, 그 외의 광물성 울은 제6806호로 분류한다.

   가. 실리카의 함유량이 전 중량의 100분의 60 이상인 광물성 울

   나. 실리카의 함유량이 전 중량의 100분의 60 미만인 것으로서 산화알칼리(산화칼륨이나 산화나트륨을 말한다)의 함유량이 전 중량의 100분의 5를 초과하는 광물성 울이나 산화붕소의 함유량이 전 중량의 100분의 2를 초과하는 광물성 울

제70류 주 제5호

5. 이 표에서 유리에는 석영유리와 용융실리카를 포함한다.

제70류 소호주 제1호

1. 소호 제7013.22호, 제7013.33호, 제7013.41호, 제7013.91호에서 "납 크리스탈"이란 산화납의 함유량이 최소한 전 중량의 100분의 24 이상인 유리만을 말한다.

번호	품명
7001	깨진 유리, 유리의 그 밖의 웨이스트(waste)·스크랩(scrap)[제8549호의 음극선관에서 얻어진 유리와 그 밖의 활성화된 유리를 제외한다], 유리 괴(塊)
7002	유리로 만든 구(球)[제7018호의 마이크로스피어(microsphere)는 제외한다], 막대(rod)나 관(管)(가공하지 않은 것으로 한정한다)
7003	주입법과 롤(roll)법으로 제조한 유리[시트(sheet) 모양이나 프로파일(profile) 모양으로 한정하고, 흡수층·반사층·무반사층인지에 상관없으며 그 밖의 방법으로 가공하지 않은 것으로 한정한다]
7004	인상법(引上法)과 취입법(吹入法)으로 제조한 유리[시트(sheet) 모양으로 한정하고, 흡수층·반사층·무반사층인지에 상관없으며 그 밖의 방법으로 가공하지 않은 것으로 한정한다]
7005	플로트유리(float glass)와 표면을 연마한 유리[시트(sheet) 모양으로 한정하고, 흡수층·반사층·무반사층인지에 상관없으며 그 밖의 방법으로 가공하지 않은 것으로 한정한다]
7006	제7003호·제7004호·제7005호의 유리(구부린 것·가장자리 가공한 것·조각한 것·구멍을 뚫은 것·에나멜을 칠한 것이나 그 밖의 방법으로 가공한 것으로 한정하며, 프레임을 붙인 것이나 그 밖의 재료를 붙인 것은 제외한다)
7007	안전유리(강화유리나 접합유리로 된 것으로 한정한다)
7008	유리로 만든 복층 절연유닛
7009	유리거울(백미러를 포함하며, 틀을 붙인 것인지에 상관없다)
7010	유리로 만든 카보이(carboy)·병·플라스크·단지·항아리·약병·앰플과 그 밖에 이와 유사한 용기(물품의 수송용·포장용으로 한정한다), 유리로 만든 보존병, 유리로 만든 마개·뚜껑과 그 밖의 마개류

7011	밀폐되지 않은 유리로 만든 외피(벌브와 튜브를 포함한다)와 이들의 부분품(전기 램프·광원, 음극선관이나 이와 유사한 용도의 것으로서 부착물이 없는 것으로 한정한다)
7012	-
7013	유리제품(식탁용·주방용·화장실용·사무용·실내장식용이나 이와 유사한 용도로 한정하며, 제7010호나 제7018호의 것은 제외한다)
7014	신호용 유리제품과 유리로 만든 광학소자(제7015호의 것과 광학적으로 가공한 것은 제외한다)
7015	시계용 유리와 이와 유사한 유리, 안경용(시력교정용인지에 상관없다) 유리[곡면인 것·구부린 것·중공(中空)인 것이나 이와 유사한 것으로 광학적으로 가공하지 않은 것으로 한정한다], 이들의 제조에 사용하는 중공구면(中空球面)유리와 그 세그먼트
7016	압축하거나 주형한 유리로 만든 포장(鋪裝)용 블록·슬래브·벽돌·스퀘어(square)·타일과 그 밖의 제품[망입(網入)한 것인지에 상관없으며 건축용이나 건설용으로 한정한다], 유리로 만든 입방체와 그 밖의 유리 세공품(뒷면을 보강한지에 상관없으며 모자이크용이나 이와 유사한 장식용으로 한정한다), 레드라이트(leaded light)와 이와 유사한 것, 블록(block)·패널(panel)·플레이트(plate)·쉘(shell)이나 이와 유사한 모양의 다공(多孔)유리나 다포(多泡)유리
7017	실험실용·위생용·약제용 유리제품(눈금이 있는지에 상관없다)
7018	유리로 만든 비드(bead)·모조 진주·모조 귀석과 반귀석·이와 유사한 유리 세공품·모조 신변장식용품을 제외한 유리제품, 인체용을 제외한 유리 안구, 작은 조각상과 램프 가공한(lamp-worked) 그 밖의 장식용 유리제품(모조 신변장식용품은 제외한다), 지름이 1밀리미터 이하인 유리로 만든 마이크로스피어(microsphere)
7019	유리섬유[글라스 울(glass wool)을 포함한다]와 이들의 제품[예: 실·로빙(roving)·직물]
7020	유리로 만든 그 밖의 제품

제14부 천연진주·양식진주·귀석·반귀석·귀금속·귀금속을 입힌 금속과 이들의 제품, 모조 신변장식용품, 주화

제71류	천연진주·양식진주·귀석·반귀석·귀금속·귀금속을 입힌 금속과 이들의 제품, 모조 신변장식용품, 주화

제71류   천연진주 · 양식진주 · 귀석 · 반귀석 · 귀금속 · 귀금속을 입힌 금속과 이들의 제품, 모조 신변장식용품, 주화

제71류 주 제1호

1. 물품의 전부나 일부가 다음 각 목의 재료로 구성되는 물품은 이 류로 분류한다. 다만, 제6부의 주 제1호 가목과 이 류의 주 제2호부터 주 제11호까지에서 따로 규정한 것은 그에 따른다.

    가. 천연진주 · 양식진주 · 귀석 · 반귀석(천연의 것, 합성 · 재생한 것)

    나. 귀금속이나 귀금속을 입힌 금속

제71류 주 제2호

2. 가. 제7113호 · 제7114호 · 제7115호에서는 귀금속이나 귀금속을 입힌 금속이 미미한 구성물로 사용된 부착구나 장식[예: 두문자(頭文字) · 테 · 외륜] 등과 같은 물품은 제외한다. 다만, 주 제1호 나목은 이러한 물품에는 적용하지 않는다.

    나. 제7116호에서는 귀금속이나 귀금속을 입힌 금속(이를 미미한 구성물로 사용한 경우는 제외한다)을 함유한 제품은 제외한다.

제71류 주 제3호

3. 이 류에서 다음 각 목의 것은 제외한다.

    가. 귀금속의 아말감(amalgam)과 콜로이드(colloid) 모양인 귀금속(제2843호)

    나. 제30류의 살균한 외과용 봉합재 · 치과용 충전재나 그 밖의 물품

    다. 제32류의 물품[예: 러스터(lustre)]

    라. 서포트된(supported) 촉매(제3815호)

    마. 제42류의 주 제3호 나목의 제4202호나 제4203호의 물품

    바. 제4303호나 제4304호의 물품

    사. 제11부의 물품(방직용 섬유와 그 제품)

    아. 제64류나 제65류의 신발류 · 모자류나 그 밖의 물품

    자. 제66류의 산류(傘類) · 지팡이나 그 밖의 물품

    차. 제6804호나 제6805호, 제82류의 연마용품으로서 귀석 · 반귀석(천연의 것 · 합성한 것)의 더스트(dust)나 가루를 함유한 것, 제82류의 물품으로서 귀석 · 반귀석(천연의 것, 합성 · 재생한 것)으로 된 작용부분을 가진 물품, 제16부의 기계류 · 기기류 · 전기용품이나 이들의 부분품. 다만, 이들 제품과 그 부분품으로서 전부가 귀석 · 반귀석(천연의 것, 합성 · 재생한 것)으로 된 것은 이 류로 분류하되, 장착되지 않은 것으로서 축음기 바늘용으로 가공된 사파이어와 다이아몬드(제8522호)는 제외한다.

    카. 제90류 · 제91류 · 제92류의 물품(정밀기기 · 시계 · 악기)

    타. 무기나 이들의 부분품(제93류)

    파. 제95류의 주 제2호의 물품

하. 제96류의 주 제4호에 따라 제96류로 분류되는 물품

거. 오리지널 조각이나 조상(제9703호)·수집품(제9705호)이나 제작 후 100년이 초과된 골동품(제9706호). 다만, 천연진주·양식진주·귀석·반귀석은 제외한다.

제71류 주 제4호

4. 가. "귀금속"이란 은·금·백금을 말한다.

   나. "백금"이란 플라티늄(platinum)·이리듐(iridium)·오스뮴(osmium)·팔라듐(palladium)·로듐(rhodium)·루테늄(ruthenium)을 말한다.

   다. 귀석·반귀석에는 제96류의 주 제2호 나목의 물품을 포함하지 않는다.

제71류 주 제5호

5. 이 류에서 귀금속을 함유한 합금(소결한 혼합물과 금속간 화합물을 포함한다) 중 귀금속의 어느 하나의 함유량이 전 중량의 100분의 2 이상인 것은 귀금속의 합금으로 본다. 이 경우 귀금속의 합금은 다음 각 목의 규정에 따라 분류한다.

   가. 백금의 함유량이 전 중량의 100분의 2 이상인 것은 백금의 합금으로 본다.

   나. 금의 함유량이 전 중량의 100분의 2 이상인 것으로서 백금을 함유하지 않은 것이나 백금이 전 중량의 100분의 2 미만인 합금은 금의 합금으로 본다.

   다. 은의 함유량이 전 중량의 100분의 2 이상인 그 밖의 합금은 은의 합금으로 본다.

제71류 주 제6호

6. 이 표의 귀금속에는 문맥상 달리 해석되지 않는 한 주 제5호에 따른 귀금속의 합금도 포함한다. 다만, 귀금속을 입힌 금속, 귀금속을 도금한 비금속(卑金屬)이나 비(非)금속은 제외한다.

제71류 주 제7호

7. 이 표에서 "귀금속을 입힌 금속"이란 금속을 기본으로 한 재료의 한 면 이상에 땜접·납접·용접·열간 압연이나 이와 유사한 기계적 방법으로 귀금속을 입힌 것을 말하며, 문맥상 달리 해석되지 않는 한 비금속(卑金屬)에 귀금속을 박아 넣은 것도 포함한다.

제71류 주 제8호

8. 제6부의 주 제1호 가목의 것을 제외하고 제7112호에 열거한 품명에 해당하는 물품은 해당 호로 분류하며, 이 표의 다른 호로 분류하지 않는다.

제71류 주 제9호

9. 제7113호에서 "신변장식용품"이란 다음 각 목의 것을 말한다.

   가. 각종의 소형 신변장식용품[예: 반지·팔찌·목걸이·브로치·귀걸이·시계용 체인·회중시곗줄·펜던트(pendant)·타이핀(tie-pin)·커프링크(cuff-link)·의복 장식용 단추·종교용이나 그 밖의 용도의 메달과 기장]

   나. 일반적으로 주머니·핸드백이나 신변에 휴대하여 사용하는 개인용품[예: 시가나 궐련케이스·코담배 박스·구중제갑(cachou box)이나 환약갑·화장갑·돈지갑·묵주]

   이러한 물품은 천연진주·양식진주·귀석·반귀석·합성하거나 재생한 귀석·반귀석, 거북귀갑, 진주 모패(母貝)·상아(ivory)·천연 또는 재생 호박·흑옥·산호 등과 결합되어 있거나 세트로 되어 있는 것인지에 상관없다.

제71류 주 제10호

10. 제7114호의 금 세공품이나 은 세공품에는 장식품·식탁용품·화장용품·흡연용품이나 그 밖의 가정용·사무용·종교용 물품이 포함된다.

제71류 주 제11호

11. 제7117호에서 "모조신변장식용품"이란 주 제9호 가목의 신변장식용품(제9606호의 단추나 그 밖의 물품, 제9615호의 빗·헤어슬라이드나 이와 유사한 것·헤어핀은 제외한다)으로서 천연진주·양식진주나 귀석·반귀석(천연의 것, 합성·재생한 것)을 사용하지 않은 것과 귀금속이나 귀금속을 입힌 금속을 사용하지 않은 것(귀금속을 도금하거나 미미한 구성물로 사용한 경우는 제외한다)을 말한다.

제71류 소호주 제1호

1. 소호 제7106.10호·제7108.11호·제7110.11호·제7110.21호·제7110.31호·제7110.41호에서 "가루"와 "가루 모양"이란 메시(mesh) 구경이 0.5밀리미터인 체를 통과한 중량이 전 중량의 100분의 90 이상인 물품을 말한다.

제71류 소호주 제2호

2. 이 류의 주 제4호 나목에도 불구하고 소호 제7110.11호와 제7110.19호에서 "백금"이란 이리듐(iridium)·오스뮴(osmium)·팔라듐(palladium)·로듐(rhodium)·루테늄(ruthenium)은 포함하지 않는다.

제71류 소호주 제3호

3. 제7110호의 소호에 합금을 분류하는 경우 각각의 합금은 플라티늄(platinum)·팔라듐(palladium)·로듐(rhodium)·이리듐(iridium)·오스뮴(osmium)·루테늄(ruthenium) 중 각각 다른 금속보다 중량이 가장 많은 금속으로 분류한다.

번호	품명
제1절 천연진주나 양식진주, 귀석이나 반귀석	
7101	천연진주나 양식진주(가공한 것인지 또는 등급을 매긴 것인지에 상관없으며 실로 꿴 것·장착되거나 세트로 된 것은 제외한다. 다만, 수송의 편의를 위하여 일시적으로 실로 꿴 것을 포함한다)
7102	다이아몬드(가공한 것인지에 상관없으며 장착되거나 세트로 된 것은 제외한다)
7103	귀석(다이아몬드는 제외한다)과 반귀석(가공한 것인지 또는 등급을 매긴 것인지에 상관없으며 실로 꿴 것·장착되거나 세트로 된 것은 제외한다. 다만, 등급을 매기지 않은 것으로서 수송의 편의를 위하여 일시적으로 실로 꿴 것을 포함한다)
7104	합성·재생한 귀석이나 반귀석(가공한 것인지 또는 등급을 매긴 것인지에 상관없으며 실로 꿴 것, 장착되거나 세트로 된 것은 제외한다. 다만, 등급을 매기지 않은 것으로서 수송의 편의를 위하여 일시적으로 실로 꿴 것을 포함한다)
7105	천연의 것이나 합성한 귀석·반귀석의 더스트(dust)와 가루
제2절 귀금속과 귀금속을 입힌 금속	
7106	은(금이나 백금을 도금한 은을 포함하며, 가공하지 않은 것·반가공한 모양이나 가루 모양인 것으로 한정한다)
7107	은을 입힌 비금속(卑金屬)(반가공한 것보다 더 가공하지 않은 것으로 한정한다)
7108	금(백금을 도금한 금을 포함하며, 가공하지 않은 것·반가공한 모양이나 가루 모양인 것으로 한정한다)
7109	금을 입힌 비금속(卑金屬)이나 은(반가공한 것보다 더 가공하지 않은 것으로 한정한다)
7110	백금(가공하지 않은 것 반가공한 모양이나 가루 모양인 것으로 한정한다)
7111	백금을 입힌 비금속(卑金屬)·은·금(반가공한 것보다 더 가공하지 않은 것으로 한정한다)
7112	귀금속이나 귀금속을 입힌 금속의 웨이스트(waste)와 스크랩(scrap), 귀금속이나 귀금속 화합물을 포함하고 있는 그 밖의 웨이스트(waste)와 스크랩(scrap)(주로 귀금속의 회수에 사용되는 것으로 한정하며, 제8549호의 물품은 제외한다)
제3절 신변장식용품, 금세공품·은세공품과 그 밖의 제품	
7113	신변장식용품과 그 부분품(귀금속으로 만들거나 귀금속을 입힌 금속으로 만든 것으로 한정한다)
7114	금 세공품이나 은 세공품과 이들의 부분품(귀금속으로 만들거나 귀금속을 입힌 금속으로 만든 것으로 한정한다)
7115	귀금속이나 귀금속을 입힌 금속의 그 밖의 제품
7116	천연진주나 양식진주, 귀석이나 반귀석(천연의 것, 합성·재생한 것)의 제품
7117	모조 신변장식용품
7118	주화

제15부 비금속(卑金屬)과 그 제품

제72류	철강
제73류	철강의 제품
제74류	구리와 그 제품
제75류	니켈과 그 제품
제76류	알루미늄과 그 제품
제77류	(유보)
제78류	납과 그 제품
제79류	아연과 그 제품
제80류	주석과 그 제품
제81류	그 밖의 비금속(卑金屬), 서멧(cermet), 이들의 제품
제82류	비금속(卑金屬)으로 만든 공구·도구·칼붙이·스푼·포크, 이들의 부분품
제83류	비금속(卑金屬)으로 만든 각종 제품

제15부 주 제1호

1. 이 부에서 다음 각 목의 것은 제외한다.

    가. 조제페인트·잉크나 그 밖의 물품으로서 금속의 플레이크(flake)나 가루를 기본 재료로 한 것(제3207호부터 제3210호까지·제3212호·제3213호·제3215호)

    나. 페로세륨(ferro-cerium)이나 그 밖의 발화성 합금(제3606호)

    다. 제6506호나 제6507호의 모자와 그 부분품

    라. 제6603호의 산류(傘類)의 프레임과 그 밖의 물품

    마. 제71류의 물품[예: 귀금속의 합금·귀금속을 입힌 비금속(卑金屬)·모조 신변장식용품]

    바. 제16부의 물품(기계·기계류와 전기용품)

    사. 조립한 철도용이나 궤도용 선로(제8608호)와 제17부의 그 밖의 물품(차량·선박·항공기)

    아. 제18부의 기기(시계용 스프링을 포함한다)

    자. 총포탄용으로 조제한 연탄(鉛彈)(제9306호)이나 제19부의 그 밖의 물품(무기·총포탄)

    차. 제94류의 물품[예: 가구·매트리스 서포트(mattress support)·조명기구·조명용 사인·조립식 건축물]

    카. 제95류의 물품(예: 완구·게임용구·운동용구)

타. 제96류(잡품)의 수동식 체·단추·펜·펜슬홀더·펜촉, 일각대·양각대·삼각대와 이와 유사한 굴품 또는 그 밖의 물품

파. 제97류의 물품(예: 예술품)

제15부 주 제2호

2. 이 표에서 "범용성 부분품"이란 다음 각 목의 것을 말한다.

    가. 제7307호·제7312호·제7315호·제7317호·제7318호의 물품과 그 밖의 비금속(卑金屬)으로 만든 이와 유사한 물품. 다만, 오토지 내과용·외과용·치과용·수의과용 임플란트에만 사용하도록 특별히 만든 것은 제외한다(제9021호).

    나. 비금속(卑金屬)으로 만든 스프링과 스프링판(제9114호의 시계용 스프링은 제외한다)

    다. 제8301호·제8302호·제8308호·제8310호의 물품과 제8306호의 비금속(卑金屬)으로 만든 틀과 거울

    제73류부터 제76류까지와 제73류부터 제82류까지(제7315호는 제외한다)의 부분품에는 가목부터 다목까지에서 규정한 물품은 포함하지 않는다.

    위의 규정과 제83류의 주 제1호에 따른 경우를 제외하고는 제82류나 제83류의 물품은 제72류부터 제76류까지와 제78류부터 제81류까지에서 제외한다.

제15부 주 제3호

3. 이 표에서 "비금속(卑金屬)"이란 철강·구리·니켈·알루미늄·납·아연·주석·텅스텐(볼프람)·몰리브데늄·탄탈륨·마그네슘·코발트·비스무트·카드뮴·티타늄·지르코늄·안티모니·망간·베릴륨·크로뮴·게르마늄·바나듐·갈륨·하프늄 인듐·니오븀(컬럼븀)·레늄·탈륨을 말한다.

제15부 주 제4호

4. 이 표에서 "서멧(cermet)"이란 금속성분과 세라믹성분의 미세하고 불균질한 결합물질을 함유한 물품을 말한다. 또한 소결(燒結)한 금속탄화물[금속을 소결(燒結)한 금속탄화물]를 포함한다.

제15부 주 제5호

5. 합금의 분류는 다음 각 목에서 정하는 바에 따른다[제72류와 제74류의 주에서 정의한 합금철(ferro-alloy)과 모합금(master alloy)은 제외한다].

    가. 비금속(卑金屬)의 합금은 함유중량이 가장 많은 금속의 합금으로 본다.

    나. 이 부의 비금속(卑金屬)과 이 부에 해당되지 않는 원소로 구성된 합금의 경우 이 부의 비금속(卑金屬)의 중량을 합계한 것이 그 밖의 원소의 중량을 합계한 것 이상이면 이 부의 비금속(卑金屬)의 합금으로 본다.

    다. 이 부의 합금에는 금속 가루의 혼합물을 소결(燒結)한 것과 용융(鎔融)으로 제조한 금속의 불균질한 혼합물[서멧(cermet)은 제외한다]과 금속간 화합물이 포함된다.

제15부 주 제6호

6. 이 표의 비금속(卑金屬)은 문맥상 달리 해석되지 않는 한, 주 제5호에 따라 해당 비금속(卑金屬)의 합금으로 분류되는 것도 포함한다.

제15부 주 제7호

7. 복합물품의 분류는 다음 각 목에서 정하는 바에 따른다. 다만, 각 호에서 따로 규정하지 않은 경우에는 둘 이상의 비금속(卑金屬)을 함유한 비금속(卑金屬)으로 만든 물품[비금속(卑金屬) 외의 재료를 혼합한 물품으로서 이 표의 통칙에 따라 비금속(卑金屬)으로 만든 물품으로 보는 것을 포함한다]은 함유중량이 가장 많은 비금속(卑金屬)의 물품으로 본다.

  가. 철과 강(鋼)은 동일한 종류의 금속으로 본다.

  나. 합금은 주 제5호에 따라 그 합금으로 보는 금속으로 전부 구성되어 있는 것으로 본다.

  다. 제8113호의 서멧(cermet)은 단일의 비금속(卑金屬)으로 본다.

제15부 주 제8호

8. 이 부에서 다음 각 목의 용어는 아래에서 정하는 바에 따른다.

  가. 웨이스트(waste)와 스크랩(scrap)

   1) 모든 금속 웨이스트(waste)와 스크랩(scrap)

   2) 파손·절단·마손(磨損)이나 그 밖의 사유로 원래의 용도대로 사용할 수 없는 금속물품

  나. 가루

   "가루"란 메시(mesh) 구경이 1밀리미터인 체를 통과한 중량이 전 중량의 100분의 90 이상인 물품을 말한다.

제15부 주 제9호

9. 제74류부터 제76류까지와 제78류부터 제81류까지에서 다음 각 목의 용어는 아래에서 정하는 바에 따른다.

  가. 봉

   "봉"이란 압연·압출·인발(引拔)·단조(鍛造)제품으로서 코일 모양이 아니어야 하고, 그 횡단면이 전체 길이에 걸쳐 균일하고 중공(中空)이 없으며, 원형·타원형·직사각형(정사각형을 포함한다)·정삼각형·볼록정다각형["편평화한 원형"과 "변형된 직사각형"을 포함하며, 이들은 마주보는 두 변이 볼록한 호(弧) 모양이고 다른 두 변은 직선이며 길이가 같고 평행한 것이다]인 것을 말한다. 이 경우 횡단면이 직사각형(정사각형을 포함한다)·삼각형·다각형인 물품은 전체 길이에 걸쳐 둥근 모양의 모서리를 가지는 경우도 있다. 횡단면이 직사각형("변형된 직사각형"을 포함한다)인 물품은 그 두께가 폭의 10분의 1을 초과하는 것으로 한정한다. 또한 위와 동일한 모양과 치수를 가진 주조 제품이나 소결(燒結) 제품으로서 제조된 후 단순한 트리밍(trimming)이나 스케일 제거(de-scaling) 이외의 다른 연속가공을 거친 것도 포함한다. 다만, 다른 호에 해당하는 물품이나 제품의 특성이 있는 것은 제외한다. 그러나 제74류의 와이어바(wire-bar)와 빌릿(billet)으로서 선재[와이어로드(wire-rcd)]나 관(管) 등으로 제조할 때 단순히 기계에 투입하는 것을 쉽게 하기 위한 목적으로 끝을 가늘게 하거나 그 밖의 다른 가공을 한 것은 제7403호의 구리의 괴(塊)로 본다.

   이 규정은 제81류에 해당하는 물품에도 준용한다.

나. 프로파일(profile)

"프로파일(profile)"이란 압연·압출·인발(引拔)·단조(鍛造)나 형조(形造) 제품으로서 코일 모양인지에 상관없으며, 그 횡단면이 전체 길이에 걸쳐 균일하고 봉·선·판·시트(sheet)·스트립·박(箔)·관(管)의 어느 정의에도 해당하지 않는 것을 말한다. 또한 위와 동일한 모양을 가진 주조 제품이나 소결(燒結) 제품으로서 제조된 후 단순한 트리밍(trimming)이나 스케일 제거(de-scaling) 이외의 다른 연속 가공을 거친 것도 포함한다. 다만, 다른 호에 해당하는 물품이나 제품의 특성이 있는 것은 제외한다.

다. 선(線)

"선(線)"이란 압연·압출·인발(引拔) 제품으로서 코일 모양이어야 하고, 그 횡단면이 전체 길이에 걸쳐 균일하고 중공(中空)이 없으며, 원형·타원형·직사각형(정사각형을 포함한다)·정삼각형·볼록정다각형["편평화한 원형"과 "변형된 직사각형"을 포함하며, 이들은 마주보는 두 변이 볼록한 호(弧) 모양이고, 다른 두 변은 직선이고, 길이가 같고 평행한 것이다]인 것을 말한다. 이 경우 횡단면이 직사각형(정사각형을 포함한다)·삼각형·다각형인 물품은 전체 길이에 걸쳐 둥근 모양의 모서리를 가지는 경우도 있다. 횡단면이 직사각형("변형된 직사각형"을 포함한다)인 물품은 그 두께가 폭의 10분의 1을 초과하는 것으로 한정한다.

라. 판·시트(sheet)·스트립·박(箔)

"판·시트(sheet)·스트립·박(箔)"이란 평판 모양의 제품(가공하지 않은 물품은 제외한다)으로서 코일 모양인지에 상관없으며, 횡단면에 중공(中空)이 없는 직사각형(정사각형은 제외한다)인 것(마주보는 두 변이 볼록한 호(弧) 모양이고, 다른 두 변은 직선이고, 길이가 같고 평행한 "변형된 직사각형"을 포함한다)으로 둥근 모양의 모서리를 가지는 것인지에 상관없으며 두께가 균일한 것으로서 다음과 같은 것을 말한다.

- 직사각형(정사각형을 포함한다) 모양인 것은 두께가 폭의 10분의 1 이하인 것으로 한정한다.
- 직사각형이나 정사각형이 아닌 다른 모양의 것은 그 크기에 상관없다. 다만, 다른 호에 해당하는 물품이나 제품의 특성이 있는 것은 제외한다.

판·시트(sheet)·스트립·박(箔)이 분류되는 호는 특히 판·시트(sheet)·스트립·박(箔)으로서 무늬가 있는 것[예: 홈·리브(rib)·체크무늬·물방울무늬·단추무늬·마름모꼴무늬]과 이것에 구멍을 뚫은 것·물결 모양을 낸 것·연마한 것이나 도포한 것에 적용한다. 다만, 다른 호에 해당하는 물품이나 제품의 특성이 있는 것은 제외한다.

마. 관(管)

"관(管)"이란 전체 길이에 걸쳐 하나의 중공(中空)을 가지는 제품으로서 코일 모양인지에 상관없고 그 횡단면이 균일하며, 원형·타원형·직사각형(정사각형을 포함한다)·정삼각형·볼록정다각형 모양으로서 그 벽의 두께가 균일한 것을 말한다. 횡단면이 직사각형(정사각형을 포함한다)·정삼각형·볼록정다각형인 물품은 전체 길이를 통하여 모서리가 둥근 모양일수도 있는데, 횡단면의 내측과 외측이 동심(同心)이고 동일한 모양과 방향성을 가지고 있는 경우에는 관(管)으로 본다. 위와 같은 횡단면을 가진 관(管)들은 연마한 것, 도포한 것, 구부린 것, 나선가공한 것, 구멍을 뚫은 것, 웨이스트한(waisted) 것, 익스팬딩한(expanded) 것, 원추형으로 한 것, 플랜지(flange)·고리·링을 붙인 것도 있다.

제72류 철강

제72류 주 제1호

1. 이 류에서 다음 각 목의 용어는 아래에서 정하는 바에 따른다(라목ㆍ마목ㆍ바목은 이 표의 전체에 적용한다).

    가. 선철(銑鐵)

    "선철(銑鐵)"이란 실용상 단조(鍛造)에 적합하지 않은 철-탄소의 합금으로서 탄소의 함유량이 전 중량의 100분의 2를 초과하고, 다음에 열거한 하나 이상의 그 밖의 원소의 함유량이 중량비로 다음 한도 이하인 것을 말한다.
    - 크로뮴   100분의 10
    - 망간   100분의 6
    - 인   100분의 3
    - 규소   100분의 8
    - 그 밖의 원소의 함유량의 합계 100분의 10

    나. 스피그라이즌(spiegeleisen)

    "스피그라이즌(spiegeleisen)"이란 망간의 함유량이 전 중량의 100분의 6 초과 100분의 30 이하인 철-탄소의 합금으로서 그 밖의 원소의 함유량은 가목에서 정하는 기준에 해당한 것을 말한다.

    다. 합금철(ferro-alloy)

    "합금철(ferro-alloy)"이란 피그(pig)ㆍ블록(block)ㆍ럼프(lump)나 이와 유사한 일차제품(primary form) 형태인 합금, 연속주조법으로 제조한 모양인 합금, 알갱이 모양이나 가루 모양인 합금으로서(응결된 것인지에 상관없다), 통상 그 밖의 합금 제조 시에 첨가제로 사용되거나 철을 야금(冶金)할 때에 탈산제ㆍ탈황제나 이와 유사한 용도로 사용되고, 보통 실용상 단조(鍛造)에는 적합하지 않고, 철의 함유량이 전 중량의 100분의 4 이상이며, 다음에 열거한 원소의 하나 이상의 함유량이 중량비로 다음 비율을 초과하는 것을 말한다.
    - 크로뮴   100분의 10
    - 망간   100분의 30
    - 인   100분의 3
    - 규소   100분의 8
    - 그 밖의 원소의 함유량의 합계 100분의 10(탄소를 제외하고, 구리는 최대의 함유량을 전 중량의 100분의 10으로 한다)

    라. 강(鋼)

    "강(鋼)"이란 실용상 단조(鍛造)에 적합한 철재(주조 모양으로 제조된 것은 제외한다)로서, 탄소의 함유량이 전 중량의 100분의 2 이하인 것을 말하고, 제7203호의 철재는 제외한다. 다만, 크로뮴(chromium)강은 탄소의 함유량이 전 중량의 100분의 2를 초과하여 함유될 수 있다.

마. 스테인리스강

"스테인리스강"이란 탄소의 함유량이 전 중량의 100분의 1.2 이하이고 크로뮴(chromium)의 함유량이 전 중량의 100분의 10.5 이상인 합금강을 말한다(그 밖의 원소가 함유되어 있는지에 상관없다).

바. 그 밖의 합금강

"그 밖의 합금강"이란 스테인리스강의 정의에 해당하지 않고, 다음에 열거한 원소의 하나 이상의 함유량이 중량비로 다음 비율 이상인 강을 말한다.
- 알루미늄   100분의 0.3
- 붕소   100분의 0.0008
- 크로뮴   100분의 0.3
- 코발트   100분의 0.3
- 구리   100분의 0.4
- 납   100분의 0.4
- 망간   100분의 1.65
- 몰리브데늄   100분의 0.03
- 니켈   100분의 0.3
- 니오븀   100분의 0.06
- 규소   100분의 0.6
- 티타늄   100분의 0.05
- 텅스텐(볼프람) 100분의 0.3
- 바나듐   100분의 0.1
- 지르코늄   100분의 0.05
- 그 밖의 원소(황·인·탄소·질소는 제외한다) 각각 100분의 0.1

사. 재용해용 철강의 스크랩 잉곳(scrap ingot)

"재용해용 철강의 스크랩 잉곳(scrap ingot)"이란 잉곳(ingot) 모양[피더헤드(feeder-head)나 핫톱(hot top)이 없는 것]이나 피그(pig) 모양으로 거칠게 주조한 제품으로서 표면에 흠이 뚜렷하게 나타나 있으며, 선철(銑鐵)·스피그라이즌(spiegeleisen)·합금철(ferro-alloy)의 화학적 조성에 해당하지 않는 것을 말한다.

아. 알갱이

"알갱이"란 메시(mesh) 구경이 1밀리미터인 체를 통과한 중량이 전 중량의 100분의 90 미만이고, 메시(mesh) 구경이 5밀리미터인 체를 통과한 중량이 전 중량의 100분의 90 이상인 물품을 말한다.

자. 반제품

"반제품"이란 횡단면에 중공(中空)이 없는 연속주조제품[일차 열간(熱間)압연공정을 거친 것인지에 상관없다]과 일차 열간(熱間)압연공정이나 단조(鍛造)에 따른 거친 성형보다 더 가공하지 않은 중공(中空)이 없는 그 밖의 제품을 말한다[형강(形鋼)의 블랭크를 포함하며, 이들 제품들은 코일상태로는 되어 있지 않다].

차. 평판압연제품

"평판압연제품"이란 자목의 정의에 해당하지 않고 횡단면에 중공(中空)이 없는 직사각형(정사각형은 제외한다)의 압연제품으로서 그 모양이 다음과 같은 것을 말한다.
- 연속적 적층 모양인 코일이거나
- 직선형인 경우에는 두께가 4.75밀리미터 미만이고, 폭이 두께의 열 배 이상인 것이나 두께가 4.75밀리미터 이상이며, 폭이 150밀리미터를 초과하고, 적어도 두께의 두 배 이상인 것으로 한정한다.

평판압연제품은 압연할 때에 직접 발생하는 부조무늬[예: 홈·리브(rib)·체크무늬·물방울무늬·단추무늬·마름모꼴무늬]가 있는 것, 구멍을 뚫은 것, 물결 모양으로 한 것, 연마한 것도 포함한다(다른 호에 해당하는 물품이나 제품의 특성이 있는 것은 제외한다). 직사각형이나 정사각형 외의 형태의 평판압연제품은 크기에 상관없이 폭이 600밀리미터 이상인 제품으로 분류한다(다른 호에 해당하는 물품이나 제품의 특성이 있는 것은 제외한다).

카. 불규칙적으로 감은 코일 모양인 열간(熱間)압연한 봉

"불규칙적으로 감은 코일 모양인 열간(熱間)압연한 봉"이란 불규칙적으로 감은 코일 모양인 열간(熱間)압연한 제품으로서 횡단면에 중공(中空)이 없는 원형·궁형·타원형·직사각형(정사각형을 포함한다)·삼각형이나 그 밖의 볼록다각형인 것[대칭하는 두 변이 볼록아크형이고, 다른 두 변은 길이가 동일하고, 평행한 직선을 가진 단면이 "플랫서클(flattened circle)"과 "변형된 직사각형"인 것을 포함한다]을 말한다. 그 물품들에는 압연공정에서 발생하는 톱니 모양의 마디·리브(rib)·홈이나 그 밖의 봉을 보강하는 모양인 것도 있다.

타. 그 밖의 봉

"그 밖의 봉"이란 자목·차목·카목·하목의 정의에 해당하지 않는 제품으로서 그 횡단면이 전체를 통하여 균일하고 중공(中空)이 없고, 원형·궁형·타원형·직사각형(정사각형을 포함한다)·삼각형이나 그 밖의 볼록다각형인 것[대칭하는 두 변이 볼록아크형이며, 다른 두 변은 길이가 동일하고 평행한 직선을 가진 단면의 "플랫서클(flattened circle)"과 "변형된 직사각형"인 것을 포함한다]을 말한다. 이 경우 그 물품들에는 압연공정에서 발생하는 톱니 모양의 마디·리브(rib)·홈이나 그 밖의 봉을 보강하는 모양인 것도 있고, 압연 후 꼬임가공된 것도 있다.

파. 형강(形鋼)

"형강(形鋼)"이란 그 횡단면이 전체를 통하여 균일하고, 중공(中空)이 없는 제품으로서 자목·차목·카목·타목·하목의 정의에 해당하지 않는 제품을 말한다. 다만, 제72류에는 제7301호나 제7302호의 제품을 포함하지 않는다.

하. 선(線)

"선(線)"이란 그 횡단면(횡단면의 모양은 상관없다)이 전체를 통하여 균일하고 중공(中空)이 없는 코일 모양의 냉간(冷間)성형제품으로서 평판압연제품의 정의에 해당하지 않는 것을 말한다.

거. 중공(中空)드릴봉

"중공(中空)드릴봉"이란 어느 횡단면에든 중공(中空)이 있는 봉으로서 드릴용에 적합하고, 횡단면 외측의 최대치수가 15밀리미터를 초과하나 52밀리미터 이하인 것이며, 내측의 최대치수가 외측 최대치수의 2분의1 이하인 것을 말하고 이에 해당하지 않는 철강의 중공(中空)봉은 제7304호로 분류한다.

제72류 주 제2호

2. 성분이 다른 철금속을 입힌 철금속은 중량이 가장 많은 철금속의 제품으로 분류한다.

제72류 주 제3호

3. 전해법·압착주조법·소결법으로 제조된 철강제품은 그 형태·구성·외관에 따라 이와 유사한 열간(熱間)압연제품에 해당하는 이 류의 각 호로 분류한다.

제72류 소호주 제1호

1. 이 류에서 다음 각 목의 용어는 아래에서 정하는 바에 따른다.

   가. 합금선철(alloy pig iron)

   "합금선철(alloy pig iron)"이란 다음에 열거한 원소의 하나 이상의 함유량이 중량비로 다음 비율을 초과하는 선철을 말한다.
   - 크로뮴　　100분의 0.2
   - 구리　　　100분의 0.3
   - 니켈　　　100분의 0.3
   - 알루미늄·몰리브데늄·티타늄·텅스텐(볼프람)·바나듐 중 어느 하나의 원소 100분의 0.1

   나. 비합금쾌삭강(non-alloy free-cutting steel)

   "비합금쾌삭강(non-alloy free-cutting steel)"이란 다음에 열거한 중량비의 원소를 하나 이상 함유한 것을 말한다.
   - 황　　　　100분의 0.08 이상
   - 납　　　　100분의 0.1 이상
   - 셀레늄　　100분의 0.05 초과
   - 텔루륨　　100분의 0.01 초과
   - 비스무트　100분의 0.05 초과

   다. 규소전기강(silicon-electrical steel)

   "규소전기강(silicon-electrical steel)"이란 규소의 함유량이 전 중량의 100분의 0.6 이상 100분의 6 이하이고 탄소의 함유량이 전 중량의 100분의 0.08 이하인 합금강을 말한다. 이 합금강은 알루미늄의 함유량이 중량비로 100분의 1 이하일 수도 있으나 다른 합금강의 특성을 부여하는 비율로 그 밖의 원소가 함유되어 있어서는 안 된다.

라. 고속도강(high speed steel)

"고속도강(high speed steel)"이란 그 밖의 다른 원소가 함유되어 있는지에 상관없으나 몰리브데늄·텅스텐·바나듐의 세 가지 원소 중 적어도 두 가지 원소를 합한 함유량이 전 중량의 100분의 7 이상이고, 탄소가 100분의 0.6 이상이며, 크로뮴(chromium)이 100분의 3 이상 100분의 6 이하인 합금강을 말한다.

마. 실리코망간강(silico manganese steel)

"실리코망간강(silico manganese steel)"이란 원소의 함유량이 중량비로 다음 비율인 합금강을 말한다.
- 탄소　　　100분의 0.7 이하
- 망간　　　100분의 0.5 이상 100분의 1.9 이하
- 규소　　　100분의 0.6 이상 100분의 2.3 이하

그러나 다른 합금강의 특성을 부여하는 비율로 그 밖의 다른 원소가 함유되어서는 안 된다.

제72류 소호주 제2호

2. 제7202호의 소호에서 합금철(ferro-alloy)의 분류는 다음 규정을 준수하여야 한다. 합금원소 중의 한 원소만이 이 류의 주 제1호 다목에서 규정한 최소한도의 비율을 초과하는 경우에는 합금철(ferro-alloy)을 이원합금으로 보아 해당 소호에(해당 소호가 있는 경우) 분류하고, 위의 규정의 유추해석에 따라 두 가지나 세 가지의 합금원소가 최소한도의 비율을 초과하는 경우 각각 삼원합금이나 사원합금으로 취급한다.

이 류의 주 제1호 다목의 "그 밖의 원소"에 이 규정을 적용할 때는 함유량이 각각 전 중량의 100분의 10을 초과하여야 한다.

번호	품명
제1절 일차재료와 알갱이 모양이나 가루 모양인 제품	
7201	선철(銑鐵)과 스피그라이즈(spiegeleisen)[피그(pig)·블록(block) 모양이나 그 밖의 일차제품(primary form) 형태인 것으로 한정한다]
7202	합금철(ferro-alloy)
7203	철광석을 직접 환원하여 제조한 철제품과 그 밖의 해면질의 철제품[럼프(lump)·펠릿(pellet)이나 이와 유사한 모양인 것으로 한정한다]과 순도가 최저 전 중량의 100분의 99.94인 철[럼프(lump)·펠릿(pellet)이나 이와 유사한 모양인 것으로 한정한다]
7204	철의 웨이스트(waste)와 스크랩(scrap), 철강의 재용해용 스크랩 잉곳(scrap ingot)
7205	알갱이와 가루[선철(銑鐵)·스피그라이즌(spiegeleisen)·철강의 것으로 한정한다]
제2절 철과 비합금강	
7206	잉곳(ingot)이나 그 밖의 일차제품(primary form) 형태인 철과 비합금강(제7203호의 철은 제외한다)
7207	철이나 비합금강의 반제품
7208	철이나 비합금강의 평판압연제품[폭이 600밀리미터 이상인 것으로서 열간(熱間)압연한 것으로 한정하고, 클래드(clad)·도금·도포한 것은 제외한다]
7209	철이나 비합금강의 평판압연제품[폭이 600밀리미터 이상인 것으로서 냉간압연(냉간환원)한 것으로 한정하고, 클래드(clad)·도금·도포한 것은 제외한다]
7210	철이나 비합금강의 평판압연제품[폭이 600밀리미터 이상인 것으로서 클래드(clad)·도금·도포한 것으로 한정한다]
7211	철이나 비합금강의 평판압연제품[폭이 600밀리미터 미만인 것으로 한정하고, 클래드(clad)·도금·도포한 것은 제외한다]
7212	철이나 비합금강의 평판압연제품[폭이 600밀리미터 미만인 것으로서 클래드(clad)·도금·도포한 것으로 한정한다]
7213	철이나 비합금강의 봉[열간(熱間)압연한 것으로서 불규칙적으로 감은 코일 모양인 것으로 한정한다]
7214	철이나 비합금강의 그 밖의 봉[단조(鍛造)·열간(熱間)압연·열간인발(熱間引拔)·열간(熱間)압출보다 더 가공하지 않은 것으로 한정하고, 압연 후 꼬임가공된 것을 포함한다]
7215	철이나 비합금강의 그 밖의 봉
7216	철이나 비합금강의 형강(形鋼)
7217	철이나 비합금강의 선(線)

		제3절 스테인리스강
	7218	스테인리스강[잉곳(ingot)이나 그 밖의 일차제품(primary form) 형태인 것으로 한정한다]과 스테인리스강의 반제품
	7219	스테인리스강의 평판압연제품(폭이 600밀리미터 이상인 것으로 한정한다)
	7220	스테인리스강의 평판압연제품(폭이 600밀리미터 미만인 것으로 한정한다)
	7221	스테인리스강의 봉[열간(熱間)압연한 것으로서 불규칙적으로 감은 코일 모양인 것으로 한정한다]
	7222	스테인리스강의 그 밖의 봉과 스테인리스강의 형강(形鋼)
	7223	스테인리스강의 선(線)
		제4절 그 밖의 합금강과 합금이나 비합금강의 중공(中空) 드릴봉
	7224	그 밖의 합금강[잉곳(ingot)이나 그 밖의 일차제품(primary form) 형태인 것으로 한정한다]과 그 밖의 합금강의 반제품
	7225	그 밖의 합금강의 평판압연제품(폭이 600밀리미터 이상인 것으로 한정한다)
	7226	그 밖의 합금강의 평판압연제품(폭이 600밀리미터 미만인 것으로 한정한다)
	7227	그 밖의 합금강의 봉[열간(熱間)압연한 것으로서 불규칙적으로 감은 코일 모양으로 한정한다]
	7228	그 밖의 합금강의 그 밖의 봉, 그 밖의 합금강의 형강(形鋼), 합금강이나 비합금강의 중공(中空) 드릴봉
	7229	그 밖의 합금강의 선(線)

제73류 철강의 제품

제73류 주 제1호

1. 이 류에서 "주철(cast iron)"이란 주조방식으로 제조되고, 철의 함유중량이 각각의 다른 원소보다 가장 많은 것으로서 제72류의 주 제1호 라목에서 규정한 강(鋼)의 화학적 구성비에 해당하지 않는 제품을 말한다.

제73류 주 제1호

2. 이 류에서 "선(線)"이란 열간(熱間)이나 냉간(冷間) 성형제품으로서 횡단면의 모양에 상관없으며 횡단면의 치수가 16밀리미터 이하인 것을 말한다.

번호	품명
7301	철강으로 만든 널말뚝(sheet piling)(구멍을 뚫은 것인지 또는 조립된 것인지에 상관없다)과 용접된 형강(形鋼)
7302	철강으로 만든 철도용이나 궤도용 선로의 건설재료[레일(rail)·첵레일(check-rail)과 랙레일(rack rail)·스위치 블레이드(switch blade)·교차구류(crossing frog)·전철봉(point rod)과 그 밖의 크로싱피스(crossing piece)·받침목(크로스타이)·이음매판(fish-plate)·좌철(座鐵)·조철(座鐵)쐐기·밑판(sole plate)(베이스 플레이트)·레일클립·받침판(bedplate)·격재(tie)와 레일의 접속이나 고착에 전용되는 그 밖의 재료로 한정한다]
7303	주철로 만든 관(管)과 중공(中空) 프로파일(profile)
7304	철강(주철은 제외한다)으로 만든 관(管)과 중공(中空) 프로파일(profile)[무계목(無繼目)으로 한정한다]
7305	철강으로 만든 그 밖의 관(管)[예: 용접·리벳(rivet)이나 이와 유사한 방법으로 봉합한 것]으로서 횡단면이 원형이고, 바깥지름이 406.4밀리미터를 초과하는 것
7306	철강으로 만든 그 밖의 관(管)과 중공(中空) 프로파일(profile)[예: 오픈심(open seam)·용접·리벳(rivet)이나 이와 유사한 방법으로 봉합한 것]
7307	철강으로 만든 관(管) 연결구류[예: 커플링(coupling)·엘보(elbow)·슬리브(sleeve)]
7308	철강으로 만든 구조물(제9406호의 조립식 건축물은 제외한다)과 구조물의 부분품[예: 다리와 교량·수문·탑·격자주(格子柱)·지붕·지붕틀·문과 창 및 이들의 틀과 문지방·셔터·난간·기둥], 구조물용으로 가공한 철강으로 만든 판·대·봉·형재(形材)·관(管)과 이와 유사한 것
7309	철강으로 만든 각종 재료용 저장조·탱크·통과 이와 유사한 용기(압축용이나 액화가스용은 제외하고, 기계장치나 가열·냉각장치를 갖추지 않은 것으로서 용적이 300리터를 초과하는 것으로 한정하며, 내장한 것인지 또는 열절연한 것인지에 상관없다)
7310	철강으로 만든 각종 재료용 탱크·통·드럼·캔·상자와 이와 유사한 용기(압축용이나 액화가스용은 제외하고, 기계장치나 가열·냉각장치를 갖추지 않은 것으로 용적이 300리터 이하인 것으로 한정하며, 내장한 것인지 또는 열절연한 것인지에 상관없다)
7311	철강으로 만든 용기(압축용이나 액화가스용으로 한정한다)
7312	철강으로 만든 연선(stranded wire)·로프·케이블·엮은 밴드·사슬과 이와 유사한 것(전기절연한 것은 제외한다)
7313	철강으로 만든 유자선(有刺線)·대·경선을 꼰 것[유자(有刺)의 것인지에 상관없다]과 느슨하게 꼰 2중선으로서 울타리용으로 사용하는 것
7314	철강선으로 만든 클로스(cloth)[엔드리스 밴드(endless band)를 포함한다]·그릴·망·울타리·익스팬디드 메탈(expanded metal)
7315	철강으로 만든 체인과 그 부분품
7316	철강으로 만든 닻과 그 부분품
7317	철강으로 만든 못·압정·제도용 핀·물결 모양 못·스테이플(제8305호의 것은 제외한다)과 이와 유사한 물품[두부(頭部)가 그 밖의 다른 재료로 만든 것인지에 상관없으나 구리를 재료로 한 것은 제외한다]
7318	철강으로 만든 스크루(screw)·볼트(bolt)·너트(nut)·코치 스크루(coach screw)·스크루 훅(screw hook)·리벳(rivet)·코터(cotter)·코터핀(cotter-pin)·와셔(washer)[스프링와셔(spring washer)를 포함한다]와 이와 유사한 물품
7319	철강으로 만든 수봉침·수편침·돗바늘·코바늘·자수용 천공수침과 이와 유사한 물품으로서 손으로 사용하는 것, 철강으로 만든 안전핀과 그 밖의 핀[따로 분류되지 않은 것으로 한정한다]
7320	철강으로 만든 스프링과 스프링판

7321	철강으로 만든 스토브(stove)·레인지(range)·화상(火床)·조리기(중앙난방용 보조보일러를 갖춘 것을 포함한다)·바비큐(barbecue)·화로·가스풍로·가열판과 이와 유사한 비전기식 가정용 기구와 이들의 부분품
7322	철강으로 만든 방열기(중앙난방용으로 한정하고, 전기가열식은 제외한다)와 이들의 부분품, 동력구동식 송풍기를 갖춘 공기가열기와 온풍배분기(냉풍이나 조절된 공기를 공급할 수 있는 배분기를 포함하고, 전기가열식은 제외한다)와 이들의 부분품
7323	철강으로 만든 식탁용품·주방용품이나 그 밖의 가정용품과 이들의 부분품, 철강의 울, 철강으로 만든 용기 세정용구와 세정용이나 폴리싱(polishing)용 패드·글러브(glove)와 이와 유사한 것
7324	철강으로 만든 위생용품과 그 부분품
7325	철강으로 만든 그 밖의 주물제품
7326	철강으로 만든 그 밖의 제품

제74류 구리와 그 제품

제74류 주 제1호

1. 이 류에서 다음 각 목의 용어는 아래에서 정하는 바에 따른다.

   가. 정제한 구리

   "정제한 구리"란 구리의 함유량이 전 중량의 100분의 99.85 이상인 금속이나 전 중량에 대한 그 밖의 원소의 함유중량비율이 다음 표에 열거한 한도를 초과하지 않는 한 구리의 함유량이 전 중량의 100분의 97.5 이상인 금속을 말한다.

   그 밖의 원소표

원소	함유중량비율(%)
은	0.25
비소	0.5
카드뮴	1.3
크로뮴	1.4
마그네슘	0.8
납	1.5
황	0.7
주석	0.8
텔루륨	0.8
아연	1
지르코늄	0.3
그 밖의 원소[*]는 각각	0.3

   * 그 밖의 원소의 예: 알루미늄·베릴륨·코발트·철·망간·니켈·규소

나. 구리합금

"구리합금"이란 정제하지 않은 구리 외의 금속물질로서 구리의 함유중량이 각각 다른 원소보다 가장 많고 다음 조건에 해당하여야 한다.

1) 그 밖의 원소 중 적어도 하나의 원소의 함유중량비율이 가목의 그 밖의 원소표에 열거한 비율보다 크거나
2) 그 밖의 원소의 함유량의 합계가 전 중량의 100분의 2.5를 초과하는 것

다. 모합금(master alloy)

"모합금(master alloy)"이란 구리의 함유량이 전 중량의 100분의 10을 초과하고, 그 밖의 원소를 함유한 합금으로서 실용상 단조(鍛造)에 적합하지 않으며, 일반적으로 그 밖의 합금을 제조할 때 첨가제나 비(非)철금속을 야금할 때 탈산제·탈황제와 이와 유사한 용도에 사용하는 것을 말한다. 다만, 인의 함유량이 전 중량의 100분의 15를 초과하는 인동은 제2853호로 분류한다.

제74류 소호주 제1호

1. 이 류에서 다음 각 목의 용어는 아래에서 정하는 바에 따른다.

   가. 구리-아연의 합금(황동)

   구리와 아연의 합금으로서 그 밖의 원소가 함유된 것인지에 상관없으며 그 밖의 원소가 함유될 경우
   - 아연의 함유량이 중량비로 각각 다른 원소보다 가장 많으며,
   - 니켈의 함유중량이 전 중량의 100분의 5 미만이며[참조: 구리-니켈-아연의 합금(양백)],
   - 주석의 함유량이 전 중량의 100분의 3 미만인 것[참조: 구리-주석의 합금(청동)]

   나. 구리-주석의 합금(청동)

   구리와 주석의 합금으로서 그 밖의 원소가 함유된 것인지에 상관없다. 그 밖의 원소가 함유될 경우 주석의 함유량이 중량비로 각각 다른 원소보다 가장 많아야 한다. 다만, 주석의 함유량이 전 중량의 100분의 3 이상인 경우에는 아연의 함유량이 주석의 함유량보다 초과될 수 있으나 100분의 10 미만이어야 한다.

   다. 구리-니켈-아연의 합금(양백)

   구리-니켈 및 아연의 합금으로서 그 밖의 원소가 함유된 것인지에 상관없다. 니켈의 함유량은 전 중량의 100분의 5 이상이다[참조: 구리-아연의 합금(황동)].

   라. 구리-니켈의 합금

   구리와 니켈의 합금으로서 그 밖의 원소가 함유된 것인지에 상관없으나 아연의 함유량은 전 중량의 100분의 1 이하가 되어야 한다. 그 밖의 원소가 함유될 경우 니켈의 함유량은 중량비로 각각 다른 원소보다 가장 많아야 한다.

번호	품명
7401	구리의 매트(mat)와 시멘트동(침전동)
7402	정제하지 않은 구리와 전해정제용 구리 양극
7403	정제한 구리와 구리합금(가공하지 않은 것으로 한정한다)
7404	구리의 웨이스트(waste)와 스크랩(scrap)
7405	구리의 모합금(master alloy)
7406	구리의 가루와 플레이크(flake)
7407	구리의 봉과 프로파일(profile)
7408	구리의 선
7409	구리의 판ㆍ시트(sheet)ㆍ스트립(두께가 0.15밀리미터를 초과하는 것으로 한정한다)
7410	구리의 박(箔)[인쇄한 것인지 또는 종이ㆍ판지ㆍ플라스틱이나 이와 유사한 보강재로 뒷면을 붙인 것인지에 상관없으며 그 두께(보강재의 두께는 제외한다)가 0.15밀리미터 이하인 것으로 한정한다]
7411	구리로 만든 관(管)
7412	구리로 만든 관(管) 연결구류[예: 커플링(coupling)ㆍ엘보(elbow)ㆍ슬리브(sleeve)]
7413	구리로 만든 연선ㆍ케이블ㆍ엮은 밴드와 이와 유사한 것(전기 절연한 것은 제외한다)
7414	-
7415	구리로 만든 못ㆍ압정ㆍ제도용 핀ㆍ스테이플(제8305호의 것은 제외한다)과 이와 유사한 물품[구리로 만든 것이나 구리로 만든 두부(頭部)를 가진 철강으로 만든 것으로 한정한다], 구리로 만든 스크루(screw)ㆍ볼트(bolt)ㆍ너트(nut)ㆍ스크루훅(screw hook)ㆍ리벳(rivet)ㆍ코터(cotter)ㆍ코터핀(cotter-pin)ㆍ와셔(washer)[스프링와셔(spring washer)를 포함한다]와 이와 유사한 물품
7416	-
7417	-
7418	구리로 만든 식탁용품ㆍ주방용품이나 그 밖의 가정용 물품과 이들의 부분품, 구리로 만든 용기 세용용구와 세정용이나 폴리싱(polishing)용 패드ㆍ글러브(glove)와 이와 유사한 것, 구리로 만든 위생용품과 그 부분품
7419	구리로 만든 그 밖의 제품

제75류 니켈과 그 제품

제75류 소호주 제1호

1. 이 류에서 다음 각 목의 용어는 아래에서 정하는 바에 따른다.

   가. 합금하지 않은 니켈

   니켈과 코발트의 함유량이 전 중량의 100분의 99 이상인 금속으로서 다음 조건에 모두 해당하여야 한다.
   1) 코발트 함유량이 전 중량의 100분의 1.5 이하이고
   2) 그 밖의 원소의 함유량은 중량비로 다음 표에 열거한 한도 이하이어야 한다.

그 밖의 원소표

원소	함유중량비율(%)
철	0.5
산소	0.4
그 밖의 원소, 각각	0.3

  나. 니켈 합금

  니켈의 함유량이 중량비로 각각 그 밖의 원소보다 가장 많은 금속물질로 다음 조건에 해당하여야 한다.

  1) 코발트 함유량이 전 중량의 100분의 1.5를 초과하거나
  2) 그 밖의 원소 중 적어도 한 원소의 함유량이 중량비로 앞 표에 열거한 한도보다 크거나
  3) 니켈과 코발트 외에 그 밖의 원소의 함유량의 합계가 전 중량의 100분의 1을 초과하여야 한다.

제75류 소호주 제2호

2. 제15부 주 제9호 다목에도 불구하고 소호 제7508.10호의 "선(線)"이라는 용어는 횡단면의 치수가 6밀리미터 이하인 제품(코일 모양인지와 횡단면의 모양에 상관없다)에만 적용한다.

번호	품명
7501	니켈의 매트(mat)·소결(燒結)한 산화니켈·니켈 제련으로 생산된 그 밖의 중간생산물
7502	니켈의 괴(塊)
7503	니켈의 웨이스트(waste)와 스크랩(scrap)
7504	니켈의 가루와 플레이크(flake)
7505	니켈의 봉·프로파일(profile)·선(線)
7506	니켈의 판·시트(sheet)·스트립·박(箔)
7507	니켈로 만든 관(管)이나 관(管) 연결구류[예: 커플링(coupling)·엘보(elbow)·슬리브(sleeve)]
7508	니켈로 만든 기타 제품

제76류 알루미늄과 그 제품

제76류 소호주 제1호

1. 이 류에서 다음 각 목의 용어는 아래에서 정하는 바에 따른다.

  가. 합금하지 않은 알루미늄

  알루미늄의 함유량이 전 중량의 100분의 99 이상인 금속으로서 그 밖의 원소의 함유량이 중량비로 다음 표에 열거한 한도를 초과하지 않아야 한다.

그 밖의 원소표

원소	함유중량비율(%)
철 + 규소	1
그 밖의 원소[*1] 각각	0.1[*2]

*1 그 밖의 원소: 예를 들면 크로뮴·구리·마그네슘·망간·니켈·아연
*2 구리는 100분의 0.1 초과 100분의 0.2 이하의 비율로 함유되어야 한다(크로뮴의 함유량과 망간의 함유량은 각각 100분의 0.05를 초과하지 않아야 한다).

나. 알루미늄 합금

알루미늄의 함유량이 중량비로 각각 그 밖의 원소보다 가장 많은 금속물질로 다음 조건에 해당하여야 한다.
1) 그 밖의 원소 중 적어도 한 원소나 철과 규소의 함유량이 중량비로 앞 표에 열거한 한도보다 크거나
2) 이러한 그 밖의 원소의 함유량의 합계가 전 중량의 100분의 1을 초과하여야 한다.

제76류 소호주 제2호

2. 제15부 주 제9호 다목에도 불구하고 소호 제7616.91호의 "선(線)"이라는 용어는 횡단면의 치수가 6밀리미터 이하인 제품(코일 모양인지와 횡단면의 모양에 상관없다)에만 적용한다.

번호	품명
7601	알루미늄의 괴(塊)
7602	알루미늄의 웨이스트(waste)와 스크랩(scrap)
7603	알루미늄의 가루와 플레이크(flake)
7604	알루미늄의 봉과 프로파일(profile)
7605	알루미늄의 선
7606	알루미늄의 판·시트(sheet)·스트립(두께가 0.2밀리미터를 초과하는 것으로 한정한다)
7607	알루미늄의 박(箔)[인쇄한 것인지 또는 종이·판지·플라스틱이나 이와 유사한 보강재로 뒷면을 붙인 것인지에 상관없으며 그 두께(보강재의 두께는 제외한다)가 0.2밀리미터 이하인 것으로 한정한다]
7608	알루미늄으로 만든 관(管)
7609	알루미늄으로 만든 관(管) 연결구류[예: 커플링(coupling)·엘보(elbow)·슬리브(sleeve)]
7610	알루미늄으로 만든 구조물(제9406호의 조립식 건축물은 제외한다)과 그 부분품[예: 다리와 교량·수문·탑·격자주(格子柱)·지붕·지붕틀·문과 창 및 이들의 틀과 문지방·난간·기둥], 구조물용으로 가공한 알루미늄으로 만든 판·봉·프로파일(profile)·관(管)과 이와 유사한 것
7611	알루미늄으로 만든 각종 재료용 저장조·탱크·통과 이와 유사한 용기(압축용이나 액화가스용은 제외하고, 기계장치나 가열·냉각장치를 갖추지 않은 것으로서 용적이 300리터를 초과하는 것으로 한정하며, 내장한 것인지 또는 열절연한 것인지에 상관없다)

7612	알루미늄으로 만든 각종 재료용 통·드럼·캔·상자와 이와 유사한 용기(경질이나 연질의 튜브형 용기를 포함하고, 압축용이나 액화가스용은 제외하며, 기계장치나 가열·냉각장치를 갖추지 않은 것으로서 용적이 300리터 이하인 것으로 한정하고, 내장한 것인지 또는 열절연한 것인지에 상관없다)
7613	알루미늄으로 만든 용기(압축용이나 액화가스용으로 한정한다)
7614	알루미늄으로 만든 연선·케이블·엮은 밴드와 이와 유사한 것(전기 절연한 것은 제외한다)
7615	알루미늄으로 만든 식탁용품·주방용품이나 그 밖의 가정용 물품과 이들의 부분품, 알루미늄으로 만든 용기 세정용구와 세정용이나 폴리싱(polishing)용 패드·글러브(glove)와 이와 유사한 것, 알루미늄으로 만든 위생용품과 그 부분품
7616	알루미늄으로 만든 그 밖의 제품

제77류 (유보)

제78류 납과 그 제품

제78류 소호주 제1호

1. 이 류에서 "정제한 납"이란 납의 함유량이 전 중량의 100분의 99.9 이상인 금속으로서 그 밖의 원소의 함유량이 중량비로 다음 표에 열거한 한도를 초과하지 않아야 한다

그 밖의 원소표

원소	함유중량비율(%)
은	0.02
비소	0.005
비스무트	0.05
칼슘	0.002
카드뮴	0.002
구리	0.08
철	0.002
황	0.002
안티모니	0.005
주석	0.005
아연	0.002
기타(예: 텔루륨), 각각	0.001

번호	품명
7801	납의 괴(塊)
7802	납의 웨이스트(waste)와 스크랩(scrap)
7803	-
7804	납의 판·시트(sheet)·스트립·박(箔), 가루와 플레이크(flake)
7805	-
7806	납으로 만든 그 밖의 제품

제79류 아연과 그 제품

제79류 소호주 제1호

1. 이 류에서 다음 각 목의 용어는 아래에서 정하는 바에 따른다.

　가. 합금하지 않은 아연

　　아연의 함유량이 전 중량의 100분의 97.5 이상인 금속을 말한다.

　나. 아연합금

　　아연의 함유량이 중량비로 각각 그 밖의 원소보다 가장 많은 금속물질로서 그 밖의 원소의 함유량 합계가 전 중량의 100분의 2.5를 초과하여야 한다.

　다. 아연 더스트(dust)

　　아연증기를 응축시켜 얻어지는 더스트(dust)로서 아연 가루보다 더 미세한 구(球) 모양인 미립자로 구성된다. 63마이크로미터(마이크론)의 메시(mesh)를 가진 체를 통과한 미립자가 전 중량의 100분의 80 이상이어야 한다. 아연의 함유량은 전 중량의 100분의 85 이상이어야 한다.

번호	품명
7901	아연의 괴(塊)
7902	아연의 웨이스트(waste)와 스크랩(scrap)
7903	아연의 더스트(dust)·가루·플레이크(flake)
7904	아연의 봉·프로파일(profile)·선(線)
7905	아연의 판·시트(sheet)·스트립·박(箔)
7906	-
7907	아연으로 만든 그 밖의 제품

제80류　주석과 그 제품

제80류 소호주 제1호

1. 이 류에서 다음 각 목의 용어는 아래에서 정하는 바에 따른다.

    가. 합금하지 않은 주석

    주석의 함유량이 전 중량의 100분의 99 이상인 금속으로서 비스무트(bismuth)나 구리의 함유량이 중량비로 다음 표에 열거한 한도 미만이어야 한다.

    그 밖의 원소표

원소	함유중량비율(%)
비스무트	0.1
구리	0.4

    나. 주석합금

    주석의 함유량이 중량비로 각각 다른 원소보다 가장 많은 금속물질로서 다음 조건에 해당하여야 한다.
    1) 그 밖의 원소의 함유량 합계가 전 중량의 100분의 1을 초과하거나
    2) 비스무트(bismuth)나 구리의 함유량이 중량비로 앞 표에 열거한 한도 이상이어야 한다.

번호	품명
8001	주석의 괴(塊)
8002	주석의 웨이스트(waste)와 스크랩(scrap)
8003	주석의 봉·프로파일(profile)·선(線)
8004	-
8005	-
8006	-
8007	주석으로 만든 그 밖의 제품

제81류　그 밖의 비금속(卑金屬), 서멧(cermet), 이들의 제품

번호	품명
8101	텅스텐(볼프람)과 그 제품[웨이스트(waste)와 스크랩(scrap)을 포함한다]
8102	몰리브데늄과 그 제품[웨이스트(waste)와 스크랩(scrap)을 포함한다]
8103	탄탈륨과 그 제품[웨이스트(waste)와 스크랩(scrap)을 포함한다]
8104	마그네슘과 그 제품[웨이스트(waste)와 스크랩(scrap)을 포함한다]

8105	코발트의 매트(mat)와 코발트 제련으로 생산된 그 밖의 중간생산물, 코발트와 그 제품[웨이스트(waste)와 스크랩(scrap)을 포함한다]
8106	비스무트(bismuth)와 그 제품[웨이스트(waste)와 스크랩(scrap)을 포함한다]
8107	-
8108	티타늄과 그 제품[웨이스트(waste)와 스크랩(scrap)을 포함한다]
8109	지르코늄과 그 제품[웨이스트(waste)와 스크랩(scrap)을 포함한다]
8110	안티모니와 그 제품[웨이스트(waste)와 스크랩(scrap)을 포함한다]
8111	망간과 그 제품[웨이스트(waste)와 스크랩(scrap)을 포함한다]
8112	베릴륨·크로뮴·하프늄·레늄·탈륨·카드뮴·게르마늄·바나듐·갈륨·인듐·니오븀(컬럼븀)과 이것으로 만든 제품[웨이스트(waste)와 스크랩(scrap)을 포함한다]
8113	서멧(cermet)과 그 제품[웨이스트(waste)와 스크랩(scrap)을 포함한다]

제82류 비금속(卑金屬)으로 만든 공구·도구·칼붙이·스푼·포크, 이들의 부분품

제82류 주 제1호

1. 이 류에는 다음 각 목의 재료로 만들어진 날·작용단·작용면이나 그 밖의 작용하는 부분이 있는 것만을 분류한다. 다만, 블로램프(blow lamp)·휴대용 화덕·프레임을 갖춘 그라인딩휠(grinding wheel)·매니큐어·페디큐어(pedicure) 세트와 제8209호의 물품은 제외한다.

   가. 비금속(卑金屬)

   나. 금속탄화물이나 서멧(cermet)

   다. 귀석이나 반귀석(천연의 것, 합성·재생한 것)으로 비금속(卑金屬)·금속탄화물·서멧(cermet)의 지지물에 부착된 것

   라. 연마재료로서 비금속(卑金屬)으로 만든 지지물에 부착된 것. 다만, 비금속(卑金屬)으로 만든 절삭치(cutting teeth)·홈과 이와 유사한 것을 가지는 물품으로서 연마제를 부착한 후에도 그 동일성과 기능을 가지는 경우로 한정한다.

제82류 주 제2호

2. 이 류에 해당하는 물품의 비금속(卑金屬)으로 만든 부분품[따로 열거되어 있는 부분품과 제8466호의 수공구용 툴홀더(tool-holder)는 제외한다]은 해당 물품이 해당하는 호로 분류한다. 다만, 제15부의 주 제2호에 규정한 범용성 부분품은 전부 이 류에서 제외한다. 전기면도기나 전기이발기의 두부(頭部)·날·절삭판은 제8510호로 분류한다.

제82류 주 제3호

3. 제8211호에 해당되는 한 개 이상의 칼과 제8215호에 해당되는 물품이 최소한 같은 수량으로 세트를 구성하는 경우에는 제8215호로 분류한다.

번호	품명
8201	수공구에 해당하는 것 중 가래·삽·곡괭이·픽스(picks)·괭이·포크와 쇠스랑, 도끼·빌훅(bill hook)과 이와 유사한 절단용 공구, 각종 전지가위, 낫·초절기(草切機)·울타리 전단기(剪斷機)·제재(製材)용 쐐기와 그 밖의 농업용·원예용·임업용 공구
8202	수동식 톱, 각종 톱날[슬리팅(slitting)·슬로팅(slotting)·이가 없는 톱날을 포함한다]
8203	줄·플라이어(plier)[절단용 플라이어(plier)를 포함한다]·집게·핀셋·금속 절단용 가위·파이프커터(pipe-cutter)·볼트크로퍼(bolt cropper)·천공펀치와 이와 유사한 수공구
8204	수동식 스패너(spanner)와 렌치(wrench)(토크미터렌치를 포함하나 탭렌치(tap wrench)는 제외한다], 호환성 스패너소켓(spanner socket)(손잡이가 달린 것인지에 상관없다)
8205	수공구(유리 가공용 다이아몬드공구를 포함하며 따로 분류되지 않은 것으로 한정한다) 블로램프(blow lamp), 공작기계 또는 워터제트 절단기의 부분품·부속품 외의 바이스(vice)·클램프(clamp)와 이와 유사한 것, 모루, 휴대용 화덕, 프레임을 갖춘 수동식이나 페달식 그라인딩휠(grinding wheel)
8206	제8202호부터 제8205호까지에 해당하는 둘 이상의 공구가 소매용 세트로 되어 있는 것
8207	수공구용(동력작동식인지에 상관없다)이나 기계용 호환성 공구[예: 프레싱(pressing)용·스탬핑(stamping)용·펀칭(punching)용·태핑(tapping)용·드레딩(threading)용·드릴링(drilling)용·보링(boring)용·브로칭(broaching)용·밀링(milling)용·터닝(turning)용·스크루드라이빙(screw driving)용][금속의 인발(引拔)용이나 압출용 다이(die)와 착암용이나 굴착용 공구를 포함한다]
8208	기계용이나 기구용 칼과 절단용 칼날
8209	공구용 판·봉·팁과 이와 유사한 것[서멧(cermet)으로 만든 것으로서 장착하지 않은 것으로 한정한다]
8210	수동식 기계기구(음식물의 조리·제공에 사용되는 것으로 한 개의 중량이 10킬로그램 이하인 것으로 한정한다)
8211	칼(톱니가 있는지에 상관없으며 절단용 칼날을 갖춘 것으로 한정하고 전지용 칼을 포함하며, 제8208호의 칼은 제외한다)과 그 날
8212	면도기와 면도날[면도날의 블랭크(blank)로서 스트립 모양인 것을 포함한다]
8213	가위, 재단용 가위와 이와 유사한 가위, 이들의 날
8214	그 밖의 칼붙이 제품[예: 기발기·정육점용이나 주방용 칼붙이·토막용 칼(chopper)과 다지기(mincing)용 칼·종이용 칼], 매니큐어·페디큐어(pedicure) 세트와 용구(손톱줄을 포함한다)
8215	스푼·포크·국자·스키머(skimmer)·케이크서버(cake-server)·생선용 칼·버터용 칼·설탕집게와 이와 유사한 주방용품이나 식탁용품

제83류 비금속(卑金屬)으로 만든 각종 제품

제83류 주 제1호

1. 이 류에서 비금속(卑金屬)으로 만든 부분품은 그 본체와 함께 분류한다. 다만, 제7312호·제7315호·제7317호·제7318호·제7320호의 철강으로 만든 물품, 제74류부터 제76류까지와 제78류부터 제81류까지에 해당하는 그 밖의 비금속(卑金屬)으로 만든 이와 유사한 물품은 이 류의 물품의 부분품으로 분류하지 않는다.

제83류 주 제2호

2. 제8302호에서 "카스터(castor)"란 지름(타이어가 있는 경우에는 이를 포함한다)이 75밀리미터 이하인 것을 말하며, 지름(타이어가 있는 경우에는 이를 포함한다)이 75밀리미터를 초과하는 경우에는 부착된 휠이나 타이어의 폭이 30밀리미터 미만인 것을 말한다.

번호	품명
8301	비금속(卑金屬)으로 만든 자물쇠(열쇠식·다이얼식·전기작동식), 비금속(卑金屬)으로 만든 걸쇠와 걸쇠가 붙은 프레임으로 자물쇠가 결합되어 있는 것, 이들 물품에 사용되는 비금속(卑金屬)으로 만든 열쇠
8302	비금속(卑金屬)으로 만든 장착구·부착구와 이와 유사한 물품[가구·문·계단·창·블라인드·차체(coachwork)·마구·트렁크·장·함이나 이와 유사한 것에 적합한 것으로 한정한다], 비금속(卑金屬)으로 만든 모자걸이·브래킷(bracket)과 이와 유사한 부착구, 비금속(卑金屬)으로 만든 장착구가 있는 카스터(castor), 비금속(卑金屬)으로 만든 자동도어 폐지기
8303	비금속(卑金屬)으로 만든 장갑하거나(armoured) 보강한 금고, 스트롱박스(strong-box), 스트롱룸(strong-room)용 문과 저장실, 현금함이나 손금고와 이와 유사한 것
8304	비금속(卑金屬)으로 만든 서류정리함·카드인덱스함·페이퍼트레이(paper tray)·페이퍼 레스트(paper rest)·펜 트레이(pen tray)·사무실용 스탬프스탠드(stamp stand)와 이와 유사한 사무실용이나 책상용 비품(제9403호에 해당하는 사무실용 가구는 제외한다)
8305	비금속(卑金屬)으로 만든 루스-리프(loose-leaf)식 바인더용이나 서류철용 피팅(fitting)·서신용 클립·레터코너(letter corner)·서류용 클립·색인용 태그와 이와 유사한 사무용품, 비금속(卑金屬)으로 만든 스트립 모양인 스테이플(staple)(예: 사무실용·가구류용·포장용의 것)
8306	비금속(卑金屬)으로 만든 벨·징과 이와 유사한 것(전기식은 제외한다), 비금속(卑金屬)으로 만든 작은 조각상과 그 밖의 장식품, 비금속(卑金屬)으로 만든 사진틀·그림틀이나 이와 유사한 틀, 비금속(卑金屬)으로 만든 거울
8307	비금속(卑金屬)으로 만든 플렉시블 튜빙(flexible tubing)(연결구류가 붙은 것인지에 상관없다)
8308	비금속(卑金屬)으로 만든 걸쇠·걸쇠가 붙은 프레임·버클(buckle)·버클(buckle)걸쇠·혹(hook)·아이(eye)·아일릿(eyelet)과 이와 유사한 것(의류 또는 의류 부속품·신발류·신변장식용품·손목시계·서적·차양·가죽제품·여행구나 마구 또는 그 밖의 제품으로 된 물품에 사용하는 것으로 한정한다), 비금속(卑金屬)으로 만든 관 리벳(tubular rivet)이나 두 가닥 리벳(bifurcated rivet), 구슬과 스팽글(spangle)

8309	비금속(卑金屬)으로 만든 전(栓)·캡·뚜껑[병마개·스크루캡(screw cap)·점적구용 전(栓)을 포함한다]·병용 캡슐·나선형 마개·마개용 커버·실(seal)과 그 밖의 포장용 부속품
8310	비금속(卑金屬)으로 만든 사인판·명판·주소판과 이와 유사한 판 숫자·문자와 그 밖의 심벌(제9405호의 것은 제외한다)
8311	비금속(卑金屬)이나 금속탄화물로 만든 선·봉·관·판·용접봉과 이와 유사한 물품[금속이나 금속탄화물의 납땜·납접·용접·용착에 사용하는 것으로서 플럭스(flux)를 도포하였거나 심(芯)에 충전한 것으로 한정한다], 비금속(卑金屬) 가루를 응결시켜 제조한 금속 스프레이(metal spraying)용 선과 봉

제16부 기계류·전기기기와 이들의 부분품, 녹음기·음성재생기·텔레비전의 영상과 음향의 기록기·재생기와 이들의 부분품·부속품

제84류	원자로·보일러·기계류와 이들의 부분품
제85류	전기기기와 그 부분품, 녹음기·음성 재생기·텔레비전의 영상과 음성의 기록기·재생기와 이들의 부분품·부속품

제16부 주 제1호

1. 이 부에서 다음 각 목의 것은 제외한다.

    가. 전동(transmission)용·컨베이어용 벨트나 벨팅으로서 플라스틱으로 만든 것(제39류)이나 가황한 고무로 만든 것(제4010호), 기계류나 전기기기에 사용되거나 그 밖의 공업용으로 사용되는 경질고무 외의 가황한 고무의 그 밖의 제품(제4016호)

    나. 기계용이나 그 밖의 공업용 가죽제품·콤퍼지션 레더(composition leather)제품(제4205호)과 모피제품(제4303호)

    다. 보빈(bobbin)·스풀(spool)·콥(cop)·콘(cone)·코어(core)·릴(reel)이나 그 밖에 이와 유사한 지지구[재료가 무엇이든 상관없다(예: 제39류·제40류·제44류·제48류나 제15부에 해당하는 것)]

    라. 자카드기와 그 밖에 이와 유사한 기계용 천공카드(예: 제39류·제48류나 제15부에 해당하는 것)

    마. 방직용 섬유로 만든 전동(transmission)용이나 컨베이어용 벨트나 벨팅(제5910호)과 그 밖의 방직용 섬유로 만든 공업용 물품(제5911호)

    바. 제7102호부터 제7104호까지의 천연의 것이나 합성·재생한 귀석·반귀석이나 제7116호의 제품으로서 전부가 이들 귀석이나 반귀석으로 된 것. 다만, 축음기 바늘용으로 가공한 사파이어나 다이아몬드로서 장착되지 않은 것은 제외한다(제8522호).

    사. 제15부의 주 제2호의 비금속(卑金屬)으로 만든 범용성 부분품(제15부)이나 이와 유사한 플라스틱으로 만든 물품(제39류)

    아. 드릴파이프(drill pipe)(제7304호)

    자. 금속의 선이나 스트립으로 만든 엔드리스 벨트(제15부)

    차. 제82류나 제83류의 물품

    카. 제17부의 물품

    타. 제90류의 물품

    파. 제91류의 시계와 그 밖의 물품

    하. 제8207호의 호환성 공구, 기계의 부분품으로 사용되는 브러시(제9603호)나 이와 유사한 호환성 공구는 작용하는 부분의 구성 재료에 따라 분류한다(예: 제40류·제42류·제43류·제45류·제59류·제6804호·제6909호).

거. 제95류의 물품

너. 타자기용 리본이나 이와 유사한 리본[스풀(spool)에 감긴 것인지 또는 카트리지 모양인지에 상관없으며 구성 재료에 따라 분류하되, 잉크가 침투되었거나 인쇄에 사용할 수 있는 상태인 것은 제9612호로 분류한다], 또는 제9620호의 일각대·양각대·삼각대와 이와 유사한 물품

제16부 주 제2호

2. 기계의 부분품(제8484호·제8544호·제8545호·제8546호·제8547호의 물품의 부분품은 제외한다)은 이 부의 주 제1호, 제84류의 주 제1호, 제85류의 주 제1호에 규정한 것 외에는 다음 각 목에서 정하는 바에 따라 분류한다.

   가. 제84류나 제85류 중 어느 특정한 호(제8409호·제8431호·제8448호·제8466호·제8473호·제8487호·제8503호·제8522호·제8529호·제8538호·제8548호는 제외한다)에 포함되는 물품인 부분품은 어떠한 경우라도 각각 해당 호로 분류한다.

   나. 그 밖의 부분품으로서 특정한 기계나 동일한 호로 분류되는 여러 종류의 기계(제8479호나 제8543호의 기계를 포함한다)에 전용되거나 주로 사용되는 부분품은 그 기계가 속하는 호나 경우에 따라 제8409호·제8431호·제8448호·제8466호·제8473호·제8503호·제8522호·제8529호·제8538호로 분류한다. 다만, 주로 제8517호와 제8525호부터 제8528호까지의 물품에 공통적으로 사용되는 부분품은 제8517호로 분류하고, 제8524호의 물품에 전용되거나 주로 사용되는 부분품은 제8529호에 분류한다.

   다. 그 밖의 각종 부분품은 경우에 따라 제8409호·제8431호·제8448호·제8466호·제8473호·제8503호·제8522호·제8529호·제8538호로 분류하거나 위의 호로 분류하지 못하는 경우에는 제8487호나 제8548호로 분류한다.

제16부 주 제3호

3. 두 가지 이상의 기계가 함께 결합되어 하나의 완전한 기계를 구성하는 복합기계와 그 밖의 두 가지 이상의 보조기능이나 선택기능을 수행할 수 있도록 디자인된 기계는 문맥상 달리 해석되지 않는 한 이들 요소로 구성된 단일의 기계로 분류하거나 주된 기능을 수행하는 기계로 분류한다.

제16부 주 제4호

4. 하나의 기계(여러 종류의 기계가 조합된 것을 포함한다)가 각종 개별기기로 구성되어 있는 경우에도(따로 분리되어 있는지 또는 배관·전동장치·전력케이블이나 그 밖의 장치로 상호 연결되어 있는지에 상관없다) 이들이 제84류나 제85류 중의 어느 호에 명백하게 규정된 기능을 함께 수행하기 위한 것일 때에는 그 전부를 그 기능에 따라 해당하는 호로 분류한다.

제16부 주 제5호

5. 이 부의 주에서 "기계"란 제84류나 제85류에 열거된 각종 기계·기계류·설비·장비·장치·기기를 말한다.

제16부 주 제6호

6. 가. 이 표에서 "전기·전자 웨이스트(waste)와 스크랩(scrap)"이란 전기·전자 조립품, 인쇄회로기판, 전기제품이나 전자제품으로서, 다음의 요건을 모두 충족하는 것을 말한다.

   1) 파손·절단이나 그 밖의 공정으로 원래의 용도에 적합하지 않게 되었거나, 원래의 용도에 맞게 변경하기 위한 수리·정비나 보수가 경제적으로 적합하지 않은 것

   2) 운송·적재·하역 작업 중 파손으로부터 개별 물품을 보호하기 위한 방법으로 포장되거나 선적되지 않은 것

   나. "전기·전자 웨이스트(waste)와 스크랩(scrap)"과 그 밖의 웨이스트(waste)와 스크랩(scrap)이 함께 섞여 있는 물품은 제8549호에 분류한다.

   다. 이 부에는 제38류 주 제4호에 규정된 생활폐기물은 포함하지 않는다.

제84류 원자로·보일러·기계류와 이들의 부분품

제84류 주 제1호

1. 이 류에서 다음 각 목의 것은 제외한다.

   가. 제68류의 밀스톤(millstone)·그라인드스톤(grindstone)이나 그 밖의 물품

   나. 도자제의 기계류(예: 펌프)와 기계류(어떤 재료라도 가능하다)의 도자제 부분품(제69류)

   다. 실험실용 유리제품(제7017호), 유리로 만든 공업용 기기나 그 밖의 물품과 그 부분품(제7019호나 제7020호)

   라. 제7321호나 제7322호의 물품과 그 밖의 비금속(卑金屬)으로 만든 이와 유사한 물품(제74류부터 제76류까지나 제78류부터 제81류까지)

   마. 제8508호의 진공청소기

   바. 제8509호의 가정용 전기기기, 제8525호의 디지털 카메라

   사. 제17부의 물품용의 방열기

   아. 모터를 갖추지 않은 기계식 바닥청소기(수동식으로 한정한다)(제9603호)

제84류 주 제2호

2. 제16부의 주 제3호나 이 류의 주 제11호에 따라 적용될 호가 정하여지는 경우를 제외하고는, 제8401호부터 제8424호까지와 제8486호의 하나 이상의 호에 해당하는 기기가 동시에 제8425호부터 제8480호까지의 하나 이상의 호에도 해당되는 경우, 이 기기는 제8401호부터 제8424호까지의 적합한 호로 분류하거나 경우에 따라 제8486호로 분류하고, 제8425호부터 제8480호까지에는 분류하지 않는다.

   가. 다만, 제8419호에서 다음 각 목의 것은 제외한다.
      1) 발아용 기기·부란기·양육기(제8436호)
      2) 곡물 가습기(제8437호)
      3) 당즙 추출용 침출기(제8438호)
      4) 방직용 섬유사·직물류나 그 제품의 열처리용 기계(제8451호)
      5) 기계적 작동을 하도록 설계된 기기류·설비·실험실 장비로서 온도의 변화가 그 작동에 있어서는 필수적이라 할지라도 그 기능에서는 종속적인 것

   나. 제8422호에서 다음 각 목의 것은 제외한다.
      1) 자루나 이와 유사한 용기를 봉합하는 재봉기(제8452호)
      2) 제8472호의 사무용 기기

   다. 제8424호에서 다음 각 목의 것은 제외한다.
      1) 잉크젯방식 인쇄기(제8443호)
      2) 워터제트 절단기(제8456호)

제84류 주 제3호

3. 제8456호의 규정에 해당하는 각종 재료의 가공용 공작기계가 동시에 제8457호·제8458호·제8459호·제8460호·제8461호·제8464호·제8465호의 규정에도 해당되는 경우에는 이를 제8456호로 분류한다.

제84류 주 제4호

4. 제8457호는 다음 각 목 중 어느 하나의 방법으로 여러 가지 종류의 기계가공을 행할 수 있는 금속 가공용 공작기계[선반(터닝센터를 포함한다)은 제외한다]에만 적용한다.

   가. 머시닝(machining) 프로그램에 따라 매거진이나 그 밖에 이와 유사한 장치로부터 공구를 자동적으로 교환하는 방법[머시닝 센터(machining centre)]

   나. 고정된 가공물에 대하여 서로 다른 유닛헤드(unit head)를 자동적으로 작용시켜 동시 또는 연속으로 가공하는 방법[싱글스테이션(single station)의 유닛컨스트럭션머신(unit construction machine)]

   다. 가공물을 서로 다른 유닛헤드(unit head)로 자동 이송하는 방법[멀티스테이션(multi-station)의 트랜스퍼머신(transfer machine)]

제84류 주 제5호

5. 제8462호에서 평판제품용 "슬리팅(slitting) 설비"란 코일 풀기용 기계·코일 편평기·슬리터(slitter)·코일 감기용 기계로 구성된 가공설비를 말한다. 평판제품용 "일정한 길이로 절단하는 설비(cut-to-length line)"란 코일 풀기용 기계·코일 편평기·전단기(剪斷機)로 구성된 가공설비를 말한다.

제84류 주 제6호

6. 가. 제8471호에서 "자동자료처리기계"란 다음을 말한다.
    1) 하나 이상의 처리용 프로그램과 적어도 프로그램 실행에 바로 소요되는 자료를 기억할 수 있으며
    2) 사용자의 필요에 따라 프로그램을 자유롭게 작성하고
    3) 사용자가 지정한 수리 계산을 실행할 수 있으며
    4) 처리 중의 논리 판단에 따라 변경을 요하는 처리프로그램을 사람의 개입 없이 스스로 변경할 수 있는 것
  나. 자동자료처리기계는 여러 개의 독립된 기기로 구성된 시스템의 형태를 갖춘 경우도 있다.
  다. 아래 라목이나 마목의 것은 제외하고 다음 요건을 모두 충족하는 단위기기는 자동자료처리시스템의 일부로 본다.
    1) 자동자료처리시스템에 전용되거나 주로 사용되는 것
    2) 중앙처리장치에 직접적으로 접속되거나 한 개 이상의 다른 단위기기를 통하여 접속될 수 있는 것
    3) 해당 시스템에서 사용하는 부호나 신호의 형식으로 자료를 받아들이거나 전송할 수 있는 것
    자동자료처리기계의 단위기기들이 분리되어 제시되는 경우에는 제8471호로 분류한다.
    그러나, 다목 2)와 3)의 조건을 충족하는 키보드, 엑스-와이코디네이트(X-Y co-ordinate) 입력장치, 디스크 기억장치는 어떠한 경우라도 제8471호로 분류한다.
  라. 다음 물품은 분리되어 제시되는 경우 위의 주 제6호 다목의 모든 요건을 충족하더라도 제8471호로 분류되지 않는다.
    1) 프린터, 복사기, 팩시밀리(결합되었는지에 상관없다)
    2) 음성, 영상이나 그 밖의 데이터를 송신하거나 수신하기 위한 기기[유선이나 무선 네트워크(예를 들어 근거리 통신망이나 원거리 통신망)에서 통신을 위한 기기를 포함한다]
    3) 확성기, 마이크로폰
    4) 텔레비전 카메라, 디지털 카메라, 비디오카메라레코더
    5) 텔레비전 수신기기를 갖추지 않은 모니터와 프로젝터
  마. 자동자료처리기계와 결합되거나 연결되어 자료처리 외의 특정한 기능을 수행하는 기계는 각각의 고유한 기능에 따라 해당 호로 분류하며, 그 기능에 따라 분류되는 호가 없는 경우에는 잔여 호로 분류한다.

제84류 주 제7호

7. 공칭(公稱) 지름에 대한 최대오차가 100분의 1 이하이거나 0.05밀리미터 이하(둘 중 작은 기준을 적용한다)인 연마강구(鋼球)는 특히 제8482호로 분류하며, 그 밖의 강구(鋼球)는 제7326호로 분류한다.

제84류 주 제8호

8. 두 가지 이상의 용도에 사용되는 기계류의 분류에서는 그 주 용도를 유일한 용도로 취급하여 이를 분류한다. 어느 호에도 주 용도가 규정되어 있지 않거나 주 용도가 불명확한 기계류는 이 류의 주 제2호나 제16부의 주 제3호에 따라 분류되는 경우를 제외하고 문맥상 달리 해석되지 않는 한 제8479호로 분류한다. 또한 제8479호에는 금속선·방직용 섬유사·그 밖의 재료나 이들 재료를 혼합하여 로프나 케이블을 제조하는 기계도 포함된다[예: 스트랜딩(stranding)기, 트위스팅(twisting)기, 케이블링(cabling)기].

제84류 주 제9호

9. 제8470호에서 "포켓 사이즈"라는 용어는 크기가 170밀리미터 × 100밀리미터 × 45밀리미터 이하인 기계에만 적용한다.

제84류 주 제10호

10. 제8485호에서 "적층제조"(3D 프린팅이라고도 한다)란 디지털 모델을 바탕으로 재료(예: 금속·플라스틱이나 세라믹)를 연속적으로 부가·적층하고 경화·응고시켜 물리적인 대상을 형성하는 것을 말한다. 제16부 주 제1호와 제84류 주 제1호에 따라 적용될 호가 정하여지는 경우를 제외하고, 제8485호의 표현을 만족하는 기계는 이 표의 다른 호에 분류하지 않으며, 제8485호에 분류한다.

제84류 주 제11호

11. 가. 제85류의 주 제12호 가목과 나목의 "반도체 디바이스"와 "전자집적회로"의 표현은 이 주와 제8486호에서도 적용된다. 다만, 이 주와 제8486호의 목적에 따라 "반도체 디바이스"는 감광성 반도체 디바이스와 발광다이오드(엘이디)를 포함한다.

나. 이 주와 제8486호의 목적상 "평판디스플레이의 제조"는 기판을 평판으로 제조하는 것을 포함한다. "평판디스플레이의 제조"는 유리 제조나 평판에 인쇄회로기판이나 그 밖의 전자부품을 조립하는 것은 포함하지 않는다. "평판디스플레이"는 음극선관 기술을 포함하지 않는다.

다. 제8486호에는 다음에 전용되거나 주로 사용되는 기계를 분류한다.
   1) 마스크와 레티클(reticle)의 제조·수리
   2) 반도체디바이스나 전자집적회로의 조립
   3) 보울(boule), 웨이퍼(wafer), 반도체디바이스, 전자집적회로와 평판디스플레이의 권양(捲揚), 취급, 적하(積荷)나 양하(揚荷)

라. 제16부의 주 제1호와 제84류의 주 제1호의 규정에 따라 적용될 호가 정하여지는 경우를 제외하고, 제8486호의 표현을 만족하는 기계는 이 표의 다른 호로 분류하지 않으며, 제8486호로 분류한다.

제84류 소호주 제1호

1. 소호 제8465.20호의 목적상 "머시닝센터(machining centre)"란 목재, 코르크, 뼈, 경질 고무, 경질 플라스틱 또는 이와 유사한 경질 재료의 가공용 공작기계로서, 머시닝(machining) 프로그램에 따라 매거진이나 그 밖에 이와 유사한 장치로부터 공구를 자동적으로 교환하는 방법으로 여러 가지 종류의 기계가공을 행할 수 있는 것에만 적용한다.

제84류 소호주 제2호

2. 소호 제8471.49호에서 "시스템"이란 제84류의 주 제6호 다목의 조건들을 충족하는 기기들로 이루어진 자동자료처리기계를 말하며, 적어도 중앙처리장치와 한 개의 입력장치(예: 키보드나 스캐너)와 한 개의 출력장치(예: 영상디스플레이장치나 프린터)로 이루어진 것을 말한다.

제84류 소호주 제3호

3. 소호 제8481.20호에서 "유압이나 공기압 전송용 밸브"는 에너지 원천이 가압된 유체(액체 또는 가스)의 형태로 공급되는 액압 또는 공기압 시스템에서 특별히 "유체 동력"의 전송에 사용되는 밸브를 말한다. 이러한 밸브는 형태가 다양할 수 있다[예: 감압형, 체크(check)형]. 소호 제8481.20호는 제8481호의 모든 다른 소호에 우선한다.

제84류 소호주 제4호

4. 소호 제8482.40호는 지름이 5밀리미터 이하이고 길이가 최소한 지름의 세 배 이상인 원통 롤러를 갖춘 베어링에만 적용한다. 롤러의 양끝은 둥근 것일 수도 있다.

번호	품명
8401	원자로, 방사선을 조사(照射)하지 않은 원자로용 연료 요소(카트리지)와 동위원소 분리용 기기
8402	증기발생보일러(저압증기도 발생시킬 수 있는 중앙난방용 온수보일러는 제외한다)와 과열수보일러(super-heated water boiler)
8403	중앙난방용 보일러(제8402호의 것은 제외한다)
8404	제8402호나 제8403호의 보일러용 부속기기(예: 연료절약기·과열기·그을음제거기·가스회수기)와 증기원동기용 응축기
8405	발생로가스(producer gas)나 수성(水性)가스 발생기, 아세틸렌가스 발생기와 이와 유사한 습식가스 발생기(청정기를 갖춘 것인지에 상관없다)
8406	증기터빈
8407	왕복이나 로터리 방식으로 움직이는 불꽃점화식 피스톤 내연기관
8408	압축점화식 피스톤 내연기관(디젤엔진이나 세미디젤엔진)
8409	제8407호나 제8408호의 엔진에 전용되거나 주로 사용되는 부분품
8410	수력터빈·수차와 이들의 조정기
8411	터보제트·터보프로펠러와 그 밖의 가스터빈
8412	그 밖의 엔진과 모터
8413	액체펌프(계기를 갖추었는지에 상관없다)와 액체엘리베이터
8414	기체펌프나 진공펌프·기체 압축기와 팬, 팬이 결합된 환기용이나 순환용 후드(필터를 갖추었는지에 상관없다), 기밀(氣密)식 생물안전작업대(필터를 갖추었는지에 상관없다)
8415	공기조절기(동력구동식 팬과 온도와 습도를 변화시키는 기구를 갖춘 것으로 한정하며, 습도만을 따로 조절할 수 없는 것도 포함한다)
8416	액체연료·잘게 부순 고체연료·기체연료를 사용하는 노(爐)용 버너, 기계식 스토커(stoker)[이들의 기계식 불판·기계식 회(灰) 배출기와 이와 유사한 기기를 포함한다]
8417	비전기식 공업용이나 실험실용 노(爐)와 오븐(소각로를 포함한다)
8418	냉장고·냉동고와 그 밖의 냉장기구나 냉동기구(전기식인지에 상관없다), 열펌프(제8415호의 공기조절기는 제외한다)
8419	가열·조리·배소(焙燒)·증류·정류·살균·저온살균·증기가열·건조·증발·응축·냉각과 그 밖의 온도 변화에 따른 방법으로 재료를 처리하는 기계·설비·실험실 장치[전기가열식(제8514호의 노(爐)와 오븐과 그 밖의 장비는 제외한다), 실험실용을 포함하며 일반적으로 가정용으로 사용하는 것은 제외한다]와 전기가열식이 아닌 즉시식이나 저장식 물 가열기
8420	캘린더기(calendering machine)나 그 밖의 로울기(rolling machine)(금속이나 유리 가공용은 제외한다)와 이것에 사용되는 실린더
8421	원심분리기(원심탈수기를 포함한다), 액체용이나 기체용 여과기나 청정기

품목번호	내용
8422	접시세척기, 병이나 그 밖의 용기의 세정용이나 건조용 기계, 병·깡통·상자·자루·그 밖의 용기의 충전용·봉함용·실링(sealing)용·레이블 부착용 기계, 병·단지·통과 이와 유사한 용기의 캡슐 부착(capsuling)용 기계, 그 밖의 포장기계(열수축 포장기계를 포함한다), 음료용 탄산가스 주입기
8423	중량 측정기기[감량(感量)이 50밀리그램 이하인 저울은 제외하며, 중량측정식 계수기와 검사기를 포함한다]와 각종 저울 추
8424	액체나 가루의 분사용·살포용·분무용 기기(수동식인지에 상관없다), 소화기(소화제를 충전한 것인지에 상관없다), 스프레이건과 이와 유사한 기기, 증기나 모래의 분사기와 이와 유사한 제트분사기
8425	풀리 태클(pulley tackle)과 호이스트(hoist)[스킵호이스트(skip hoist)는 제외한다], 윈치(winch)와 캡스턴(capstan), 잭(jack)
8426	선박의 데릭(derrick), 크레인(케이블크레인을 포함한다), 이동식 양하대·스트래들 캐리어(straddle carrier), 크레인이 결합된 작업트럭
8427	포크리프트트럭(fork-lift truck), 그 밖의 작업트럭[권양(捲揚)용이나 취급용 장비가 결합된 것으로 한정한다]
8428	그 밖의 권양(捲揚)용·취급용·적하용·양하용 기계류[예: 리프트·에스컬레이터·컨베이어·텔레페릭(teleferic)]
8429	자주식(自走式)불도저(bulldozer)·앵글도저(angledozer)·그레이더(grader)·레벨러(leveller)·스크레이퍼(scraper)·메커니컬셔블(mechanical shovel)·엑스커베이터(excavator)·셔블로더(shovel loader)·탬핑머신(tamping machine)·로드롤러(road roller)
8430	그 밖의 이동·정지(整地)용·지균(地均)용·스크래핑(scraping)용·굴착용·탬핑(tamping)용·콤팩팅(compacting)용·채굴용·천공용 기계(토양용·광석용·광물용으로 한정한다), 항타기와 항발기, 스노플라우(snow-plough)와 스노블로어(snow-blower)
8431	제8425호부터 제8430호까지의 기계에 전용되거나 주로 사용되는 부분품
8432	농업용·원예용·임업용 기계(토양 정리용이나 경작용으로 한정한다)와 잔디용이나 운동장용 롤러
8433	수확기나 탈곡기(짚이나 건초 결속기를 포함한다), 풀 베는 기계, 새의 알·과실이나 그 밖의 농산물의 세정기·분류기·선별기(제8437호의 기계는 제외한다)
8434	착유기와 낙농기계
8435	포도주·사과술·과실주스나 이와 유사한 음료의 제조에 사용되는 프레스(press)·크러셔(crusher)와 이와 유사한 기계
8436	그 밖의 농업용·원예용·임업용·가금(家禽) 사육용·양봉용 기계(기계장치나 가열장치를 갖춘 발아용 기기를 포함한다)와 가금(家禽)의 부란기와 양육기
8437	종자·곡물·건조한 채두류(菜豆類)의 세정기·분류기·선별기, 제분업용 기계나 곡물·건조한 채두류(菜豆類)의 가공기계(농장형은 제외한다)
8438	식품 또는 음료의 조제·제조 산업용 기계(이 류에 따로 분류되지 않은 것으로 한정하며, 동물성 또는 비휘발성인 식물성·미생물성 지방이나 기름의 추출용이나 조제용 기계는 제외한다)

8439	섬유소 펄프의 제조용 기계와 종이·판지의 제조용이나 완성가공용 기계
8440	제본기계(제본용 재봉기를 포함한다)
8441	그 밖의 제지용 펄프·종이·판지의 가공기계(각종 절단기를 포함한다)
8442	플레이트·실린더나 그 밖의 인쇄용 구성 부품의 조제용이나 지조용 기계류·장치·장비(제8456호부터 제8465호까지의 공작기계는 제외한다), 플레이트·실린더와 그 밖의 인쇄용 구성 부품, 인쇄용으로 조제가공[예: 평삭(平削)·그레인·연마한 플레이트·실린더와 석판석
8443	제8442호의 플레이트 실린더와 그 밖의 인쇄용 구성 부품을 사용하는 인쇄기, 그 밖의 인쇄기·복사기·팩시밀리(함께 조합되었는지에 상관없다), 이들의 부분품과 부속품
8444	인조섬유의 방사(紡絲)용·늘림(drawing)용·텍스처(texture)용·절단용 기계
8445	방적준비기계, 방적기·합사기(合絲機)·연사기(撚絲機)와 그 밖의 방직사 제조기계, 권사기(捲絲機)[위권기(緯捲機)를 포함한다]와 제8446호나 제8447호의 기계에 사용되는 방직사를 제조하는 기계와 준비기계
8446	직기(직조기)
8447	편직기, 스티치본딩기(stitch-bonding machine), 짐프사(gimped yarn)·튈(tulle)·레이스·자수천·트리밍(trimming)·브레이드(braid)나 망의 제조용 기계·터프팅(tufting) 기계
8448	제8444호·제8445호·제8446호·제8447호의 기계의 보조기계[예: 도비(dobby)기·자카드기·자동정지기·셔틀교환기], 이 호나 제8444호·제8445호·제8446호·제8447호의 기계에 전용되거나 주로 사용되는 부분품과 부속품[예: 스핀들·스핀들 플라이어·초포·코움(comb)·방사니플·셔틀·종광(heald)·종광 프레임·메리야스용 바늘]
8449	펠트나 부직포(성형인 것을 포함한다)의 제조·완성가공용 기계(펠트모자 제조용 기계를 포함한다)와 모자 제조용 형(型)
8450	가정형이나 세탁소형 세탁기(세탁·건조 겸용기를 포함한다)
8451	세탁용·클리닝용·쥐어짜기용·건조용·다림질용·프레스용[퓨징프레스(fusing press)를 포함한다]·표백용·염색용·드레싱용·완성가공용·도포용·침지(沈漬)용 기계류[제8450호의 것은 제외하며, 방적용 실·직물류나 이들 제품에 사용하는 것으로 한정한다]와 리놀륨과 같은 바닥깔개의 제조에 사용되는 직물이나 그 밖의 지지물에 페이스트를 입히는 기계, 직물류의 감기(reeling)용·풀기(unreeling)용·접음용·절단용·핑킹(pinking)용 기계
8452	재봉기(제8440호의 제본용 재봉기는 제외한다), 재봉기용으로 특수 제작된 가구·밑판·덮개, 재봉기용 바늘
8453	원피나 가죽의 유피(柔皮)준비기·유피(柔皮)기·가공기계, 원피·가죽으로 만든 신발이나 그 밖의 물품의 제조용·수선용 기계(재봉기는 제외한다)
8454	전로·레이들(ladle)·잉곳(ingot)용 주형과 주조기(야금용이나 금속 주조용으로 한정한다)
8455	금속 압연기와 그 롤
8456	각종 재료의 가공 공작기계[레이저나 그 밖의 광선·광자빔·초음파·방전·전기화학·전자빔·이온빔·플라즈마아크(plasma arc) 방식으로 재료의 일부를 제거하여 가공하는 것으로 한정한다]와 워터제트 절단기

8457	금속 가공용 머시닝센터(machining centre)·유닛 컨스트럭션 머신(unit construction machine)(싱글 스테이션)·멀티스테이션(multi-station)의 트랜스퍼머신(transfer machine)
8458	금속 절삭가공용 선반(터닝센터를 포함한다)
8459	금속 절삭가공용 공작기계[웨이타입(way-type) 유닛헤드머신(unit head machine)을 포함한다]로서 드릴링(drilling)·보링(boring)·밀링(milling)·나선가공·태핑(tapping)에 사용되는 것[제8458호의 선반(터닝센터를 포함한다)은 제외한다]
8460	디버링(deburring)·샤프닝(sharpening)·그라인딩(grinding)·호닝(honing)·래핑(lapping)·폴리싱(polishing)이나 그 밖의 완성가공용 공작기계로서 연마석·연마재·광택재로 금속이나 서멧(cermet)을 가공하는 것(제8461의 기어절삭기·기어연삭기·기어완성가공기는 제외한다)
8461	플레이닝(planing)용·쉐이핑(shaping)용·슬로팅(slotting)용·브로칭(broaching)용·기어절삭용·기어연삭용·기어완성가공용·톱질용·절단용 공작기계와 금속이나 서멧(cermet)을 절삭하는 방식으로 가공하는 그 밖의 공작기계(따로 분류되지 않은 것으로 한정한다)
8462	단조(鍛造)용·해머링(hammering)용·형(型)단조용(압연기는 제외한다)금속가공 공작기계(프레스를 포함한다), 굽힘용·접음용·교정용·펼침용·전단용·펀칭용·낫칭(notching)용·니블링(nibbling)용[드로우벤치(draw-benches)를 제외한다] 금속가공 공작기계[프레스·슬리팅(slitting)설비·일정한 길이로 절단하는 설비(cut-to-lengthline)를 포함한다]와 그 외의 가공방법에 의한 금속이나 금속탄화물 가공용 프레스
8463	그 밖의 금속이나 서멧(cermet)의 가공용 공작기계(재료를 절삭하지 않는 방식으로 한정한다)
8464	돌·도자기·콘크리트·석면시멘트나 이와 유사한 광물성 물질의 가공용 공작기계와 유리의 냉간(冷間)가공용 공작기계
8465	목재·코르크·뼈·경질 고무·경질 플라스틱이나 이와 유사한 경질물의 가공용 공작기계(네일용·스테이플용·접착용과 그 밖의 조립용 기계를 포함한다)
8466	제8456호부터 제8465호까지의 기계에 전용되거나 주로 사용되는 부분품과 부속품[가공물홀더·툴홀더(tool holder)·자동개폐식 다이헤드(diehead)·분할대와 그 밖의 기계용 특수 부착틀을 포함한다]과 수지식 공구에 사용되는 각종 툴홀더(tool holder)
8467	수지식 공구(압축공기식, 유압식, 전동기를 갖추거나 비전기식 모터를 갖춘 것으로 한정한다)
8468	납땜용·땜질용이나 용접용 기기(절단이 가능한지에 상관없으며 제8515호에 해당하는 것은 제외한다)와 표면 열처리용 기기(가스를 사용하는 것으로 한정한다)
8469	-
8470	계산기와 계산 기능을 갖춘 포켓사이즈형 전자수첩, 회계기·우편요금계기·표권발행기와 그 밖에 이와 유사한 기계(계산 기구를 갖춘 것으로 한정한다), 금전등록기
8471	자동자료처리기계와 그 단위기기, 자기식이나 광학식 판독기, 자료를 자료매체에 부호 형태로 전사하는 기계와 이러한 자료의 처리기계(따로 분류되지 않은 것으로 한정한다)
8472	그 밖의 사무용 기계[예: 헥토그래프(hectograph)·스텐실(stencil) 등사기·주소인쇄기·현금 자동지불기·주화분류기·주화계수기나 주화포장기·연필깎이·천공기·지철기(stapling machine)]
8473	제8470호부터 제8472호까지에 해당하는 기계에 전용되거나 주로 사용되는 부분품과 부속품(커버·휴대용케이스와 이와 유사한 물품은 제외한다)

8474	선별기·기계식 체·분리기·세척기·파쇄기·분쇄기·혼합기·탄죽기(고체 모양·분말 모양·페이스트 모양인 토양·돌·광석이나 그 밖의 광물성 물질의 처리용으로 한정한다), 조괴기(造塊機)·형입기·성형기(成形機)(고체의 광물성 연료·세라믹페이스트·굳지 않은 시멘트·석고·가루 모양이나 페이스트 모양인 그 밖의 광물성 생산품의 처리용으로 한정한다), 주물용 사형(砂型)의 조형기(成形機)
8475	전기램프나 전자램프·튜브·밸브·섬광전구(외피를 유리로 만든 것으로 한정한다)의 조립기계와 유리나 유리제품의 제조용이나 열간(熱間)가공용 기계
8476	물품의 자동판매기(예: 우표·담배·식품·음료의 자동판매기)와 화폐교환기
8477	고무나 플라스틱을 가공하거나 이들 재료로 제품을 제조하는 기계(이 류에 따로 분류되지 않은 것으로 한정한다)
8478	담배의 조제기나 제조기(이 류에 따로 분류되지 않은 것으로 한정한다)
8479	이 류에 따로 분류되지 않은 기계류(고유의 기능을 가진 것으로 한정한다)
8480	금속 주조용 주형틀, 주형 베이스, 주형 제조용 모형, 금속[잉곳(ingot)용은 제외한다]·금속탄화물·유리·광물성 물질·고무·플라스틱 성형용 주형
8481	파이프·보일러 동체·탱크·통이나 이와 유사한 물품에 사용하는 탭·코크·밸브와 이와 유사한 장치(감압밸브와 온도제어식 밸브를 포함한다)
8482	볼베어링(ball bearing)이나 롤러베어링(roller bearing)
8483	전동축[캠샤프트(cam shaft)와 크랭크샤프트(crank shaft)를 포함한다], 크랭크(crank), 베어링하우징(bearing housing)과 플레인 샤프트베어링(plain shaft bearing), 기어(gear)와 기어링(gearing), 볼이나 롤러 스크루(roller screw), 기어박스(gear box), 그 밖의 변속기[토크컨버터(torque converter)를 포함한다], 플라이휠(flywheel)과 풀리(pulley)[풀리블록(pulley block)을 포함한다], 클러치(clutch)와 샤프트커플링(shaft coupling)[유니버설조인트(universal joint)를 포함한다]
8484	개스킷(gasket)과 이와 유사한 조인트(금속 외의 재료와 결합한 금속판으로 만든 것이나 금속을 두 개 이상 적층한 것으로 한정한다), 재질이 다른 것을 세트로 하거나 소포장한 개스킷(gasket)과 이와 유사한 조인트(작은 주머니와 봉투에 넣은 것이나 이와 유사한 포장을 한 것으로 한정한다), 메커니컬 실(mechanical seal)
8485	적층제조기계
8486	반도체 보울(boule)이나 웨이퍼(wafer)·반도체디바이스·전자집적회로·평판디스플레이의 제조에 전용되거나 주로 사용되는 기계와 기기, 이 류의 주 제11호 다목에서 특정한 기계와 기기, 그 부분품과 부속품
8487	기계류의 부분품(접속자·절연체·코일·접촉자와 그 밖의 전기용품을 포함하지 않으며, 이 류에 따로 분류되지 않은 것으로 한정한다)

제85류 전기기기와 그 부분품, 녹음기·음성 재생기·텔레비전의 영상과 음성의 기록기·재생기와 이들의 부분품·부속품

제85류 주 제1호

1. 이 류에서 다음 각 목의 것은 제외한다.

    가. 전기가열식 모포·베드패드(bed pad)·발싸개나 이와 유사한 물품, 전기가열식 의류·신발류·귀가리개와 그 밖의 착용품이나 신변용품

    나. 제7011호의 유리제품

    다. 제8486호의 기계와 기기

    라. 내과용·외과용·치과용·수의과용 진공기기(제9018호)

    마. 제94류의 전기가열식 가구

제85류 주 제2호

2. 제8501호부터 제8504호까지에서는 제8511호·제8512호·제8540호·제8541호·제8542호에 규정한 물품을 제외한다. 다만, 금속조의 수은아크 정류기(metal tank mercury arc)는 제8504호로 분류한다.

제85류 주 제3호

3. 제8507호에서 "축전지"는 에너지 저장 및 공급 기능을 제공하거나 접속자, 온도조절장치[예: 서미스터(thermistor)], 회로보호장치와 같이 손상으로부터 보호하는 부수적 구성요소와 함께 제시되는 것을 포함한다. 또한 축전지는 사용될 물품의 보호용 하우징의 일부를 포함할 수도 있다.

제85류 주 제4호

4. 제8509호에는 일반적으로 가정에서 사용하는 다음 각 목의 전기기계식 기기만을 분류한다.

    가. 바닥광택기·식품용 그라인더·식품용 믹서·과실주스나 채소주스 추출기(중량에 상관없다)

    나. 가목에서 규정한 전기기기 외의 것으로서 그 중량이 20킬로그램 이하인 것

    다만, 팬과 팬을 결합한 환기용·순환용 후드[필터를 갖추었는지에 상관없다(제8414호)], 원심식 의류건조기(제8421호), 접시세척기(제8422호), 가정용 세탁기(제8450호), 로울기(roller machine)나 그 밖의 다림질기(제8420호나 제8451호), 재봉기(제8452호), 전기가위(제8467호), 전열기기(제8516호)는 제8509호로 분류하지 않는다.

제85류 주 제5호

5. 제8517호에서 "스마트폰"이란 자동자료처리기계의 기능(예: 제3자 애플리케이션을 포함한 다수의 응용프로그램을 설치하여 동시에 실행)을 수행하도록 만든 휴대기기용 운영체제를 갖춘 셀룰러 통신망용 전화기를 말한다(디지털 카메라나 내비게이션 시스템 등 다른 기능을 장착했는지에 상관없다).

제85류 주 제6호

6. 제8523호에서

　가. "솔리드스테이트(solid-state)의 비휘발성 기억장치[예: "플래시 메모리카드(flash memory card)"나 "플래시 전자 기억카드(flash electronic storage card)"]"란 인쇄회로기판 위에 하나 이상의 집적회로 형태의 플래시메모리(flash memory)[예: 플래시이이피롬(FLASH E²PROM)]를 동일 하우징 속에 구성하고, 연결용 소켓을 갖춘 기억장치를 말한다. 이러한 물품은 집적회로 형태의 제어기와 축전기ㆍ저항기와 같은 수동(受動) 개별 부품을 갖춘 것도 있다.

　나. "스마트카드"란 하나 이상의 칩 형태 전자집적회로[하나의 마이크로프로세서, 램(RAM)이나 롬(ROM)]를 내장한 카드를 말한다. 이러한 카드는 접속부, 마그네틱스트라이프(magnetic stripe)나 내장형 안테나를 갖춘 것도 있으나, 다른 종류의 능동이나 수동 회로소자를 갖춘 것은 제외한다.

제85류 주 제7호

7. 제8524호에서 "평판디스플레이 모듈"이란 정보를 표시하기 위한 디스플레이 스크린을 최소한으로 갖춘 장치나 기기를 말하며, 사용하기 전에 다른 호에 분류되는 물품에 결합되도록 설계한 것이다. 평판디스플레이 모듈의 스크린은 평평한 것, 곡선형인 것, 구부러지는 것, 접거나 늘일 수 있는 형태를 포함하나 이들 형태로만 한정되는 것은 아니다. 평판디스플레이 모듈은 영상신호를 수신하고 이들 신호를 화면의 픽셀에 할당하기 위해 필요한 부가요소를 결합하고 있을 수 있다. 그러나 제8524호에는 영상신호를 변환하는 부품[예: 스케일러IC, 복조IC나 애플리케이션 프로세서(AP)]을 장착하였거나 다른 호에 해당하는 물품의 특성을 가진 디스플레이 모듈은 포함하지 않는다.

이 주에서 정의한 평판디스플레이 모듈의 분류에 있어서는 제8524호가 이 표의 다른 어느 호보다 우선한다.

제85류 주 제8호

8. 제8534호에서 "인쇄회로"란 인쇄제판기술[예: 양각ㆍ도금ㆍ식각(etching)]이나 막(膜) 회로기술로 도체소자ㆍ접속자나 그 밖의 인쇄된 구성 부분[예: 인덕턴스(inductance)ㆍ저항기ㆍ축전기]을 절연기판 위에 형성하여 만든 회로를 말한다. 다만, 해당 구성 부분이 미리 정하여진 패턴에 따라 상호 접속되어 있는지에 상관없으며 전기적인 신호를 발생ㆍ정류ㆍ변조ㆍ증폭할 수 있는 소자(예: 반도체소자)는 제외한다.

인쇄회로에는 인쇄공정 중에 얻어지는 소자 외의 소자가 결합된 회로와 개별ㆍ불연속 저항기, 축전기나 인덕턴스(inductance)는 포함하지 않는다. 다만, 인쇄회로에는 인쇄되지 않은 접속용 소자가 부착되어 있는 것도 있다.

동일한 기술공정에서 얻어지는 수동소자와 능동소자로 구성되는 박막회로(thin-film circuit)나 후막회로(thick-film circuit)는 제8542호로 분류한다.

제85류 주 제9호

9. 제8536호에서 광섬유용ㆍ광섬유다발용ㆍ케이블용 커넥터는 디지털 통신용 시스템에서 단순히 광섬유의 끝 상호 간을 기계적으로 맞추기 위한 커넥터를 말한다. 이러한 것들은 신호의 증폭ㆍ재생ㆍ변조의 기능이 없는 것이다.

제85류 주 제10호

10. 제8537호에는 텔레비전 수신기기나 그 밖의 전기장치의 원격제어를 위한 무선 적외선기기는 포함하지 않는다(제8543호).

제85류 주 제11호

11. 제8539호에서 "발광다이오드(엘이디) 광원"이란 다음의 것을 말한다.

　가. "발광다이오드(엘이디) 모듈"은 전기회로 내에 정렬된 발광다이오드를 기반으로 하며 전기·기계·열·광학 부품과 같은 추가적인 부품을 포함하는 광원을 말한다. 이들은 또한 전력의 공급이나 제어를 위해 개별능동소자, 개별수동소자 또는 제8536호나 제8542호의 물품을 포함한다. 발광다이오드 모듈에는 모듈을 조명기구에 쉽게 설치하거나 교체하고 기계적·전기적 접촉을 가능하게 해주는 캡이 부착되어 있지 않다.

　나. "발광다이오드(엘이디) 램프"는 전기·기계·열·광학 부품과 같은 추가적인 부품을 결합한 하나 이상의 발광다이오드 모듈을 포함하는 광원을 말한다. 발광다이오드 모듈과 발광다이오드 램프의 차이점은 램프에는 조명기구에 쉽게 설치하거나 교체하고 기계적·전기적 접촉을 가능하게 해주는 캡이 부착되어 있다는 점이다.

제85류 주 제12호

12. 제8541호와 제8542호에서

　가. 1) "반도체 디바이스"란 전계(電界)의 작용에 따른 저항의 변화로 작동을 하는 반도체 디바이스나 반도체 기반의 트랜스듀서를 말한다.

　　반도체 디바이스는 보조적 기능을 하는 능동·수동소자를 장착하였지 여부에 관계없이 다수 부품의 조립품을 포함할 수도 있다.

　　이 정의에서 "반도체 기반의 트랜스듀서"란 개별 반도체 기반 센서·반도체 기반 액츄에이터·반도체 기반 공진기·반도체 기반 오실레이터로서 반도체를 기반으로 한 디바이스로 별개의 형태를 갖추었으며, 고유의 기능을 수행하며, 어떠한 종류의 물리적·화학적 현상·활동을 전기적 신호로 바꾸거나 전기적 신호를 물리적인 현상·활동으로 바꾸는 기능을 하는 디바이스를 말한다.

　　반도체 기반의 트랜스듀서를 구성하거나 기능하게 하는 모든 부품들은 분리불가능하게 결합되어 있고, 분리불가능하게 부착된 필수 부품들을 포함할 수도 있다.

　　다음의 각 표현은 아래의 설명과 같다.

　　가) "반도체 기반"이란 반도체 기판 위에 형성·제조되었거나 반도체 재료로 만들어진 것으로서, 반도체 기술로 제조되고, 반도체 기판이나 재료가 트랜스듀서 기능과 성능에 핵심적이고 대체 불가능한 역할을 수행하며, 그 작동이 물리적·전기적·화학적·광학적 특성을 포함한 반도체 특성에 기반하는 것을 말한다.

　　나) "물리적·화학적 현상"은 압력, 음파, 가속, 진동, 운동, 방위, 왜력, 자기장의 세기, 전기장의 세기, 빛, 방사능, 습도, 흐름, 화학물질의 농도 등의 현상과 관련된 것이다.

　　다) "반도체 기반 센서"는 반도체 디바이스의 한 형태로서, 반도체 덩어리 상태나 반도체 표면에 만들어져서 물리적·화학적 양을 감지해 이를 전기신호(전기적 속성의 변화나 기계구조 변위의 결과로 발생)로 변환하는 기능을 하는 마이크로전자나 기계 구조물로 구성된다.

라) "반도체 기반 엑추에이터(actuator)"는 반도체 디바이스의 한 형태로서, 반도체 덩어리 상태나 반도체 표면에 만들어져서 전기적 신호를 물리적인 움직임으로 변환하는 기능을 가진 마이크로전자나 기계 구조물로 구성된다.

마) "반도체 기반 공진기(resonator)"란 반도체 디바이스의 한 형태로서, 반도체 덩어리 상태나 반도체 표면에 만들어져서 외부 신호에 반응하여 구조물의 물리적인 기하학적 성질에 따라 미리 규정된 주파수의 기계적·전기적 진동을 발생시키는 기능을 가진 마이크로전자나 기계 구조물로 구성된다.

바) "반도체 기반 오실레이터(oscillator)"란 반도체 디바이스의 한 형태로서, 반도체 덩어리 상태나 반도체 표면에 만들어져서 구조물의 물리적인 기하학적 성질에 의해 미리 규정된 주파수의 기계적·전기적 진동을 발생시키는 기능을 가진 마이크로전자나 기계 구조물로 구성된다.

2) "발광다이오드(엘이디)"란 반도체 물질에 기반하여 전기에너지를 가시광선·적외선·자외선으로 변환시키는 반도체 디바이스이다(서로 전기적으로 연결되었는지와 보호용의 다이오드를 결합하였는지에 상관없다). 제8541호의 발광다이오드(엘이디)는 전력공급이나 전력제어를 위한 부품은 장착하고 있지 않다.

나. "전자집적회로"란 다음 물품을 말한다.

1) 모노리식(monolithic) 집적회로

   회로소자[다이오드·트랜지스터·저항기·축전기·인덕턴스(inductance) 등]가 하나의 반도체 재료나 화합물 반도체 재료[예: 도프된(doped) 실리콘, 비소화갈륨(gallium arsenide), 실리콘 게르마늄, 인화인듐(indium phosphide)]의 내부나 표면에 한 덩어리 상태로 집적되어 있으며, 분리가 불가능하도록 결합된 회로

2) 하이브리드 집적회로

   박막(薄膜)기술이나 후막(厚膜)기술로 만들어진 수동소자[저항기·축전기·인덕턴스(inductance) 등]와 반도체 기술로 만들어진 능동소자[다이오드·트랜지스터·모노리식(monolithic) 집적회로 등]를 절연재료(유리, 도자제 등)로 된 하나의 기판 위에 실용상 분리가 불가능하도록 상호접속자나 상호접속용 케이블로 결합한 회로를 말하며, 이 회로에는 개별 부품을 부착시킨 것도 포함된다.

3) 복합구조칩 집적회로

   각자의 의도와 목적에 따라 분리가 불가능하도록 결합된 두 개 이상의 모노리식(monolithic) 집적회로로 구성된 복합구조의 칩으로 이루어진 집적회로를 말한다. 한 개 이상의 절연기판과 리드프레임(lead frame)을 갖춘 것인지에 상관없으며 다른 능동 회로소자나 수동 회로소자를 갖춘 것은 제외한다.

4) 복합부품집적회로(MCOs)

   하나 이상의 모노리식, 하이브리드 또는 복합구조칩 집적회로에 다음 구성부품을 최소한 하나 이상 결합한 것이다:

   실리콘기반센서·엑추에이터(actuators)·오실레이터(oscillator)·공진기(resonator) 및 이들의 결합물, 또는 제8532호·제8533호·제8541호에 분류되는 물품의 기능을 수행하는 부품 또는 제8504호에 분류되는 유도자,

   이들은 집적회로와 같이 사실상 분리 불가능하게 단일체로 형성되었고, 핀, 리드, 볼, 랜드, 범프 또는 패드로 접속되어 인쇄회로기판(PCB) 또는 다른 매개체에 조립되기 위한 부품이다.

이 정의에서

가) "구성부품"은 개별 부품일 수도 있고, 별도로 제조되어 복합부품 집적회로의 나머지 부분 위에 조립되거나 다른 구성부품에 집적될 수 있다.

나) "실리콘 기반"이란 실리콘 기판 위에 조립되었거나, 실리콘 재료로 제작되었거나, 또는 집적회로 다이(die) 위에 제조된 것을 말한다.

다) (1) "실리콘 기반 센서"는 마이크로전자 또는 기계 구조물로 구성된 것으로 덩어리 상태로 또는 반도체 표면에 만들어지고, 물리적·화학적 현상을 감지해 이를 전기신호(전기적 속성의 변화 또는 기계 구조 변위의 결과로 발생)로 변환하는 기능을 한다. "물리적 또는 화학적 현상"은 압력, 음파, 가속, 진동, 운동, 방위, 왜력, 자기장의 세기, 전기장의 세기, 빛, 방사능, 습도, 흐름, 화학물질의 농도 등 현상과 관련된 것이다.

(2) "실리콘 기반 엑추에이터(actuator)"는 덩어리 상태로 또는 반도체 표면에 생성되고 전기적 신호를 물리적인 움직임으로 변환하는 기능을 가진 마이크로전자와 기계 구조물로 구성된 부품이다.

(3) "실리콘 기반 공진기(resonator)"란 덩어리 상태로 또는 반도체 표면에 생성되고 외부 신호에 반응하여 구조물의 물리적인 기하학적 성질에 의해 미리 규정된 주파수의 기계적 또는 전기적 진동을 발생시키는 기능을 가진 마이크로전자와 기계 구조물로 구성된 부품을 말한다.

(4) "실리콘 기반 오실레이터(oscillator)"란 덩어리 상태로 또는 반도체 표면에 생성되고 구조물의 물리적인 기하학적 성질에 의해 미리 규정된 주파수의 기계적 또는 전기적 진동을 발생시키는 기능을 가진 마이크로전자와 기계 구조물로 구성된 능동 부품을 말한다.

※ 이 주에서 규정한 물품을 분류하는 경우 제8541호나 제8542호는, 제8523호의 경우를 제외하고, 특히 그 기능으로 보아 해당 물품을 포함하는 것으로 해석되는 이 표의 다른 어느 호보다 우선한다.

제85류 소호주 제1호

1. 소호 제8528.81호에는 고속 텔레비전 카메라, 디지털 카메라와 비디오카메라 레코더로서 다음의 특징 중 하나 이상을 가진 것만을 분류한다.
   - 기록속도가 마이크로초당 0.5밀리미터를 초과하는 것
   - 시간 분해도가 50나노초 이하인 것
   - 초당 225,000 프레임을 초과하는 것

제85류 소호주 제2호

2. 소호 제8528.82호에서 방사선 경화나 내(耐)방사선 텔레비전 카메라, 디지털 카메라와 비디오카메라 레코더는 고방사선 환경에서 작동할 수 있도록 설계되거나 보강된 것을 말한다. 이들 카메라는 작동상의 품질저하 없이 최소한 방사선량 50×10^3 Gy(실리콘)(5×10^6 RAD(실리콘))을 견딜 수 있도록 설계된다.

제85류 소호주 제3호

3. 소호 제8528.83호에는 야간투시용 텔레비전 카메라·디지털 카메라·비디오카메라 레코더로서, 광전음극을 사용하여 해당하는 빛을 전자로 변환하고 이를 증폭하여 가시적 이미지로 변환하는 것을 분류한다. 이 소호에는 열화상 카메라는 제외한다(일반적으로 소호 제8525.89호).

제85류 소호주 제4호

4. 소호 제8527.12호에는 외부의 전원 없이 작동할 수 있는 것으로서 크기가 170밀리미터 × 100밀리미터 × 45밀리미터 이하인 카세트 플레이어(앰프는 내장되어 있으나 확성기는 내장되어 있지 않은 것)만을 분류한다.

제85류 소호주 제5호

5. 소호 제8549.11호부터 제8549.19호까지에서 "수명이 끝난 일차전지와 축전지"란 파손·절단·소진이나 그 밖의 이유 등으로 사용할 수도 재충전할 수도 없는 것을 말한다.

번호	품명
8501	전동기와 발전기(발전세트는 제외한다)
8502	발전세트와 회전변환기
8503	부분품(제8501호나 제8502호의 기계에 전용되거나 주로 사용되는 것으로 한정한다)
8504	변압기·정지형 변환기(예: 정류기)와 유도자
8505	전자석, 영구자석과 자화(磁化)한 후 영구자석으로 사용되는 물품, 전자석이나 영구자석식 척(chuck)·클램프와 이와 유사한 가공물 홀더, 전자석 커플링(coupling)·클러치와 브레이크, 전자석 리프팅헤드(lifting head)
8506	일차전지
8507	축전지(격리판을 포함하며, 직사각형이나 경사각형인지에 상관없다)
8508	진공청소기
8509	전기기계식의 가정용 기기(전동기를 갖춘 것으로 한정하며, 제8508호의 진공청소기는 제외한다)
8510	면도기·이발기·모발제거기[전동기를 갖춘 것으로 한정한다]
8511	불꽃점화식이나 압축점화식 내연기관의 점화용·시동용 전기기기(예: 점화용 자석발전기·자석발전기·점화코일·점화플러그·예열플러그·시동전동기), 내연기관에 부속되는 발전기(예: 직류발전기·교류발전기)와 개폐기
8512	전기식 조명용이나 신호용 기구(제8539호의 물품은 제외한다)·윈드스크린와이퍼(windscreen wiper)·제상기(defroster)·제무기(demister)(자전거용이나 자동차용으로 한정한다)
8513	휴대용 전등(건전지·축전지·자석발전기와 같은 자체 전원기능을 갖춘 것으로 한정하며, 제8512호의 조명기구는 제외한다)
8514	공업용이나 실험실용 전기식 노(爐)와 오븐[전자유도식이나 유전손실(dielectric loss)식을 포함한다]과 그 밖의 공업용이나 실험실용의 전자유도식이나 유전손실(dielectric loss)식 가열기
8515	전기식(전기발열에 따른 가스식을 포함한다)·레이저나 그 밖의 광선식·광자빔식·초음파식·전자빔식·자기펄스(magnetic pulse)식·플라즈마 아크(plasma arc)식 납땜용·땜질용이나 용접용 기기(절단 기능이 있는지에 상관없다), 금속이나 서멧(cermet)의 가열분사용 전기식 기기

8516	전기식의 즉시식·저장식 물 가열기와 투입식 가열기, 난방기기와 토양가열기, 전기가열식 이용기기[예: 헤어드라이어·헤어컬러(hair curler)·컬링통히터(curling tong heater)], 손 건조기, 전기다리미, 그 밖의 가정용 전열기기, 전열용 저항체(제8545호의 것은 제외한다)
8517	전화기(셀룰러 통신망이나 그 밖의 무선통신망용의 스마트폰과 그 밖의 전화기를 포함한다)와 음성·영상이나 그 밖의 자료의 송신용·수신용 그 밖의 기기(근거리 통신망이나 원거리 통신망과 같은 유선·무선 통신망에서 통신하기 위한 기기를 포함하며, 제8443호·제8525호·제8527호·제8528호의 송신용·수신용 기기는 제외한다)
8518	마이크로폰과 그 스탠드, 확성기[인클로저(enclosure)에 장착된 것인지에 상관없다], 헤드폰과 이어폰(마이크로폰이 부착된 것인지에 상관없다), 마이크로폰과 한 개 이상의 확성기로 구성된 세트, 가청주파 증폭기, 음향 증폭세트
8519	음성 녹음용이나 재생용 기기
8520	-
8521	영상 기록용이나 재생용 기기(비디오튜너를 결합한 것인지에 상관없다)
8522	제8519호나 제8521호의 기기에 전용되거나 주로 사용되는 부분품과 부속품
8523	디스크·테이프·솔리드스테이트(solid-state)의 비휘발성 기억장치·스마트카드와 음성이나 그 밖의 현상의 기록용 기타 매체[기록된 것인지에 상관없으며 디스크 제조용 매트릭스(matrices)와 마스터(master)를 포함하되, 제37류의 물품은 제외한다]
8524	평판디스플레이 모듈(터치감응식 스크린을 장착한 것인지에 상관없다)
8525	라디오 방송용이나 텔레비전용 송신기기(수신기기·음성 기록기기·재생기기를 갖춘 것인지에 상관없다)와 텔레비전 카메라·디지털 카메라·비디오카메라레코더
8526	레이더기기·항행용 무선기기·무선 원격조절기기
8527	라디오방송용 수신기기(음성 기록기기·재생기기, 시계가 동일한 하우징 내에 결합된 것인지에 상관없다)
8528	텔레비전 수신기기를 갖추지 않은 모니터와 프로젝터, 텔레비전 수신용 기기(라디오 방송용 수신기기·음성이나 영상의 기록용 기기나 재생용 기기를 결합한 것인지에 상관없다)
8529	부분품(제8524호부터 제8528호까지에 열거된 물품에 전용되거나 주로 사용되는 것으로 한정한다)
8530	철도·궤도·도로·내륙수로·주차장·항만·비행장에서 사용되는 전기식 신호기기·안전기기·교통관제기기(제8608호의 것은 제외한다)
8531	전기식 음향이나 시각 신호용 기기(예: 벨·사이렌·표시반·도난경보기·화재경보기). 다만, 제8512호나 제8530호의 것은 제외한다.
8532	축전기[고정식·가변식·조정식(프리세트)으로 한정한다]
8533	전기저항기[가감저항기(rheostat)와 전위차계(potentiometer)를 포함하며, 전열용 저항체는 제외한다]
8534	인쇄회로
8535	전기회로의 개폐용·보호용·접속용 기기[예: 개폐기·퓨즈·피뢰기·전압제한기·서지(surge)억제기·플러그와 그 밖의 커넥터·접속함](전압이 1,000볼트를 초과하는 것으로 한정한다)

8536	전기회로의 개폐용·보호용·접속용 기기[예: 개폐기·계전기·퓨즈·서지(surge)억제기·플러그·소켓·램프홀더와 그 밖의 커넥터·접속함](전압이 1,000볼트 이하인 것으로 한정한다)와 광섬유용·광섬유다발용·케이블용 커넥터
8537	전기제어용이나 배전용 보드·패널·콘솔·책상·캐비닛과 그 밖의 기반(基盤)(제8535호나 제8536호의 기기를 두 가지 이상 장착한 것으로 한정하고 제90류의 기기와 수치제어기기와 결합한 것을 포함하며, 제8517호의 교환기기는 제외한다)
8538	부분품(제8535호·제8536호·제8537호의 기기에 전용되거나 주로 사용되는 것으로 한정한다)
8539	필라멘트램프나 방전램프[실드빔 램프유닛(sealed beam lamp unit)과 자외선램프나 적외선램프를 포함한다], 아크램, 발광다이오드(엘이디) 광원
8540	열전자관·냉음극관·광전관[예: 진공관·증기나 가스를 봉입한 관·수은아크정류관·음극선관·텔레비전용 촬상관(camera tube)]
8541	반도체 디바이스(예: 다이오드·트랜지스터·반도체 기반 트랜스듀서), 감광성 반도체디바이스(광전지는 모듈에 조립되었거나 패널로 구성되었는지 여부와 관계없이 포함한다), 발광다이오드[(엘이디), 다른 발광다이오드와 결합되었는지 여부와 관계없이 포함한다], 장착된 압전기 결정소자
8542	전자집적회로
8543	그 밖의 전기기기(이 류에 따로 분류되지 않은 것으로서 고유의 기능을 가진 것으로 한정한다)
8544	절연(에나멜 도포나 산화피막 처리를 한 것을 포함한다) 전선·케이블(동축케이블을 포함한다)과 그 밖의 전기절연도체(이것은 접속자가 부착된 것인지에 상관없다), 광섬유 케이블(섬유를 개별 피복하여 만든 것으로 한정하며, 전기도체나 접속자가 부착된 것인지에 상관없다)
8545	탄소전극·탄소브러시·램프용 탄소·전지용 탄소와 그 밖의 흑연이나 탄소제품(전기용으로 한정하며, 금속이 함유된 것인지에 상관없다)
8546	애자(어떤 재료라도 가능하다)
8547	전기기기용으로서 전부가 절연재료로 구성된 절연용 물품(나선가공 소켓과 같이 단순히 조립을 위하여 주조과정에서 소량의 금속이 주입된 것을 포함하며, 제8546호의 애자는 제외한다), 비금속(卑金屬)으로 만든 전기용 도관(導管)과 그 연결구류(절연재료로 속을 댄 것으로 한정한다)
8548	기기의 전기식 부분품(이 류에 따로 분류되지 않은 것으로 한정한다)
8549	전기·전자 웨이스트(waste)와 스크랩(scrap)

제17부 차량·항공기·선박과 수송기기 관련품

제86류	철도용이나 궤도용 기관차·차량과 이들의 부분품, 철도용이나 궤도용 장비품과 그 부분품, 기계식(전기기계식을 포함한다) 각종 교통신호용 기기
제87류	철도용이나 궤도용 외의 차량과 그 부분품·부속품
제88류	항공기와 우주선, 이들의 부분품
제89류	선박과 수상 구조물

제17부 주 제1호

1. 이 부에서 제9503호나 제9508호에 해당하는 물품과 제9506호에 해당하는 봅슬레이(bobsleigh)·터보건(toboggan)과 이와 유사한 물품은 제외한다.

제17부 주 제2호

2. "부분품"이나 "부분품과 부속품"에 대한 규정은 다음 각 목의 물품(이 부의 물품에 사용하는 것인지에 상관없다)에는 적용하지 않는다.

    가. 각종 재료로 만든 조인트(joint)·와셔(washer)와 이와 유사한 물품(구성 재료에 따라 분류하거나 제8484호로 분류한다)이나 경화(硬化)하지 않은 가황(加黃)한 고무의 그 밖의 제품(제4016호)

    나. 제15부의 주 제2호의 비금속(卑金屬)으로 만든 범용성 부분품(제15부)이나 이와 유사한 플라스틱으로 만든 물품(제39류)

    다. 제82류의 물품(공구)

    라. 제8306호의 물품

    마. 제8401호부터 제8479호까지의 기기나 이들의 부분품(이 부의 물품용 방열기는 제외한다), 제8481호나 제8482호의 물품, 엔진이나 모터의 필수적인 부분을 구성하는 제8483호의 물품

    바. 전기기기(제85류)

    사. 제90류의 물품

    아. 제91류의 물품

    자. 무기(제93류)

    차. 제9405호의 조명기구와 그 부분품

    카. 차량의 부분품으로 사용되는 브러시(제9603호)

제17부 주 제3호

3. 제86류부터 제88류까지의 부분품이나 부속품에 대한 규정은 그 류의 물품에 전용되거나 주로 사용하기에 적합하지 않은 부분품과 부속품에는 적용하지 않으며, 이들 류 중 둘 이상의 호에서 규정한 내용에 동시에 적합할 경우에는 그 부분품이나 부속품의 주 용도에 따라 분류한다.

제17부 주 제4호

4. 이 부에서는 다음 각 목에서 정하는 바에 따른다.

   가. 도로와 궤도를 주행하도록 특수 제작된 차량은 제87류의 해당 호로 분류한다.

   나. 수륙양용 자동차는 제87류의 해당 호로 분류한다.

   다. 도로 주행차량으로 겸용할 수 있도록 특수 제작된 항공기는 제88류의 해당 호로 분류한다.

제17부 주 제5호

5. 공기완충식 차량은 이 부로 분류하되, 다음 각 목에서 정한 바에 따르며, 그 중 가장 유사한 차량에 분류한다.

   가. 가이드트랙(guide-track) 위를 주행하도록 설계된 것은 제86류[호버트레인(hovertrain)]

   나. 육상용이나 수륙양용으로 설계된 것은 제87류

   다. 물 위를 주행하도록 설계된 것은 제89류[해변이나 부잔교(landing stage) 위에 상륙할 수 있는지 또는 얼음 위를 주행할 수 있는지에 상관없다]

   공기완충식 차량의 부분품과 부속품은 그 차량의 분류와 동일한 방법으로 해당 차량이 속하는 호로 분류한다. 호버트레인(hovertrain) 선로용 장치물은 철도 선로용 장치물로 분류하며, 호버트레인(hovertrain)용 신호기기·안전기기나 교통관제기기는 철도용 신호기기·안전기기나 교통관제용 기기로 보아 각각 분류한다.

제86류 철도용이나 궤도용 기관차·차량과 이들의 부분품, 철도용이나 궤도용 장비품과 그 부분품, 기계식(전기기계식을 포함한다) 각종 교통신호용 기기

제86류 주 제1호

1. 이 류에서 다음 각 목의 것은 제외한다.

   가. 목재나 콘크리트로 만든 철도용이나 궤도용 받침목이나 콘크리트로 만든 호버트레인(hovertrain)용 가이드트랙섹션(guide-track section)(제4406호나 제6810호)

   나. 제7302호의 철강으로 만든 철도용이나 궤도건설용 재료

   다. 제8530호의 전기식 신호기기·안전기기·교통관제용 기기

제86류 주 제2호

2. 제8607호에는 특히 다음 각 목의 물품이 포함된다.

   가. 차축·차륜·차륜세트(주행장치)·금속으로 만든 바퀴·외륜(hoop)·윤심(hub)과 그 밖의 차륜 부분품

   나. 프레임(frame)·언더프레임(underframe)·보기(bogie)[대차(臺車)]·비셀보기(bissel-bogie)

   다. 차축함과 제동기

   라. 차량의 완충기·훅과 그 밖의 연결기와 통로연결기

   마. 차체

제86류 주 제3호

3. 주 제1호의 물품은 제외하고는 제8608호에는 특히 다음 각 목의 물품을 포함한다.

   가. 조립된 선로·전차대(轉車臺)·플랫폼용 완충기·로딩게이지(loading gauge)

   나. 완목(腕木)신호기, 기계식 신호판, 건널목용·신호용·전철용(轉轍用) 제어기, 그 밖의 철도·도로·내륙수로·주차장·항만·비행장에서 사용하는 기계식(전기기계식을 포함한다) 신호용·안전용·교통관제용 기기(전등을 부착하였는지에 상관없다)

번호	품명
8601	철도용 기관차(외부 전원이나 축전지로 주행하는 것으로 한정한다)
8602	그 밖의 철도용 기관차와 탄수차(炭水車)
8603	자주식(自走式) 철도용이나 궤도용 객차와 화차(제8604호의 것은 제외한다)
8604	철도나 궤도의 유지용이나 보수용 차량[자주식(自走式)의 것인지에 상관없다][예: 공작차(workshop)·기중기차(crane)·밸러스트 템퍼(ballast tamper)·트랙라이너(trackliner)·검사차·궤도검사차]
8605	철도용이나 궤도용 객차[자주식(自走式)은 제외한다], 수하물차·우편차와 그 밖의 철도용이나 궤도용 특수용도차[자주식(自走式)과 제8604호의 것은 제외한다]
8606	철도용이나 궤도용 화차[자주식(自走式)은 제외한다]

8607	철도용이나 궤도용 기관차나 차량의 부분품
8608	철도나 궤도선로용 장치물, 철도·궤도·도로·내륙수로·주차장·항만·비행장에서 사용되는 기계식(전기기계식을 포함한다) 신호기기·안전기기·교통관제기기, 이들의 부분품
8609	컨테이너(액체운반용 컨테이너를 포함하며, 하나 이상의 운송수단으로 운반할 수 있도록 특별히 설계되고 구조를 갖춘 것으로 한정한다)

제87류 철도용이나 궤도용 외의 차량과 그 부분품·부속품

제87류 주 제1호

1. 이 류에는 궤도주행 전용으로 설계된 철도용이나 궤도용 차량을 제외한다.

제87류 주 제2호

2. 이 류에서 "트랙터"란 주로 다른 차량·기기·화물을 끌거나 밀기 의하여 제작된 차량을 말한다(트랙터의 주 용도에 따라 공구·종자·비료나 그 밖의 물품의 수송용 보조기구를 갖추었는지에 상관없다). 호환성 장치로서 제8701호의 트랙터에 부착시키도록 설계된 기계와 작업도구는 트랙터와 함께 제시된 경우에도 각 해당 호로 분류하며 이들이 트랙터에 장착된 것인지에 상관없다.

제87류 주 제3호

3. 운전실이 있고 원동기를 부착한 자동차 섀시는 제8706호로 분류하지 않고 제8702호부터 제8704호까지로 분류한다.

제87류 주 제4호

4. 제8712호에는 각종 어린이용 이륜자전거를 포함하며, 그 밖의 어린이용 자전거는 제9503호로 분류한다.

제87류 소호주 제1호

1. 소호 제8708.22호에는 제8701호부터 제8705호까지의 자동차에 전용되거나 주로 사용할 수 있는 다음의 물품을 포함한다.

   가. 전방 윈드스크린(윈드쉴드)·후방 창문과 그 밖의 창문(틀에 끼운 것으로 한정한다)

   나. 전방 윈드스크린(윈드쉴드)·후방 창문과 그 밖의 창문(틀에 끼운 것인지에 상관없으며, 가열장치나 그 밖의 전기·전자장치를 결합한 것에 한정한다)

번호	품명
8701	트랙터(제8709호의 트랙터는 제외한다)
8702	10인 이상(운전자를 포함한다) 수송용 자동차
8703	주로 사람을 수송할 수 있도록 설계된 승용자동차와 그 밖의 차량[제8702호의 것은 제외하며, 스테이션 왜건(station wagon)과 경주용 자동차를 포함한다]
8704	화물자동차
8705	특수용도차량(주로 사람이나 화물 수송용으로 설계된 것은 제외한다)[예: 구난차(breakdown lorry)·기중기차(crane lorry)·소방차·콘크리트믹서 운반차·도로청소차·살포차·이동공작차·이동방사선차]
8706	엔진을 갖춘 섀시(제8701호부터 제8705호까지의 자동차용으로 한정한다)
8707	차체(운전실을 포함하며, 제8701호부터 제8705호까지의 자동차용으로 한정한다)
8708	부분품과 부속품(제8701호부터 제8705호까지의 차량용으로 한정한다)
8709	공장·창고·부두·공항에서 화물의 단거리 운반에 사용하는 형으로 권양(捲揚)용이나 취급용 장비가 결합되지 않은 자주식(自走式) 작업차, 철도역의 플랫폼에서 사용하는 형의 트랙터, 이들의 부분품
8710	전차와 그 밖의 장갑차량[자주식(自走式)으로 한정하며, 무기를 장비하였는지에 상관없다], 이들의 부분품
8711	모터사이클[모페드(moped)를 포함한다]과 보조모터를 갖춘 자전거[사이드카(side-car)를 부착하였는지에 상관없다], 사이드카(side-car)
8712	모터를 갖추지 않은 이륜 자전거와 그 밖의 자전거(배달용 삼륜 자전거를 포함한다)
8713	신체장애인용 차량(모터를 갖추었는지 또는 기계구동식인지에 상관없다)
8714	부분품과 부속품(제8711호부터 제8713호까지의 차량의 것으로 한정한다)
8715	유모차와 그 부분품
8716	트레일러와 세미트레일러, 기계구동식이 아닌 그 밖의 차량, 이들의 부분품

제88류 항공기와 우주선, 이들의 부분품

제88류 주 제1호

1. 이 류에서 "무인기"란 기내에 조종사 없이 비행하도록 설계된 모든 항공기를 말한다(제8801호의 것은 제외한다). 이들은 화물을 수송하도록 설계되거나, 비행 중에 실용적인 기능을 수행할 수 있도록 디지털 카메라나 그 밖의 장치를 영구적으로 갖추고 있을 수 있다.

   그러나 "무인기"에는 오로지 오락 목적으로만 설계된 비행 완구는 제외한다(제9503호).

제88류 소호주 제1호

1. 소호 제8802.11호부터 제8802.40호까지에서 "자체 중량"이란 보통의 비행조건에서의 기체(機體)중량을 말한다[승무원·연료·장비(영구 장착된 장비는 제외한다)의 중량은 제외한다].

제88류 소호주 제2호

2. 소호 제8806.21호부터 제8806.24호까지와 제8806.91호부터 제8806.94호까지에서 "최대이륙중량"이란 보통의 비행조건에서 이륙할 때의 기체(機體)의 최대 중량을 말한다(화물·장비·연료의 중량을 포함한다).

번호	품명
8801	기구·비행선, 글라이더·행글라이더와 그 밖의 무동력 항공기
8802	그 밖의 항공기(예: 헬리콥터·비행기)(제8806호의 무인기를 제외한다), 우주선(인공위성을 포함한다)·서보비틀(suborbital) 발사체·우주선 발사체
8803	-
8804	낙하산(조종 가능한 낙하산과 패러글라이더를 포함한다)과 로토슈트(rotochute), 이들의 부분품과 부속품
8805	항공기 발진장치, 갑판 착륙장치나 이와 유사한 장치, 지상비행 훈련장치, 이들의 부분품
8806	무인기
8807	제8801호·제8802호·제8806호 물품의 부분품

제89류 선박과 수상 구조물

제89류 주 제1호

1. 선체, 미완성·불완전 선박(조립·미조립·분해된 것인지에 상관없다)이나 완성된 선박(미조립되거나 분해된 것으로 한정한다)으로서 특정한 선박의 본질적인 특성을 갖추고 있지 않은 경우에는 제8906호로 분류한다.

번호	품명
8901	순항선·유람선·페리보트(ferry-boat)·화물선·부선(barge)과 이와 유사한 선박(사람이나 화물 수송용으로 한정한다)
8902	어선과 어획물의 가공용이나 저장용 선박
8903	요트, 유람용이나 운동용 그 밖의 선박, 노를 젓는 보트와 카누
8904	예인선과 푸셔크라프트(pusher craft)
8905	조명선·소방선·준설선·기중기선과 주로 항해 외의 특수기능을 가지는 그 밖의 특수선박, 부선거(艀船渠), 물에 뜨거나 잠길 수 있는 시추대나 작업대
8906	그 밖의 선박(군함·노를 젓는 보트 외의 구명보트를 포함한다)
8907	그 밖의 물에 뜨는 구조물[예: 부교·탱크·코퍼댐(coffer-dam)·부잔교(landing stage)·부표·수로부표]
8908	선박과 그 밖의 물에 뜨는 구조물(해체용으로 한정한다)

제18부 광학기기·사진용 기기·영화용 기기·측정기기·검사기기·정밀기기·의료용 기기, 시계, 악기, 이들의 부분품과 부속품

제90류	광학기기·사진용 기기·영화용 기기·측정기기·검사기기·정밀기기·의료용 기기, 이들의 부분품과 부속품
제91류	시계와 그 부분품
제92류	악기와 그 부분품과 부속품

제90류 광학기기 · 사진용 기기 · 영화용 기기 · 측정기기 · 검사기기 · 정밀기기 · 의료용 기기, 이들의 부분품과 부속품

제90류 주 제1호

1. 이 류에서 다음 각 목의 것은 제외한다.

   가. 기기용이나 그 밖의 공업용 물품으로서 경화(硬化)하지 않은 가황(加黃)한 고무의 그 밖의 제품(제4016호), 가죽이나 콤퍼지션 레더(composition leather) 제품(제4205호), 방직용 섬유제품(제5911호)

   나. 방직용 섬유로 만든 지지(支持)용 벨트나 그 밖의 지지(支持)용 제품으로서 해당 신체기관에 대한 의도된 효과가 이 벨트나 제품의 탄성으로부터 유래되는 것[예: 임산부용 벨트, 가슴 부위의 지지(支持)용 붕대, 복부 부분의 지지(支持)용 붕대, 관절이나 근육에 대한 지지구(支持具)](제11부)

   다. 제6903호의 내화제품과 제6909호의 실험실용 · 화학용이나 그 밖의 공업용 도자제품

   라. 제7009호의 유리거울(광학적으로 가공하지 않은 것으로 한정한다)이나 광학소자를 제외한 비금속(卑金屬)이나 귀금속으로 만든 거울(제8306호나 제71류)

   마. 제7007호 · 제7008호 · 제7011호 · 제7014호 · 제7015호 · 제7017호의 물품

   바. 제15부의 주 제2호의 범용성 부분품으로서 비금속(卑金屬)으로 만든 것(제15부)이나 이와 유사한 플라스틱으로 만든 물품(제39류). 다만, 내과용 · 외과용 · 치과용 · 수의과용의 임플란트에 전용되도록 특별히 고안된 것은 제9021호에 분류한다.

   사. 제8413호의 계기를 갖춘 펌프, 중량측정식 계수기 · 검사기나 따로 분리하여 제시된 저울용 추(제8423호), 권양(捲揚)용이나 취급용 기계(제8425호부터 제8428호까지), 각종 종이나 판지의 절단기(제8441호), 제8466호의 공작기계 또는 워터제트 절단기의 가공물이나 공구 조정용 부착물(광학식 분할대와 같이 눈금을 읽기 위한 광학식 기구를 갖춘 부착물을 포함하나, 중심조정용 망원경과 같이 본질적으로 그 자체가 광학기기인 것은 제외한다), 계산기(제8470호), 제8481호의 밸브나 그 밖의 기기, 제8486호의 기계와 기기[고감도 반도체 재료에 회로 모형을 투영하거나 드로잉(drawing)하는 기기를 포함한다]

   아. 사이클용 · 자동차용 서치라이트(searchlight)나 스포트라이트(spotlight)(제8512호), 제8513호의 전기식 휴대용 램프, 영화용인 음성의 기록용 · 재생용 · 재기록용 기기(제8519호), 사운드헤드(sound-head)(제8522호) · 텔레비전 카메라 · 디지털 카메라 · 비디오카메라레코더(제8525호), 레이더기기 · 항행용 무선기기 · 무선 원격조절기기(제8526호), 광섬유용 · 광섬유다발용 · 케이블용 커넥터(제8536호), 수치제어기기(제8537호), 실드빔 램프유닛(sealed beam lamp unit)(제8539호), 광섬유 케이블(제8544호)

   자. 제9405호의 서치라이트(searchlight)와 스포트라이트(spotlight)

   차. 제95류의 물품

   카. 제9620호의 일각대 · 양각대 · 삼각대와 이와 유사한 물품

   타. 용적 측정구(해당 물품의 구성 재료에 따라 분류한다)

   파. 스풀(spool) · 릴(reel)이나 이와 유사한 지지구(支持具)[해당 물품의 구성 재료에 따라 분류한다(예: 제3923호나 제15부)]

제90류 주 제2호

2. 주 제1호에서 규정한 것을 제외하고는 이 류의 기기의 부분품과 부속품은 다음 각 목의 규정에 따라 분류한다.

   가. 부분품과 부속품이 제84류·제85류·제90류·제91류 중의 어느 호(제8487호·제8548호·제9033호는 제외한다)에 속하는 물품인 경우에는 각각 해당 호로 이를 분류한다.

   나. 그 밖의 부분품과 부속품으로서 특정한 기기나 동일한 호에 해당하는 여러 종류의 기기(제9010호·제9013호·제9031호의 기기를 포함한다)에 전용되거나 주로 사용되는 것은 해당 기기와 함께 분류한다.

   다. 그 밖의 각종 부분품과 부속품은 제9033호로 분류한다.

제90류 주 제3호

3. 제16부의 주 제3호와 제4호는 이 류에도 적용한다.

제90류 주 제4호

4. 제9005호에서는 무기용 망원조준기, 잠수함용이나 전차용 잠망경과 이 류나 제16부의 기기용 망원경은 제외하며, 이러한 망원조준기, 잠망경과 망원경은 제9013호로 분류한다.

제90류 주 제5호

5. 제9013호와 제9031호로 동시에 분류될 수 있는 광학식 측정용·검사용 기기는 제9031호로 분류한다.

제90류 주 제6호

6. 제9021호에서 "정형외과용 기기"란 다음 각 목의 기기를 말한다. 이 경우 정형외과용 기기에는 정형의과 교정 목적으로 1) 주문 제작되거나 2) 대량생산된 신발과 특수 안창을 포함한다(양발에 맞게 제작된 켤레가 아닌 한 족이어야 한다).

   가. 신체상의 장애를 예방하거나 교정하는 기기

   나. 질병, 수술이나 부상 후 신체의 일부를 지주하는 기기

제90류 주 제7호

7. 제9032호는 다음 각 목의 물품에만 적용한다.

   가. 액체나 기체의 유량·깊이·압력이나 그 밖의 변량(變量)의 자동제어용 기기나 온도의 자동제어용 기기(자동제어하여야 할 요소에 따라 변화하는 전기적 현상으로 작동하는 것인지에 상관없으며 지속적으로나 주기적으로 이 요소의 실제 값을 측정하여 이 요소를 장해가 발생하여도 안정적으로 목표치에 맞추고 유지하도록 설계되어 있다)

   나. 전기적 양의 자동조절기기와 제어되어야 할 요소에 따라 변화하는 전기현상으로 작동하는 비전기적 양의 자동제어기기(지속적으로나 주기적으로 이 요소의 실제 값을 측정하여 이 요소를 장해가 발생하여도 안정적으로 목표치에 맞추고 유지하도록 설계되어 있다)

제90류 국내주 제1호

1. 소호 제9006.53호·제9006.59호에서 "특수용도 사진기"란 현미경용·반도체소자 촬영용과 그 밖의 특수용도에 사용되는 사진기를 말한다.

번호	품명
9001	광섬유와 광섬유 다발, 제8544호의 것 외의 광섬유 케이블, 편광재료(polarizing material)로 만든 판, 각종 재료로 만든 렌즈(콘택트렌즈를 포함한다)·프리즘·반사경과 그 밖의 광학용품으로서 장착되지 않은 것(광학적으로 가공하지 않은 유리로 만든 광학소자는 제외한다)
9002	각종 재료로 만든 렌즈·프리즘·반사경과 그 밖의 광학소자(장착된 것으로서 기기의 부분품으로 사용하거나 기기에 부착하여 사용하는 것으로 한정하며, 광학적으로 가공하지 않은 유리로 만든 것은 제외한다)
9003	안경·고글이나 이와 유사한 물품의 테와 장착구, 이들의 부분품
9004	시력교정용·보호용이나 그 밖의 용도의 안경·고글과 이와 유사한 물품
9005	쌍안경·단안경·그 밖의 광학식 망원경과 이들의 장착구, 그 밖의 천체관측용 기기와 그 장착구(전파관측용 기기는 제외한다)
9006	사진기(영화용은 제외한다), 사진용 섬광기구와 제8539호의 방전램프 외의 섬광전구
9007	영화용 촬영기와 영사기(음성의 기록기기나 재생기기를 갖춘 것인지에 상관없다)
9008	투영기·사진 확대기와 사진 축소기(영화용은 제외한다)
9009	-
9010	사진(영화용을 포함한다) 현상실용 기기(이 류에 따로 분류되지 않은 것으로 한정한다), 네가토스코프(negatoscope), 영사용 스크린
9011	광학현미경(마이크로 사진용·마이크로 영화촬영용·마이크로 영사용을 포함한다)
9012	광학현미경 외의 현미경과 회절기기(diffraction apparatus)
9013	레이저기기[레이저 다이오드(laser diode)는 제외한다], 그 밖의 광학기기(이 류에 따로 분류되지 않은 것으로 한정한다)
9014	방향탐지용 컴퍼스(compass)와 그 밖의 항행용 기기
9015	토지측량기기(사진측량용을 포함한다)·수로측량기기·해양측량기기·수리계측기기·기상관측기기·지구물리학용 기기[컴퍼스(compass)는 제외한다]·거리측정기
9016	감량(感量) 50밀리그램 이하인 저울(추가 있는지에 상관없다)
9017	제도용구·설계용구·계산용구(예: 제도기·축소확대기·분도기·제도세트·계산척·계산반), 수지식 길이 측정용구[예: 곧은 자와 줄자·마이크로미터·캘리퍼스(callipers)](이 류에 따로 분류되지 않은 것으로 한정한다)
9018	내과용·외과용·치과용·수의과용 기기[신티그래픽(scintigraphic)식 진단기기·그 밖의 전기식 의료기기와 시력 검사기기를 포함한다]

9019	기계요법용 기기, 마사지용 기기, 심리학적 적성검사용 기기, 오존 흡입기 · 산소 흡입기 · 에어로졸 치료기 · 인공호흡기나 그 밖의 치료용 호흡기기	
9020	그 밖의 호흡용 기기와 가스마스크(기계적인 부분품과 교환용 필터를 모두 갖추지 않은 보호용 마스크는 제외한다)	
9021	정형외과용 기기(목발 · 외과용 벨트와 탈장대를 포함한다), 골절 치료용 부목과 그 밖의 골절 치료구, 인조 인체 부분, 보청기, 결함 · 장애를 보정하기 위하여 착용하거나 휴대하거나 인체에 삽입하는 그 밖의 기기	
9022	엑스선이나 알파선 · 베타선 · 감마선 · 그 밖의 전리선을 사용하는 기기(내과용 · 외과용 · 치과용 · 수의과용인지에 상관없으며 방사선 사진용이나 방사선 치료용 기기 · 엑스선관과 그 밖의 엑스선 발생기 · 고압 발생기 · 조절반 · 스크린 · 검사용이나 치료용 테이블 · 의자와 이와 유사한 물품을 포함한다)	
9023	전시용으로 설계된 기구와 모형(예: 교육용이나 전람회용)(다른 용도에 사용될 수 없는 것으로 한정한다)	
9024	재료(예: 금속 · 목재 · 직물 · 종이 · 플라스틱)의 경도 · 항장력 · 압축성 · 탄성이나 그 밖의 기계적 성질의 시험용 기기	
9025	액체비중계와 이와 유사한 부력식 측정기 · 온도계 · 고온계 · 기압계 · 습도계와 건습구 습도계(이들을 결합한 것을 포함하며, 기록장치가 있는지에 상관없다)	
9026	액체나 기체의 유량 · 액면 · 압력이나 그 밖의 변량(變量)의 측정용이나 검사용 기기(예: 유량계 · 액면계 · 압력계 · 열 측정계). 다만, 제9014호 · 제9015호 · 제9028호 · 제9032호의 것은 제외한다.	
9027	물리나 화학 분석용 기기(예: 편광계 · 굴절계 · 분광계 · 가스나 매연 분석기), 점도 · 포로서티(porosity) · 팽창 · 표면장력이나 이와 유사한 것의 측정용이나 검사용 기기, 열 · 소리 · 빛의 양의 측정용이나 검사용 기기(노출계를 포함한다), 마이크로톰(microtome)	
9028	기체 · 액체 · 전기의 적산(積算)용 계기(그 검정용 계기를 포함한다)	
9029	적산(積算)회전계 · 생산량계 · 택시미터 · 주행거리계 · 보수계와 이와 유사한 계기, 속도계와 회전속도계(제9014호나 제9015호의 것은 제외한다), 스트로보스코프(stroboscope)	
9030	오실로스코프(Oscilloscope) · 스펙트럼 분석기와 그 밖의 전기적 양의 측정용이나 검사용 기기(제9028호의 것은 제외한다), 알파선 · 베타선 · 감마선 · 엑스선 · 우주선이나 그 밖의 전리선의 검사용이나 검출용 기기	
9031	그 밖의 측정용이나 검사용 기기(이 류에 따로 분류되지 않은 것으로 한정한다)와 윤곽 투영기	
9032	자동조절용이나 자동제어용 기기	
9033	제90류의 기계 · 기기 · 장치 · 장비용 부분품과 부속품(이 류에 따로 분류되지 않은 것으로 한정한다)	

제91류 시계와 그 부분품

제91류 주 제1호

1. 이 류에서 다음 각 목의 것은 제외한다.

   가. 시계 유리와 추(이들의 구성 재료에 따라 분류한다)

   나. 휴대용 시계의 체인(경우에 따라 제7113호나 제7117호로 분류한다)

   다. 제15부의 주 제2호의 범용성 부분품으로서 비금속(卑金屬)으로 만든 것(제15부)이나 이와 유사한 플라스틱으로 만든 물품(제39류), 귀금속으로 만든 것이나 귀금속을 입힌 금속으로 만든 물품(일반적으로 제7115호로 분류한다). 다만, 시계 스프링은 시계 부분품으로 분류한다(제9114호).

   라. 베어링볼(bearing ball)(경우에 따라 제7326호나 제8482호로 분류한다)

   마. 제8412호의 물품[탈진기(escapement) 없이 작동할 수 있도록 만들어진 것]

   바. 볼베어링(ball bearing)(제8482호)

   사. 제85류의 물품. 다만, 물품 상호 간이나 다른 물품과 함께 시계용 무브먼트(movement)나 시계용 무브먼트(movement)의 부분품으로 전용되거나 주로 사용하기에 적합한 물품으로 조립되지 않은 것으로 한정한다(제85류).

제91류 주 제2호

2. 제9101호에는 케이스 전부를 귀금속으로 만든 것이나 귀금속을 입힌 금속으로 만든 것과, 제7101호부터 제7104호까지의 천연진주·양식진주나 귀석·반귀석(천연의 것, 합성·재생한 것)을 위의 재료에 결합시킨 휴대용 시계만을 분류한다. 다만, 케이스가 귀금속을 박은 비금속(卑金屬)으로 만들어진 휴대용 시계는 제9102호로 분류한다.

제91류 주 제3호

3. 이 류에서 "휴대용 시계의 무브먼트(movement)"란 밸런스휠(balance-wheel)·헤어스프링(hairspring)·수정진동자나 그 밖의 시간 간격을 정할 수 있는 각종 기구로 조정되는 장치로서 표시부를 갖춘 것이나 기계식 표시부를 내장할 수 있는 기구를 갖춘 것을 말한다. 이 경우 휴대용 시계의 무브먼트(movement)는 두께가 12밀리미터 이하이고, 폭·길이·지름이 50밀리미터 이하인 것으로 한정한다.

제91류 주 제4호

4. 주 제1호의 것을 제외하고는 시계와 그 밖의 물품(예: 정밀기계)에 함께 사용하기에 적당한 무브먼트(movement)와 그 밖의 다른 부분품들은 이 류로 분류한다.

제91류 국내주 제1호

1. 소호 제9102.11호·제9102.21호·제9102.29호·제9111.90호·제9113.10호에서 "귀금속으로 만든 것이나 귀금속을 입힌 금속으로 만든 휴대용 시계"란 이 류의 주 제2호에서 규정한 "귀금속으로 만든 것이나 귀금속을 입힌 금속으로 만든 것과, 제7101호부터 제7104호까지의 천연진주·양식진주나 귀석·반귀석(천연의 것, 합성·재생한 것) 등을 위의 재료에 결합한 것"을 말한다.

제91류 국내주 제1호

2. 이 류의 주 제2호에서 "케이스가 귀금속을 박은 비금속(卑金屬)으로 만들어진 휴대용 시계"는 소호 제9102.11호·제9102.21호·제9102.29호 중 "문자판·밴드 등을 귀금속으로 만든 것이나 귀금속을 입힌 금속으로 만든 것"에 포함되는 것으로 본다.

번호	품명
9101	손목시계·회중시계와 그 밖의 휴대용 시계(스톱위치를 포함하며, 케이스를 귀금속으로 만든 것이나 귀금속을 입힌 금속으로 만든 것으로 한정한다)
9102	손목시계·회중시계와 그 밖의 휴대용 시계(스톱위치를 포함하되 제9101호의 것은 제외한다)
9103	휴대용 시계의 무브먼트(movement)를 갖춘 클록(clock)(제9104호의 것은 제외한다)
9104	차량용·항공기용·우주선용·선박용 계기반 클록(clock)과 이와 유사한 클록(clock)
9105	그 밖의 클록(clock)
9106	시각을 기록하는 기기와 시계의 무브먼트(movement)나 동기(同期) 전동기를 갖춘 것으로서 시간을 측정·기록하거나 알리는 기기[예: 타임레지스터(time-register)·타임레코더(time-recorder)]
9107	타임스위치[시계의 무브먼트(movement)나 동기(同期) 전동기를 갖춘 것으로 한정한다]
9108	휴대용 시계의 무브먼트(movement)(완전한 것으로서 조립된 것으로 한정한다)
9109	클록 무브먼트(clock movement)(완전한 것으로서 조립된 것으로 한정한다)
9110	완전한 시계의 무브먼트(movement)(기조립이나 부분적으로 조립된 것으로 한정한다)(무브먼트세트), 불완전한 시계의 무브먼트(movement)(조립된 것으로 한정한다), 러프(rough)한 시계의 무브먼트(movement)
9111	휴대용 시계의 케이스와 그 부분품
9112	클록(clock) 케이스, 이 류의 그 밖의 물품에 사용되는 이와 유사한 유형의 케이스와 이들의 부분품
9113	휴대용 시곗줄·휴대용 시계밴드·휴대용 시계팔찌와 이들의 부분품
9114	그 밖의 시계의 부분품

제92류 악기와 그 부분품과 부속품

제92류 주 제1호

1. 이 류에서 다음 각 목의 것은 제외한다.

   가. 제15부의 주 제2호의 범용성 부분품으로서 비금속(卑金屬)으로 만든 물품(제15부)이나 이와 유사한 플라스틱으로 만든 물품(제39류)

   나. 제85류나 제90류의 마이크로폰·증폭기·확성기·헤드폰·개폐기·스트로보스코프(stroboscope)나 그 밖의 부속기기로서 이 류의 기기와 함께 사용하는 물품. 다만, 동일 캐비닛 속에 결합되거나 내장된 것은 제외한다.

   다. 완구용품(제9503호)

   라. 악기 소제용 브러시(제9603호), 일각대·양각대·삼각대와 이와 유사한 물품(제9620호)

   마. 수집품이나 골동품(제9705호·제9706호)

제92류 주 제2호

2. 제9202호·제9206호의 악기의 연주에 사용되는 활·채와 이와 유사한 물품으로서 적정한 수량의 범위 안에서 악기와 함께 제시되며, 명백히 악기와 함께 사용되는 것은 해당 악기와 같은 호로 분류한다. 다만, 악기와 함께 제시되는 제9209호의 카드·디스크·롤은 해당 악기와는 별개의 물품으로 보며, 그 악기의 일부를 구성하는 것으로 보지 않는다.

번호	품명
9201	피아노(자동피아노를 포함한다)·하프시코드(harpsichord)와 그 밖의 건반이 있는 현악기
9202	그 밖의 현악기(예: 기타·바이올린·하프)
9203	-
9204	-
9205	관악기(예: 키보드 파이프 오르간·아코디언·클라리넷·트럼펫·백파이프)[페어그라운드 오르간(fairground organ)과 메커니컬 스트리트 오르간(mechanical street organ)은 제외한다]
9206	타악기[예: 북·목금·심벌·캐스터네츠·마라카스(maracas)]
9207	전기적으로 음이 발생하거나 증폭되는 악기(예: 오르간·기타·아코디언)
9208	뮤지컬박스·페어그라운드오르간(fairground organ)·메커니컬 스트리트 오르간(mechanical street organ)·기계식 자명조(singing bird)·뮤지컬소(musical saw)와 그 밖의 악기로서 이 류의 다른 호에 해당하지 않는 것, 각종 데코이 콜(decoy call), 휘슬·호각과 그 밖의 입으로 불어서 나는 소리로 신호하는 기구
9209	악기의 부분품(예: 뮤지컬박스용 메커니즘)과 부속품(예: 기계식 악기용 카드·디스크·롤), 박절기(metronom)·소리굽쇠, 각종 조율관(調律管)

제19부 무기·총포탄과 이들의 부분품과 부속품

| 제93류 | 무기·총포탄과 이들의 부분품과 부속품 |

제93류 무기·총포탄과 이들의 부분품과 부속품

제93류 주 제1호

1. 이 류에서 다음 각 목의 것은 제외한다.

    가. 제36류의 물품(예: 화관·뇌관·신호용 조명탄)

    나. 제15부의 주 제2호의 범용성 부분품으로서 비금속(卑金屬)으로 만든 것(제15부)이나 이와 유사한 플라스틱으로 만든 물품(제39류)

    다. 장갑차량(제8710호)

    라. 무기용으로 적합한 망원조준기나 그 밖의 광학기기(화기에 장착된 것이나 장착용으로 설계된 것으로서 화기와 함께 제시된 경우는 제외한다)(제90류)

    마. 활·화살·펜싱용 칼·완구(제95류)

    바. 수집품과 골동품(제9705호·제9706호)

제93류 주 제2호

2. 제9306호의 "이들의 부분품"에는 제8526호의 무선기기나 레이더기기를 포함하지 않는다.

번호	품명
9301	군용 무기[리볼버(revolver)·피스톨(pistol)과 제9307호의 무기는 제외한다]
9302	리볼버(revolver)와 피스톨(pistol)(제9303호·9304호의 것은 제외한다)
9303	그 밖의 화기와 폭약으로 점화되는 이와 유사한 장치[예: 경기용 산탄총과 라이플(rifle), 총구장전 화기, 베리식 피스톨(Very pistol), 신호용 화염만을 발생하는 그 밖의 장치, 공포탄용 피스톨(pistol)·리볼버(revolver), 캡티브볼트(captive-bolt)형 무통(無痛) 도살기, 줄 발사총(line-throwing gun)]
9304	그 밖의 무기(예: 스프링총·공기총·가스총·경찰봉)(제9307호의 것은 제외한다)
9305	부분품과 부속품(제9301호부터 제9304호까지의 것으로 한정한다)
9306	폭탄·유탄·어뢰·지뢰·미사일과 이와 유사한 군수품과 이들의 부분품, 탄약·그 밖의 총포탄·탄두와 이들의 부분품[산탄알과 탄약 안에 충전되는 와드(wad)를 포함한다]
9307	검류·창과 이와 유사한 무기, 이들의 부분품과 집

제20부 잡품

제94류	가구, 침구·매트리스·매트리스 서포트(mattress support)·쿠션과 이와 유사한 물품, 다른 류로 분류되지 않은 조명기구, 조명용 사인·조명용 네임플레이트(name-plate)와 이와 유사한 물품, 조립식 건축물
제95류	완구·게임용구·운동용구와 이들의 부분품과 부속품
제96류	잡품

제94류 가구, 침구·매트리스·매트리스 서포트(mattress support)·쿠션과 이와 유사한 물품, 다른 류로 분류되지 않은 조명기구, 조명용 사인·조명용 네임플레이트(name-plate)와 이와 유사한 물품, 조립식 건축물

제94류 주 제1호

1. 이 류에서 다음 각 목의 것은 제외한다.

    가. 제39류·제40류·제63류의 매트리스·베개·쿠션으로서 공기나 물을 넣어서 사용하는 것

    나. 마루나 지면에 놓고 사용하도록 만들어진 거울[예: 전신거울(cheval-glass)](제7009호)

    다. 제71류의 물품

    라. 제15부의 주 제2호의 범용성 부분품으로서 비금속(卑金屬)으로 만든 물품(제15부)이나 이와 유사한 플라스틱으로 만든 물품(제39류)과 제8303호의 금고

    마. 제8418호의 냉장기구나 냉동기구의 부분품으로 특별히 설계한 가구와 재봉기용으로 특별히 설계한 가구(제8452호)

    바. 제85류의 램프·광원과 이들의 부분품

    사. 제8518호의 기기 부분품으로 특별히 설계한 가구(제8518호), 제8519호·제8521호의 기기 부분품으로 특별히 설계한 가구(제8522호)나 제8525호부터 제8528호까지의 기기 부분품으로 특별히 설계한 가구(제8529호)

    아. 제8714호의 물품

    자. 제9018호의 치과기기를 갖춘 치과용 의자나 치과용 타구(제9018호)

    차. 제91류의 물품[예: 클록(clock)과 클록(clock) 케이스]

    카. 완구용 가구·완구용 조명기구(제9503호), 당구대나 그 밖의 오락용으로 특별히 설계한 가구(제9504호), 중국등(燈)과 같은 마술(conjuring trick)용이나 장식용 가구[조명용 스트링(lighting string)은 제외한다](제9505호)

    타. 일각대·양각대·삼각대와 이와 유사한 물품(제9620호)

제94류 주 제2호

2. 제9401호부터 제9403호까지에서 규정한 물품(부분품은 제외한다)은 마루나 지면에 놓고 사용하도록 만들어진 것으로 한정하여 각각 이들의 호로 분류한다. 다만, 다음 각 목의 물품은 매달거나 벽에 붙이거나 다른 물품 위에 놓고 사용하도록 만들어진 것이라 할지라도 이들의 호로 분류한다.

    가. 식기선반·서가·선반식 가구(벽에 고정시키기 위한 지지물과 함께 제시된 단일의 선반을 포함한다)와 유닛식 가구

    나. 의자와 침대

제94류 주 제3호

3. 가. 제9401호부터 제9403호까지의 물품의 부분품에는 유리로 만들거나(거울을 포함한다), 제68류·제69류의 대리석·그 밖의 돌이나 각종 재료로 만든 시트(sheet)나 슬래브(특정한 모양으로 절단하였는지에 상관없으나 다른 부분품과 결합된 것은 제외한다)가 포함되지 않는다.

   나. 제9404호의 물품이 따로 제시되는 경우에는 제9401호·제9402호·제9403호의 부분품으로 분류하지 않는다.

제94류 주 제4호

4. 제9406호에서 "조립식 건축물"이란 공장에서 완성한 건축물이나 현장에서 조립할 수 있는 요소를 갖추어 동시에 제시되는 건축물(예: 가옥·작업현장의 숙박시설·사무실·학교·상점·창고나 그 밖에 이와 유사한 건물)을 말한다.

조립식 건축물은 강(鋼)으로 만든 "모듈화된 빌딩 유닛"을 포함하는데, 이들은 보통 표준 선적 컨테이너에 적합한 크기와 모양으로 제시되지만 내부가 대체적으로 또는 완전하게 사전조립 되어있다. 이러한 모듈화된 빌딩 유닛은 보통 영구적인 건물을 형성하기 위해 함께 조립되도록 설계된다.

번호	품명
9401	의자(침대로 겸용할 수 있는지에 상관없으며 제9402호의 것은 제외한다)와 그 부분품
9402	내과용·외과용·치과용·수의과용 가구류(예: 수술대·검사대·기계식 장비를 갖춘 병원용 침대·치과용 의자), 회전·뒤로 젖힘·상하 조절 기능을 갖춘 이발용 의자와 이와 유사한 의자, 이들의 부분품
9403	그 밖의 가구와 그 부분품
9404	매트리스 서포트(mattress support), 침구와 이와 유사한 물품[예: 매트리스·이불·우모이불·쿠션·푸프(pouff)·베개]으로서 스프링을 부착한 것이나 각종 재료를 채우거나 내부에 끼워 넣은 것이나 셀룰러 고무나 플라스틱으로 만든 것(피복하였는지에 상관없다)
9405	조명기구[서치라이트(searchlight)·스포트라이트(spotlight)와 이들의 부분품을 포함하고, 따로 분류되지 않은 것으로 한정한다], 조명용 사인·조명용 네임플레이트(name-plate)와 이와 유사한 물품(광원이 고정되어 있는 것으로 한정한다), 이들의 부분품(따로 분류되지 않은 것으로 한정한다)
9406	조립식 건축물

제95류 완구 · 게임용구 · 운동용구와 이들의 부분품과 부속품

제95류 주 제1호

1. 이 류에서 다음 각 목의 것은 제외한다.

    가. 양초(제3406호)

    나. 제3604호의 불꽃이나 그 밖의 화공품

    다. 제39류 · 제4206호 · 제11부의 낚시용 실 · 모노필라멘트 · 끈(cord) · 거트(gut)나 이와 유사한 물품(일정한 길이로 절단하였으나 낚싯줄로 완성하지 않은 것으로 한정한다)

    라. 제4202호 · 제4303호 · 제4304호의 운동용 백이나 그 밖의 용기

    마. 제61류나 제62류의 방직용 섬유로 만든 가장복(fancy dress), 제61류나 제62류의 방직용 섬유로 만든 운동용 의류 및 특수복(팔꿈치 · 무릎 또는 사타구니 부분에 패드 또는 패딩과 같은 보호용 구성요소를 부수적으로 갖추었는지의 여부를 불문한다)(예: 펜싱복 또는 축구 골키퍼의 저지)

    바. 제63류의 방직용 섬유로 만든 깃발류나 보트용 · 세일보드용 · 랜드크라프트(land craft)용 돛

    사. 제64류의 운동용 신발류(아이스 스케이트나 롤러스케이트가 부착된 스케이팅 부츠는 제외한다)나 제65류의 운동용 헤드기어

    아. 지팡이 · 채찍 · 승마용 채찍이나 이와 유사한 물품(제6602호)과 이들의 부분품(제6603호)

    자. 제7018호의 인형이나 그 밖의 완구용인 유리로 만든 안구로서 장착되지 않은 것

    차. 제15부의 주 제2호의 범용성 부분품으로서 비금속(卑金屬)으로 만든 물품(제15부)이나 이와 유사한 플라스틱으로 만든 물품(제39류)

    카. 제8306호의 벨 · 징이나 이와 유사한 물품

    타. 액체펌프(제8413호), 액체용이나 기체용 여과기 · 청정기(제8421호), 전동기(제8501호), 변압기(제8504호), 디스크 · 테이프 · 솔리드스테이트(solid-state)의 비휘발성 기억장치 · "스마트카드" · 음성이나 그 밖의 현상을 기록하기 위한 기타의 매체(기록이 되어 있는지에 상관없다)(제8523호), 무선 원격조절기기(제8526호), 무선 적외선 원격제어장치(제8543호)

    파. 제17부의 경기용 차량(봅슬레이 · 터보건과 이와 유사한 물품은 제외한다)

    하. 어린이용 이륜자전거(제8712호)

    거. 무인기(제8806호)

    너. 카누 · 스키프(skiff)와 같은 운동용 크라프트(craft)(제89류)나 이들의 추진용구(목제품은 제44류)

    더. 운동용이나 옥외게임용 안경 · 고글과 이와 유사한 물품(제9004호)

    러. 데코이 콜(decoy call)이나 휘슬(제9208호)

    머. 제93류의 무기나 그 밖의 물품

    버. 각종 조명용 스트링(제9405호)

    서. 일각대 · 양각대 · 삼각대와 이와 유사한 물품(제9620호)

    어. 라켓용 줄, 텐트와 그 밖의 캠프용품, 장갑 · 벙어리장갑(그 구성 재료에 따라 분류한다)

    저. 식탁용품 · 주방용품 · 화장용품 · 카페트와 그 밖의 방직용 섬유로 만든 바닥깔개 · 의류 · 베드린넨(bed linen) · 테이블린넨(table linen) · 토일렛린넨(toilet linen) · 주방린넨(kitchen linen)과 실용상의 기능을 가진 이와 유사한 물품(구성 재료에 따라 분류한다)

제95류 주 제2호

2. 이 류에는 천연진주·양식진주·귀석·반귀석(천연의 것, 합성·재생한 것)·귀금속·귀금속을 입힌 금속을 경미한 부분에만 사용한 물품이 포함된다.

제95류 주 제3호

3. 주 제1호의 것을 제외하고는 이 류의 물품에 전용되거나 주로 사용되는 부분품과 부속품은 해당 물품과 함께 분류한다.

제95류 주 제4호

4. 주 제1호의 것을 제외하고는, 제9503호는 하나 이상의 물품이 함께 조합된 이 호에서 정한 물품(통칙 제3호 나목에 따라 세트로 간주되지 않고, 분리되어 제시되는 경우에는 다른 호로 분류되는 물품)에 특별히 적용된다. 다만, 이들 물품이 소매용으로 함께 구성되어 있고 이러한 구성이 완구의 본질적인 특성을 이루고 있다는 것을 조건으로 하여 적용된다.

제95류 주 제5호

5. 제9503호는 그 디자인·외형·구성 재료로 볼 때 전적으로 동물을 위한 것으로 볼 수 있는 물품(예: 애완동물용 장난감)을 제외한다(이러한 물품은 각각 해당 호로 분류한다).

제95류 주 제6호

6. 제9508호에서

가. "놀이공원의 탈것(amusement park rides)"이란 주로 놀이나 오락을 목적으로 일정하게 제한된 도스[수류(水流)를 포함한다]를 통하거나 특정 영역 내에서 한 사람 이상을 태우고 이동시키는 장치 또는 여러 장치나 설비의 조합을 말한다. 이러한 탈것은 유원지, 테마파크, 워터파크나 놀이공원 내에 결합되어 있을 수 있다. 이러한 탈 것에는 거주지나 놀이터에 통상적으로 설치되는 종류의 것은 포함되지 않는다.

나. "워터파크 놀이기구(water park amusements)"란 특별한 목적 없이 건설된 수로를 따라 제한된 영역에서 사용되는 특징을 가진 장치나 여러 장치와 설비의 조합을 말한다. 워터파크 놀이기구는 워터파크에서 사용하도록 특별히 설계된 설비만을 포함한다.

다. "유원지용 오락물(fairground amusements)"이란 운, 힘이나 기술을 겨루는 게임으로 보통 기사나 안내원이 있으며 영구적인 건물이나 독립된 구내상점 안에 설치된다. 유원지용 오락물에는 제9504호의 설비는 포함되지 않는다.

이 호에는 이 표의 다른 호에 더 구체적으로 분류되는 설비는 포함되지 않는다.

제95류 소호주 제1호

1. 소호 제9504.50호는 다음 각 목의 것을 포함한다.

   가. 텔레비전 수상기·모니터나 그 밖의 외부의 스크린이나 표면 위에 영상이 재생되는 비디오게임 콘솔

   나. 비디오 스크린을 갖춘 비디오게임기(휴대용인지에 상관없다)

   이 소호에서는 코인·은행권·은행 카드·토큰이나 그 밖의 다른 지급수단에 의하여 작동되는 비디오게임 콘솔이나 비디오게임기는 제외한다(소호 제9504.30호).

번호	품명
9501	-
9502	-
9503	세발자전거·스쿠터·페달 자동차와 이와 유사한 바퀴가 달린 완구, 인형용 차, 인형과 그 밖의 완구, 축소 모형과 이와 유사한 오락용 모형(작동하는 것인지에 상관없다), 각종 퍼즐
9504	비디오게임 콘솔과 비디오게임기, 테이블게임용구나 실내게임용구(핀테이블용구·당구용구·카지노게임용 특수테이블·자동식 볼링용구를 포함한다)·코인·은행권·은행카드·토큰과 그 밖의 지급수단으로 작동되는 오락용 기계
9505	축제용품·카니발용품이나 그 밖의 오락용품[마술용품과 기술(奇術)용품을 포함한다]
9506	일반적으로 육체적 운동·체조·육상·그 밖의 운동에 사용하는 물품(탁구용품을 포함한다), 옥외게임용품(이 류에 따라 분류되지 않은 것으로 한정한다), 수영장용품과 패들링풀(paddling pool)용품
9507	낚싯대·낚싯바늘과 그 밖의 낚시용구, 낚시용 망·포충망(捕蟲網)과 이와 유사한 망, 조류 유인용구(제9208호나 제9705호의 것은 제외한다)와 이와 유사한 수렵용구
9508	순회서커스·순회동물원 용품, 놀이공원의 탈것·워터파크 놀이기구, 유원지용 오락물(실내사격연습장용품을 포함한다), 순회극장용품

제96류 잡품

제96류 주 제1호

1. 이 류에서 다음 각 목의 것은 제외한다.

   가. 화장용 연필(제33류)

   나. 제66류의 물품[예: 산류(傘類)나 지팡이의 부분품]

   다. 모조 신변장식용품(제7117호)

   라. 제15부의 주 제2호의 범용성 부분품으로서 비금속(卑金屬)으로 만든 물품(제15부)이나 이와 유사한 플라스틱으로 만든 물품(제39류)

   마. 제82류의 칼붙이나 그 밖의 물품으로서 조각용이나 성형용 재료로 만든 자루와 그 밖의 부분품을 갖춘 것. 다만, 제9601호나 제9602호에는 이러한 물품의 자루나 부분품이 단독으로 제시되는 경우에 적용한다.

   바. 제90류의 물품[예: 안경테(제9003호), 제도용 펜(제9017호), 치과용이나 내과용·외과용·수의과용 특수 브러시(제9018호)]

   사. 제91류의 물품(예: 시계 케이스)

   아. 악기와 그 부분품·부속품(제92류)

   자. 제93류의 물품(무기와 그 부분품)

   차. 제94류의 물품(예: 가구, 조명기구)

   카. 제95류의 물품(완구·게임용구·운동용구)

   타. 예술품·수집품·골동품(제97류)

제96류 주 제2호

2. 제9602호에서 "식물성이나 광물성 조각용 재료"란 다음 각 목의 물품을 말한다.

   가. 조각용으로 사용하는 견과(堅果)·근경(根莖)·껍질·너트(nut)와 이와 유사한 식물성 재료[예: 상아야자와 돔(dom)]

   나. 호박·해포석(meerschaum)·응결시킨 호박과 응결시킨 해포석(meerschaum)·흑옥과 광물성 흑옥 대용물

제96류 주 제3호

3. 제9603호에서 "비나 브러시의 제조용으로 묶었거나 술(tuft)의 모양으로 정돈한 물품"이란 동물의 털·식물성 섬유나 그 밖의 재료를 두었거나 술(tuft)의 모양으로 정돈한 것으로서 소량으로 나누지 않고 바로 비나 브러시가 될 수 있는 것이나 끝 부분에 트리밍(trimming)과 같은 추가적인 단순가공만을 필요로 하는 상태의 물품을 말한다.

제96류 주 제4호

4. 제9601호부터 제9606호까지나 제9615호는 제외한 이 류의 물품은 그 전부나 일부가 귀금속이나 귀금속을 입힌 금속, 천연진주·양식진주나 귀석·반귀석(천연의 것, 합성·재생한 것)을 사용하여 만든 것인지에 상관없이 제96류로 분류한다. 다만, 제9601호부터 제9606호까지와 제9615호에는 천연진주·양식진주·귀석·반귀석(천연의 것, 합성·재생한 것)·귀금속·귀금속을 입힌 금속을 경미한 부분에만 사용한 물품이 포함된다.

번호	품명
9601	가공한 아이보리(ivory)·뼈·귀갑(龜甲)·뿔·가지진 뿔·산호·자개·그 밖의 동물성 조각용 재료와 그 제품(성형품을 포함한다)
9602	가공한 식물성이나 광물성 조각용 재료와 그 제품, 성형품이나 조각품[왁스·스테아린(stearin)·천연수지·모델링페이스트(modelling paste)로 만든 것으로 한정한다], 따로 분류되지 않은 그 밖의 성형품이나 조각품, 가공한 비경화(非硬化) 젤라틴(제3503호의 젤라틴은 제외한다)과 비경화(非硬化) 젤라틴의 제품
9603	비·브러시(기계·기구·차량 등의 부분품을 구성하는 브러시를 포함한다)·모터를 갖추지 않은 기계식 바닥청소기(수동식으로 한정한다)·모프(mop)·깃 먼지털이, 비나 브러시의 제조용으로 묶었거나 술(tuft)의 모양으로 정돈한 물품, 페인트용 패드·롤러·스퀴지(squeegee)[롤러스퀴지(roller squeegee)는 제외한다]
9604	수동식 체와 어레미
9605	개인용 여행세트(화장용·바느질용·신발이나 의류 청소용으로 한정한다)
9606	단추·프레스파스너(press-fastener)·스냅파스너(snap-fastener)·프레스스터드(press-stud)·단의몰드(mould)와 이들의 부분품, 단추 블랭크(blank)
9607	슬라이드파스너(slide fastener)와 그 부분품
9608	볼펜, 팁(tip)이 펠트로 된 것과 그 밖의 포러스팁(porous-tip)으로 된 펜과 마커, 만년필·철필(鐵筆)형 만년필(stylograph pen)과 그 밖의 펜, 복사용 철필(鐵筆), 프로펠링펜슬(propelling pencil)이나 슬라이딩펜슬(sliding pencil), 펜홀더·펜슬홀더와 이와 유사한 홀더, 이들의 부분품[캡과 클립(clip)을 포함하며 제9609호의 것은 제외한다]
9609	연필(제9608호의 펜슬은 제외한다)·크레용·연필심·파스텔·도화용 목탄·필기용이나 도화용 초크와 재단사용 초크
9610	석판과 보드(필기용이나 도화용 면을 갖춘 것으로 한정하며, 틀이 있는지에 상관없다)
9611	날짜 도장·봉합용 스탬프·넘버링스탬프(numbering stamp)와 이와 유사한 물품[레이블(label)에 날인하거나 양각하는 기구를 포함하며, 수동식으로 한정한다], 수동식 조판용 스틱과 조판용 스틱을 결합한 수동식 인쇄용 세트
9612	타자기용 리본이나 이와 유사한 리본(잉크가 침투되어 있거나 인쇄에 사용할 수 있는 상태인 것을 포함하며, 스풀에 감긴 것이거나 카트리지 모양인지에 상관없다)과 잉크 패드(잉크가 침투되어 있는지 또는 상자들이의 것인지에 상관없다)

9613	담배 라이터와 그 밖의 라이터(기계식이나 전기식인지에 상관없다)와 이들의 부분품(라이터 돌과 심지는 제외한다)
9614	흡연용 파이프[파이프 볼(pipe bowl)을 포함한다] · 시가홀더 · 시가렛홀더, 이들의 부분품
9615	빗 · 헤어슬라이드(hair-slide)와 이와 유사한 물품 · 머리핀 · 컬링핀(curling pin) · 컬링그립(curling grip) · 헤어컬러(hair curler)와 이와 유사한 물품(제8516호에 해당하는 물품은 제외한다)과 이들의 부분품
9616	향수용 분무기와 이와 유사한 화장용 분무기, 이들의 마운트(mount)와 두부(頭部), 화장용 분첩과 패드
9617	진공플라스크와 그 밖의 진공용기(완전한 것으로 한정한다)와 그 부분품(유리로 만든 내부용기는 제외한다)
9618	마네킹 인형과 그 밖의 모델형 인형, 자동인형과 그 밖의 쇼윈도 장식용이 움직이는 전시용품
9619	위생타월(패드) · 탐폰(tampon), 냅킨(기저귀) · 냅킨라이너(napkin liner)와 이와 유사한 물품(어떤 재질이라도 가능하다)
9620	일각대 · 양각대 · 삼각대와 이와 유사한 물품

제21부 예술품·수집품·골동품

| 제97류 | 예술품·수집품·골동품 |

제97류 예술품·수집품·골동품

제97류 주 제1호

1. 이 류에서 다음 각 목의 것은 제외한다.

    가. 제4907호의 사용하지 않은 우표·수입인지·우편엽서나 그 밖에 이와 유사한 것

    나. 극장용 배경·스튜디오용 배경막이나 이와 유사하게 사용되는 그림이 그려진 캔버스(제5907호). 다만, 제9706호로 분류되는 것은 제외한다.

    다. 천연진주·양식진주나 귀석·반귀석(제7101호부터 제7103호까지)

제97류 주 제2호

2. 제9701호에는 모자이크 작품으로서 대량생산된 복제품, 주조품이나 상업적 성격을 지닌 판에 박힌 기교의 작품은 포함하지 않는다(이들 작품을 예술가가 디자인하거나 만들었는지는 상관없다).

제97류 주 제3호

3. 제9702호에서 "오리지널 동판화·목판화·석판화"란 한 개나 여러 개의 원판에 예술가의 손으로 직접 제작한 흑백이나 원색의 판화를 말하며, 어떤 제작공정과 재질이라도 상관없다. 다만, 기계적 방법이나 사진제판법으로 한 것은 포함하지 않는다.

제97류 주 제4호

4. 제9703호에는 대량생산된 복제품이나 상업적 성격을 지닌 판에 박힌 기교의 작품은 분류하지 않는다 (이들 작품을 예술가가 디자인하거나 만들었는지는 상관없다).

제97류 주 제5호

5. 가. 이 류와 이 표의 다른 류로 동시에 분류될 수 있는 물품은 주 제1호부터 주 제4호까지에서 정한 경우를 제외하고는 전부 이 류로 분류한다.

    나. 제9706호는 이 류의 다른 호로 분류되는 물품에는 적용하지 않는다.

제97류 주 제6호

6. 회화 · 데생 · 파스텔 · 콜라주(collage)나 이와 유사한 장식판 · 동판화 · 목판화 · 석판화 등의 틀은 이들 작품과 같이 분류한다(이들의 틀은 위의 물품에 비추어 가격이나 종류가 적정하여야 한다). 이 주에서 언급된 작품에 비하여 가격이나 종류가 적정하지 않은 틀은 별도로 분류한다.

번호	품명
9701	회화 · 데생 · 파스텔(손으로 직접 그린 것으로 한정하며, 제4906호의 도안과 손으로 그렸거나 장식한 가공품은 제외한다), 콜라주(collage) · 모자이크와 이와 유사한 장식판
9702	오리지널 동판화 · 목판화 · 석판화
9703	오리지널 조각과 조상(彫像)(어떤 재료라도 가능하다)
9704	우표 · 수입인지 · 우편요금 별납증서 · 초일(初日)봉투 · 우편엽서류와 이와 유사한 것(이미 사용한 것이나 제4907호의 것은 제외한 사용하지 않은 것을 포함한다)
9705	수집품과 표본[고고학 · 민족학 · 사학 · 동물학 · 식물학 · 광물학 · 해부학 · 고생물학 · 고전학(古錢學)에 관한 것으로 한정한다]
9706	골동품(제작 후 100년을 초과한 것으로 한정한다)

cca.Hackers.com

해커스관세사 cca.Hackers.com

부록

최신 5개년 기출문제

2025년 제42회 기출문제

【문제 1】 가정에서 장식용으로 사용하는 제25류의 토석류(土石類)로 만든 꽃병과 관련하여 다음 물음에 답하시오. (30점)

 물음 1) 위 물품과 관련하여 관세율표 제25류 주(Notes) 제1호를 기술하시오. (10점)

 물음 2) 위 물품과 관련하여 관세율표 제68류 주(Notes) 제1호 및 제69류 주(Notes) 제1호를 기술하시오. (16점)

 물음 3) 위 물품이 분류 가능한 관세율표상(제68류 및 제69류로 한정) 호(Heading)와 호의 용어를 기술하시오. (4점)

【문제 2】 관세율표의 특정물품에 대해 규정한 국내주 규정의 일부이다. 이와 관련하여 다음 물음에 답하시오. (20점)

> 온자빌리(Onzabili) · 오레이(Orey) · 오방콜(Ovengkol) · 오지고(Ozigo) · 파다우크(Padauk) · 팔다오(Paldao) · 파리산드레드과테말라(Palissandre de Guatemala) · 파리 산드레드파라(Palissandre de Para) · 파리산드레드리오(Palissandre de Rio) · 파리산드레드로세(Palissandre de Rose) · 파우아말레로(Pau Amarelo) · 파우말핌(Pau Marfim) · 폴라이(Pulai) · 푸나(Punah) · 콰루바(Quaruba) · 라민(Ramin) · 사펠리(Sapelli) · 사퀴-사퀴(Saqui-Saqui) · 세퍼티르(Sepetir) · 시포(Sipo) · 수쿠피라(Sucupira) · 수렌(Suren) · 타우아리(Tauari) · 티크(Teak) · 티아마(Tiama) · 토라(Tola) · 비롤라(Virola) · 화이트라왕(White Lauan) · 화이트메란티(White Meranti) · 화이트세라야(White Seraya)

 물음 1) 위와 같이 「통일상품명 및 부호체계에 관한 국제협약 및 개정의정서」(이하 'HS협약'이라함)의 부속서인 품목분류표에는 없지만, 국내에서 법적 효력을 가지는 국내주가 규정된 관세율표상 류(Chapter) 5개를 쓰시오. (5점)

 물음 2) HS협약 체양당사국의 의무 및 국내주 규정 설정과 관련하여 다음 물음에 답하시오. (15점)
  (1) HS협약 제3조 제1항 가호 및 나호에서 규정하고 있는 체약 당사국의 의무사항을 기술하시오.
  (2) HS협약 제3조 제3항의 규정을 기술하시오.

【문제 3】 재포장 없이 세트로 소매포장된 다음 3가지 물품에 대하여 답하시오. (30점)

물품 ①
- 주원료: 감광성 플라스틱 수지(resin), 안료, 광 개시제, 용제 등이 철제 용기에 포장(내용량: 300g)
- 경화제(hardener): 아크릴에스테르모노머, 에폭시 수지(resin), 용제 등이 철제 용기에 포장(내용량: 300g)
※ 용도: 반도체 재료를 포토리소그래피(photolithography) 기술로 제조하는 데 사용

물품 ②
- 편물제 남성용 바지, 편물제 머플러, 직물제 남성용 셔츠, 직물제 싱글리트(singlet)가 세트로 포장

물품 ③
- 비금속(卑金屬)제 손톱 깎는 기구, 비금속(卑金屬)제 손톱 클리너, 비(非)금속(non-metallic)제 손톱 광택기가 플라스틱 케이스에 함께 포장

물음 1) 물품 ①을 품목분류할 경우 주원료와 경화제(hardener)를 사용 전에 일정비율로 혼합하여 사용할 경우, 관세율표상 류(Chapter)를 쓰고 그 분류 이유와 관련 규정을 기술하시오. (7점)

물음 2) 물품 ①을 품목분류할 경우 주원료와 경화제(hardener)를 사용 전에 일정비율로 혼합하여 사용하지 않고 순차적으로 사용할 경우, 관세율표상 류(Chapter)를 쓰고 그 분류 이유와 관련 규정을 기술하시오. (8점)

물음 3) 물품 ②를 품목분류할 경우 그 근거 규정인 관세율표 제11부 주(Notes) 제14호, 제61류 주(Notes) 제9호의 내용과 관세율표상 호(Heading)를 기술하시오. (10점)

물음 4) 물품 ③을 품목분류할 경우 관세율표상 호(Heading)를 쓰고 그 분류 이유와 관련 규정을 기술하시오. (5점)

【문제 4】 무기류가 분류되는 관세율표 제19부(제93류)와 관련하여 다음 물음에 답하시오. (20점)

물음 1) 관세율표 제93류의 분류체계[관세율표상 호(Heading)와 호의 용어] 및 제93류 주(Notes) 제2호를 기술하시오. (10점)

물음 2) 다음 물품이 분류되는 관세율표상 류(Chapter)를 쓰시오. (10점)
 (1) 신호용 조명탄
 (2) 스포츠용 산탄총
 (3) 군사용 드론(무인기)
 (4) 군함
 (5) 자주식 장갑차량
 (6) 단독으로 제시된 무기용 망원조준기
 (7) 지상비행 훈련장치(모의 공중전 장치)
 (8) 제작 후 100년을 초과한 검(swords)
 (9) 어뢰·지뢰
 (10) 낙하산

2024년 제41회 기출문제

【문제 1】 관세율표 제4부와 제16부에 관하여 다음 물음에 답하시오. (30점)

물음 1) 관세율표상 다음 규정을 서술하시오. (20점)
  (1) 제16류 소호주(Subheading Notes) 제1호
  (2) 제18류 주(Notes) 제1호
  (3) 제20류 국내주(National Notes)
  (4) 제2009호의 용어

물음 2) 관세율표 제24류 주(Notes) 제1호부터 제3호까지 쓰시오. (5점)

물음 3) 다음 물품이 분류되는 6단위 소호(Subheading)를 각각 쓰시오. (5점)
  (1) 니코틴을 함유한 것으로 흡연자의 금연을 보조하기 위한 피부투여 방식의 패치
  (2) 전자담배와 이와 유사한 개인용 전기 기화장치
  (3) 연소시키지 않고 흡입하도록 만들어진 재구성한 담배
  (4) 담배와 담배 대용물의 혼합물로 만든 궐련
  (5) 담배 생산품의 제조로부터 생긴 웨이스트(waste)

【문제 2】 발광다이오드(엘이디) 및 발광다이오드(엘이디)를 사용한 제품에 관하여 다음 물음에 답하시오. (20점)

물음 1) 관세율표 제85류에 관하여 다음 규정을 서술하시오. (12점)
  (1) 제85류 주(Notes) 제11호 가목 및 나목의 발광다이오드(엘이디) 광원의 정의
  (2) 제85류 주(Notes) 제12호 발광다이오드(엘이디)의 정의

물음 2) 관세율표 제85류와 제94류에 관하여 다음 규정을 서술하시오. (8점)
  (1) 제85류 주(Notes) 제5호 스마트폰의 정의
  (2) 제94류의 발광다이오드(엘이디) 광원에 전용되도록 설계된
      ① 샹들리에(chandelier),
      ② 크리스마스 장식용 조명 스트링의 6단위 소호(Subheading)를 각각 쓰시오.

【문제 3】 관세율표 제11부 "방직용 섬유와 방직용 섬유의 제품"에 관하여 다음 물음에 답하시오. (30점)

물음 1) 4단위 호(Heading)의 용어에 "카드(card)"와 "코움(comb)" 단어가 있는 류(Chapter)와 류(Chapter)의 표제(Title)를 적고, 이들 단어가 있는 방직용 섬유의 공통된 특성(실이 되기 위한 방법 포함)을 서술하시오. (5점)

물음 2) 직물의 품목분류를 위한 주(Notes) 규정을 쓰고, 예시된 직물에 대하여 품목분류[4단위 호(Heading) 및 호의 용어]를 결정하고 그 이유에 대하여 서술하시오. (15점)
 (1) 제11부 주(Notes) 제2호 가목 및 나목 규정
 (2) 구성성분이 중량 비율로 다음과 같이 직조된 직물(woven)(폭이 25센티미터인 것과 폭이 100센티미터인 것 두 개)

> 코움한 양모(40%), 아라미드 필라멘트(15%), 폴리에스테르 필라멘트(15%), 셀룰로오스아세테이트 스테이플(15%), 폴리에스테르 스테이플(15%)

 (3) 구성성분이 중량 비율로 다음과 같이 직조된 직물(woven)(폭이 100센티미터이고 1제곱미터당 중량이 250그램인 것)

> 면(30%), 비스코스레이온 스테이플(20%), 종이("종이실"의 재료로서)(20%), 라미(ramie)(15%), 아마(15%)

물음 3) 다음 관세율표 제5603호로 만든 의류의 품목분류에 대하여 서술하시오. (10점)
 (1) 제5603호의 용어
 (2) 제5603호로 만든 의류의 품목분류(우선순위 관점)에 대하여 관련 주(Notes) 규정을 포함하여 쓰시오.
 (3) 제5603호로 만든 것으로서 신장이 80센티미터인 어린이용 의류에 대하여 4단위 호(Heading)와 품목분류를 결정한 이유[관세율표의 해석에 관한 통칙 및 주(Notes) 규정 포함]를 쓰시오.

【문제 4】 관세율표 제1부부터 제2부까지에서 "건조"에 관하여 다음 물음에 답하시오. (20점)

물음 1) 다음 "건조" 관련 주(Notes) 규정을 서술하시오. (7점)
 (1) 제1부 주(Notes) 제2호
 (2) 제8류 주(Notes) 제3호

물음 2) 신선한 것(원래 모양인 것)을 건조한 경우(가루로 변하는 것은 제외) 다른 4단위 호(Heading)에 분류되는 품목에 대하여 다음 물음에 답하시오. (13점)
 (1) 같은 류(Chapter)(제1류에서 제14류까지)의 다른 호(Heading)로 분류되는 품목의 건조한 것에 대한 4단위 호(Heading) 다섯 개와 그 호(Heading)의 용어를 각각 쓰시오.
 (2) 다른 류(Chapter)(제1류에서 제14류까지)로 분류되는 품목을 쓰고, 그 품목의 신선한 것 및 건조한 것에 대한 4단위 호(Heading)를 각각 쓰시오.

2023년 제40회 기출문제

【문제 1】 다음 수입물품에 관하여 아래 관세율표 제7901호 분류체계를 참고하여 물음에 답하시오. (30점)

○ 수입물품: 중량 기준 아연 98%, 알루미늄 2%로 구성된 아연의 괴(塊)

품목번호			품명	Description
7901			아연의 괴(塊)	Unwrought zinc.
7901	1		합금하지 않은 아연	Zinc, not alloyed
		11	아연의 함유량이 전 중량의 100분의 99.99 이상인 것	Containing by weight 99.99 % or more of zinc
		12	아연의 함유량이 전 중량의 100분의 99.99 미만인 것	Containing by weight less than 99.99 % of zinc
	20		아연 합금	Zinc alloys

물음 1) 관세율표 제15부 주(Notes) 제5호의 규정을 서술하시오. (5점)

물음 2) 다음 규정을 각각 서술하시오. (10점)
 (1) HS해석에 관한 통칙 제6호
 (2) 관세율표 제79류 소호주(Subheading Note) 제1호 가목 및 나목

물음 3) 위에서 제시된 수입물품이 분류되는 6단위 품목번호를 쓰고, 그 분류 이유를 HS해석에 관한 통칙 제6호와 제79류 소호주 규정을 적용하여 서술하시오. (15점)

【문제 2】 관세율표 제16부에 관하여 다음 물음에 답하시오. (20점)

물음 1) 자동자료처리기계, 평판디스플레이 모듈, 스마트폰의 품목분류에 관하여 다음 물품이 분류되는 4단위 호를 각각 쓰시오. (4점)
 (1) 자동자료처리기계에 사용되는 '하드 디스크 드라이브(디스크 기억장치)'
 (2) 자동자료처리기계에 사용되는 '솔리드 스테이트의 비휘발성 기억장치'(호의 용어)
 (3) 평판디스플레이 모듈(호의 용어)
 (4) 스마트폰(호의 용어)

물음 2) 다음 규정을 각각 서술하시오. (16점)
  (1) 관세율표 제84류 주(Notes) 제6호 다목
  (2) 관세율표 제85류 주(Notes) 제5호
  (3) 관세율표 제85류 주(Notes) 제7호

【문제 3】 관세율표 제6부에 관하여 다음 규정을 서술하시오. (30점)

물음 1) 제6부 주(Notes) 제1호 및 제28류 주(Notes) 제6호("동위원소"의 정의 포함) (14점)

물음 2) 제28류 주(Notes) 제2호 (10점)

물음 3) 제38류 주(Notes) 제3호 (6점)

【문제 4】 관세율표 제17부에 관하여 다음 규정을 서술하시오. (20점)

물음 1) 제88류 주(Note) 제1호 (10점)

물음 2) 제88류 소호주(Subheading Notes) 제1호 및 제2호 (10점)

2022년 제39회 기출문제

【문제 1】 관세율표상 기계류·전기기기 등이 분류되는 제16부, 차량·항공기 등이 분류되는 제17부, 완구·게임용구 등이 분류되는 제95류에는 "부분품"의 분류에 관한 규정을 각각 두고 있다. 이와 관련하여 다음 물음에 답하시오. (30점)

물음 1) 다음 규정의 "부분품"의 분류 관련 내용을 각각 기술하시오. (10점)
 (1) 제16부 주(Notes) 제2호
 (2) 제17부 주(Notes) 제3호
 (3) 제95류 주(Notes) 제3호

물음 2) 제16부 주(Notes) 제1호, 제17부 주(Notes) 제1호, 제95류 주(Notes) 제1호의 "범용성 부분품"과 관련하여 비금속(卑金屬) 재질 중 철강으로 만든 "범용성 부분품" 11가지의 관세율표상 4단위 호(Heading)와 호의 용어를 각각 기술하시오. (17점)

물음 3) 제16부 주(Notes) 제1호, 제17부 주(Notes) 제1호, 제95류 주(Notes) 제1호의 "범용성 부분품"과 관련하여 다음의 비금속(卑金屬) 재질로 만든 "커플링(coupling)"의 관세율표상 4단위 호(Heading)를 기술하시오. (3점)
 (1) 알루미늄
 (2) 구리
 (3) 니켈

【문제 2】 중합체(polymer)는 한 종류 이상의 단량체(單量體: monomer) 단위가 반복된 것이 특성인 분자로 조성된다. 중합체는 화학적 성질이 같거나 다른 여러 분자의 반응 작용에 의하여 형성되며, 중합체가 형성되는 과정을 중합(polymerisation)이라고 부른다. 이와 관련하여 다음 물음에 답하시오. (20점)

물음 1) 관세율표 제39류 주(Notes) 제4호[공중합체(共重合體)], 제5호(화학적으로 변성한 중합체)의 내용을 각각 기술하시오. (8점)

물음 2) 관세율표 제39류에서 "중합체[공중합체(共重合體)를 포함한다]와 화학적으로 변성한 중합체"를 분류하는 소호주(Subheading Notes) 제1호의 규정을 기술하시오. (12점)

【문제 3】 관세율표 제6부(제28류~제38류)에서 규정하고 있는 화학공업이나 연관 공업의 생산품과 관련하여 다음 물음에 답하시오. (30점)

물음 1) 제30류 주(Notes) 제4호(의료용품) 규정을 기술하시오. (11점)

물음 2) 제34류 주(Notes) 제1호(제외규정), 제2호(비누 등), 제3호(유기계면활성제), 제5호(인조 왁스와 조제 왁스) 규정을 각각 기술하시오. (15점)

물음 3) 제3403호, 제3405호, 제3406호, 제3407호에 대하여 관세율표상 4단위 호(Heading)의 용어를 각각 기술하시오. (4점)

【문제 4】 2022년 HS협약 제7차 개정 HS품목분류표를 반영한 관세율표와 관련하여 다음 물음에 답하시오. (20점)

물음 1) 다음 물품이 분류되는 관세율표상 4단위 호(Heading)를 각각 쓰시오. (10점)
 (1) 인조잔디(turf)
 (2) 워터파크 놀이기구
 (3) 철강 제조 시 생기는 슬래그(slag)
 (4) 아마 웨이스트(waste)
 (5) 견 웨이스트(waste)[생사를 뽑는 데에 적합하지 않은 누에고치, 실 웨이스트(waste), 가닛스톡(garnetted stock)을 포함한다]
 (6) 면 웨이스트(waste)
 (7) 인조섬유의 웨이스트(waste)
 (8) 카드뮴(Cadmium)
 (9) 임시 캐노피(temporary canopies)
 (10) 견과류 주스

물음 2) 다음 규정을 각각 기술하시오. (10점)
 (1) 제59류 주(Notes) 제3호(플라스틱을 적층한 방직용 섬유의 직물류)
 (2) 제85류 주(Notes) 제7호(평판디스플레이 모듈)
 (3) 제16부 주(Notes) 제6호[전기·전자 웨이스트(waste)와 스크랩(scrap)]

2021년 제38회 기출문제

【문제 1】 아래 지문의 내용을 읽고 다음 물음에 답하시오. (50점)

> 전기자동차(EV; Electric Vehicle)는 구동 동력을 전기에너지로부터 얻는다. 최근 상용화된 전기자동차의 대표적 유형으로는 구동모터를 작동시키는 동력원의 종류에 따라 ㉠ "전기배터리(리튬이온축전지)"를 이용한 배터리 전기자동차(BEV)와 ㉡ "수소연료전지(스택)"를 이용한 수소연료전지 전기자동차(FCEV)로 구분된다. 배터리 전기자동차는 리튬이온축전지와 같은 전기배터리에 저장된 전기에너지로부터 전력을 공급받아 전기모터가 구동되며, 수소연료전지 전기자동차는 수소와 산소가 만나 물을 생성하는 전기화학반응으로 만들어진 전기로 모터를 구동한다. 한편, 이러한 전기자동차에 대한 소비자들의 수요 급증과 기술발전으로 인해 관련 부품산업도 급성장하고 있다. 대표적인 부품산업으로는 전기자동차용 ㉢ "복합부품 집적회로(MCOs)"를 제조하는 차량용 반도체산업 등이 있다.

물음 1) 전기자동차의 동력원은 ㉠ "전기배터리"와 ㉡ "수소연료전지"가 있다. 이들이 별도로 제시되는 경우 해당 물품의 품목분류에 대하여 각각 관세율표상 4단위 호(Heading)와 호의 용어를 쓰시오. (6점)

물음 2) 전기자동차 구동용 모터의 전용 부분품인 "고정자" 및 "회전자"가 A/S용으로 별도로 제시되는 경우 ① 이들이 분류되는 관세율표상 4단위 호(Heading)와 호의 용어를 쓰고, ② 그와 같이 분류하는 근거 (관세율표 해석에 관한 통칙 및 주 규정)를 쓰고 설명하시오. (12점)

물음 3) ① 관세율표 제85류 주 제9호에서 규정하고 있는 ㉢ "복합부품 집적회로 (MCOs)'의 정의를 쓰고, ② 해당 정의에서 규정하고 있는 "실리콘 기반 센서(silicon based sensors)"에 대하여 쓰시오. (10점)

물음 4) "수소"는 물을 전기분해하여 얻거나 수성가스·코크스로 가스·탄화수소로부터 얻게 된다. ①화학적으로 단일한 수소가 분류되는 관세율표상 4단위 호(Heading)를 쓰고, ②해당 류의 주 제1호에서 규정하고 있는 "화학적으로 단일한 원소와 화합물의 범위"에 대하여 쓰시오. (10점)

물음 5) 수소연료전지 전기자동차(승용)에 사용되는 "수소연료탱크"는 해당 차량의 부분품으로 분류될 수 있다. 이 경우 ① "수소연료탱크"가 분류되는 관세율표상 4단위 호(Heading)와 호의 용어를 쓰고, "부분품 및 부속품"의 품목분류에 대하여 ② 해당 부의 주 제3호에서 규정하고 있는 내용을 쓰고, ③ 해당 부의 주 제2호에서 열거하고 있는 품목 중 7개만 쓰시오. (12점)

【문제 2】 다음 물음의 물품이 분류되는 관세율표상 4단위 호(Heading)를 쓰고, 그와 같이 분류하는 근거 (제97류 관련 주 규정)를 설명하시오. (10점)

물음 1) 제작년도가 1860년인 100캐럿 다이아몬드(장착되거나 세트로 된 것은 제외) (2점)

물음 2) 제작년도가 1850년인 수선된 바이올린(수집품과 표본은 제외) (2점)

물음 3) 제작년도가 1889년인 반 고흐의 유화[작품명: 별이 빛나는 밤(The Starry Night)] (2점)

물음 4) 제작년도가 1930년인 대량생산된 비금속(卑金屬)제 장식용 조각상 복제품(수집품과 표본은 제외) (2점)

물음 5) 제작년도가 2021년인 사용한 우표 (2점)

【문제 3】 아래 지문의 내용을 읽고 ㉠~㉪의 물품이 분류되는 관세율표상 4단위 호(Heading)를 쓰시오. (10점)

최근 COVID-19 사태로 직장인 A씨는 여름휴가를 해외로 가기로 했던 것을 국내로 계획을 바꿔 여행가기로 결정했다. 여행준비물로 COVID-19 ㉠ "백신" 미접종 상태여서 방역대비를 위해 ㉡ "직물제 안면마스크(KF94)"와 ㉢ "모기살충제(소매용)"도 준비했다. 그리고 ㉣ "개인용 여행세트(화장용 세트)"와 ㉤ "여행가방(외부표면을 플라스틱 시트로 만든 것)"을 새로 구입하고 ㉥ "사용하던 여행용 모자"를 함께 챙겼다. 또한 우천 시를 대비하여 ㉦ "휴대용 우산", 야간 도보를 위한 ㉧ "휴대용 손전등(건전지가 장착된 것)"과 여행 중 카메라로 찍은 사진들의 포토샵 편집을 위해 ㉨ "휴대용 노트북"도 준비했다. 마지막으로 피로를 풀기 위한 ㉪ "마사지용 기기"가 숙소 내에 비치되었는지도 예약 시 확인하기로 했다.

【문제 4】 다음 물음에서 관세율표상 "웨이스트(waste)"와 관련된 주 규정을 쓰시오. (10점)

물음 1) 제40류 주 제6호 (2점)

물음 2) 제27류 주 제3호 (5점)

물음 3) 제15부 주 제8호 가목 (3점)

【문제 5】 관세율표 제47류에 관한 다음 물음에 답하시오. (10점)

물음 1) 제47류의 분류체계[관세율표상 4단위 호(Heading)와 호의 용어]를 쓰시오. (7점)

물음 2) 제47류 주 제1호의 규정을 쓰시오. (3점)

【문제 6】 "전기식 용접기기(electric welding machines)"는 ㉠ "용접용 헤드나 집게(welding head or tongs)", ㉡ "변압기(transformer)", ㉢ "용접기기용 발전 세트" 등으로 구성되며, ㉣ "절연전선(insulated cable)"에 의해 연결되어 사용된다. 이러한 "전기식 용접기기"에 대한 다음 물음에 답하시오. (10점)

물음 1) "전기식 용접기기"의 각 구성요소가 함께 제시되는 경우 ① 해당 물품이 분류되는 관세율표상 4단위 호(Heading)와 호의 용어를 쓰고, ② 그와 같이 분류하는 근거(관세율표 해석에 관한 통칙 및 주 규정)를 쓰고 설명하시오. (6점)

물음 2) "전기식 용접기기"의 각 구성요소가 별도로 분리되어 제시되는 경우 상기의 ㉠ ~ ㉣ 물품이 분류되는 관세율표상 4단위 호(Heading)를 쓰시오. (4점)

해커스관세사 남형우 관세율표 법령집

초판 1쇄 발행 2025년 8월 21일

지은이	남형우
펴낸곳	해커스패스
펴낸이	해커스관세사 출판팀
주소	서울특별시 강남구 강남대로 428 해커스관세사
고객센터	02-537-5000
교재 관련 문의	publishing@hackers.com
동영상강의	cca.Hackers.com
ISBN	979-11-7404-055-8 (13320)
Serial Number	01-01-01

저작권자 © 2025, 남형우

이 책의 모든 내용, 이미지, 디자인, 편집 형태는 저작권법에 의해 보호받고 있습니다. 서면에 의한 저자와 출판사의 허락 없이 내용의 일부 혹은 전부를 인용, 발췌하거나 복제, 배포할 수 없습니다.

관세사 단번에 합격
해커스관세사 cca.Hackers.com
해커스 관세사

· 남형우 교수님의 **본 교재 인강** (교재 내 할인쿠폰 수록)